Le côté obscur de la vie chrétienne

*Les doutes de la foi, la dépression de l'âme
et le manque de croissance spirituelle*

Pascal Denault

éditions cruciforme

Le côté obscur de la vie chrétienne : les doutes de la foi, la dépression de l'âme et le manque de croissance spirituelle
© 2018 Publications Chrétiennes, Inc. Tous droits réservés.
Publié par Éditions Cruciforme
230, rue Lupien, Trois-Rivières (Québec)
G8T 6W4 – Canada
Site Web : www.editionscruciforme.org

ISBN : 978-2-924595-49-7

Dépôt légal – 1er trimestre 2019
Bibliothèque et Archives nationales du Québec
Bibliothèque et Archives Canada

« Éditions Cruciforme » est une marque déposée de
Publications Chrétiennes, Inc.

À moins d'indications contraires, toutes les citations
bibliques sont tirées de la Bible Segond 1910.

« Voici un travail de théologie pastorale bien réfléchi. Les trois problèmes qu'il aborde sont interreliés : une absence terrifiante d'assurance du salut, la dépression spirituelle et une perception décourageante qu'il y a trop peu de fruits dans la vie d'une personne pour pouvoir conclure qu'elle est sauvée. Cependant, à l'inverse de la plupart des ouvrages de théologie pastorale qui mettent l'accent sur l'encouragement et les conseils généraux tout en étant pauvres sur le plan de la théologie biblique, ce livre propose une solide réflexion biblique et théologique, en plus d'offrir des soins pastoraux avisés. Je le recommande vivement. »

– **D. A. Carson**, auteur; président et fondateur de
The Gospel Coalition

« *Le côté obscur de la vie chrétienne* est une excellente réflexion chrétienne très bien vulgarisée sur la dépression. J'ai particulièrement apprécié les nuances et la précision théologique de Pascal Denault tout au long de son exposé. De plus, l'accent sur la centralité de l'Évangile et du plan de la rédemption aide le lecteur à ancrer dans la Parole de Dieu les différents concepts modernes que la société utilise pour comprendre la dépression. Je recommande ce livre à tous les chrétiens qui traversent des périodes de dépression ou de doute et qui veulent être éclairés par la Bible à ce sujet. »

– **Matthieu Caron**, pasteur; président de la Fondation du counseling biblique; professeur titulaire de counseling biblique au Séminaire Baptiste Évangélique du Québec; professeur invité à l'Institut biblique de Genève

« Voilà un livre réaliste sur la vie chrétienne, loin des stéréotypes erronés des "évangiles du bien-être" si populaires de nos jours. J'aurais aimé le parcourir après ma conversion, et de nouveau au début de mon ministère. Il répond à ceux et celles qui s'interrogent avec douleur sur une marche en Christ qui n'a rien d'un long fleuve tranquille. Il offre une formidable espérance en recensant des exemples et des principes bibliques pour confronter le doute, la dépression, et une sanctification encore inachevée. Pascal Denault traite ces questions avec profondeur et simplicité. La réflexion biblique est poussée, mais demeure accessible par le nombre et la qualité des illustrations. L'auteur pose un cadre théologique solide qui reste néanmoins pastoral et abordable. C'est un livre pédagogique et formateur, autant pour le disciple que pour les responsables qui doivent accompagner les chrétiens qui luttent avec des états d'âme parfois sombres et décourageants. »

– **Florent Varak**, pasteur; directeur du développement des Églises, mission Encompass World Partners

« Par sa clarté et sa simplicité, Pascal réussit avec brio à répondre à plusieurs questions que nous nous posons tous au sujet de notre marche avec Christ. Ce livre est idéal pour les études en petits groupes. Je le recommande à tous ! »

– **François Turcotte**, directeur général du Séminaire Baptiste Évangélique du Québec (SEMBEQ)

« Les problèmes que ce livre aborde mettent en évidence la compréhension très partielle, voire insuffisante, qu'ont tant de chrétiens de l'Évangile ! Préoccupés par eux-mêmes, leur regard se porte sur le ressenti plutôt que sur le "tout est accompli" de la croix et sur les promesses de Dieu. Certes, vivre entre la chute et la consommation de toutes choses, dans le "déjà et le pas encore", est une marche de foi avec son lot de questions et de doutes. L'auteur ne se contente pas de nous présenter des solutions de "rafistolage" ou simplistes, mais il nous entraîne dans une réflexion biblique structurée qui alimentera et enracinera la pensée en vue de modifier les comportements. »

– **Mike Evans**, président d'Évangile 21

« Dans le cadre de mon ministère, j'ai souvent eu affaire à des frères qui souffrent dans l'un ou l'autre des domaines couverts par ce livre (assurance du salut, dépression, interrogations concernant la sanctification personnelle). Le choix de traiter les trois thèmes dans un seul ouvrage est particulièrement approprié, car ils sont souvent liés. Je suis donc ravi de pouvoir dorénavant profiter – et faire profiter d'autres – de cette ressource. Pascal Denault n'hésite pas à "rectifier le tir" sur le plan doctrinal, ce qui fait que ce livre est un bon manuel de théologie pratique. Le style est accessible, les propos clairs et l'appel à la théologie historique appréciable. Que Dieu se serve puissamment de ce livre édifiant. »

— **James Hely Hutchinson**, directeur de l'Institut Biblique Belge, Bruxelles

« Non, la marche chrétienne n'est pas le long fleuve tranquille auquel nous aurions pu nous attendre. Non, nous ne vivons pas "notre meilleure vie maintenant". Dans son ouvrage fort utile, Pascal Denault aborde quelques-uns des facteurs qui déstabilisent le plus notre vie chrétienne : le doute, les questionnements sur notre salut, la dépression spirituelle, et le péché persistant. Ces "voleurs de joie" qui minent notre relation avec Dieu peuvent être combattus – et vaincus ! *Le côté obscur de la vie chrétienne* offre à tous un plan de bataille des plus efficaces. »

— **Guillaume Bourin**, pasteur ; directeur des formations #Transmettre

« Voici un livre qui mérite notre attention et qui aidera certainement beaucoup de chrétiens ! Si vous vous posez des questions sur l'assurance du salut, la dépression spirituelle ou la croissance spirituelle, ce livre sera une bénédiction pour vous et un baume pour votre âme. Petit et profondément biblique, cet ouvrage du pasteur Pascal Denault est centré sur la Bonne Nouvelle du Dieu-Homme qui est venu nous rencontrer, nous sauver et nous transformer. En tant que chrétien passant par le découragement et la dépression spirituelle, j'ai été encouragé, repris et aidé par cette visite guidée des Écritures que l'auteur nous fait faire. En tant que pasteur, mon zèle a été renouvelé à travers la lecture de ce livre. Il m'a rappelé que les Écritures sont glorieusement suffisantes pour examiner et soigner nos états d'âme et ceux des chrétiens de nos Églises. En effet, l'Évangile est toujours ce qu'il nous faut, peu importe où nous en sommes dans notre marche chrétienne. »

— **Stéphane Kapitaniuk**, pasteur-implanteur; blogueur, ToutPourSaGloire.com

*Je dédie ce livre aux personnes que Dieu m'a permis
d'accompagner dans leur marche avec lui.*

Table des matières

Le côté obscur de la vie chrétienne

Introduction

Le côté obscur dans la vie du chrétien

La vie chrétienne n'est pas toujours rose

Psaume 13

Êtes-vous venus au Seigneur en pensant que tous vos problèmes seraient réglés ? Vous ne vous êtes pas trompés, mais il faudra toutefois attendre la résurrection finale avant que tout soit parfait. Entre-temps, la vie chrétienne n'est pas toujours rose. Nous espérons parfois une vie chrétienne où tout irait toujours bien ; une existence où le ciel serait toujours bleu, où les oiseaux chanteraient sans cesse et où le cœur ne serait jamais malheureux. Ce n'est pas la vie chrétienne que je connais personnellement et je ne connais pas non plus de chrétiens qui vivent dans un tel contexte.

Supposons que nous acceptions que tout ne soit pas encore parfait de ce côté-ci de l'éternité ; quelle devrait être *la vie chrétienne normale* ? Est-il normal de ne pas ressentir la joie spirituelle d'appartenir au Seigneur ? Est-il normal de n'avoir aucune assurance d'être au Seigneur ? Est-il possible d'être chrétien tout en vivant dans le doute et la crainte ? L'absence de cette assurance nous empêchera de ressentir l'amour du Seigneur. Dès lors, il nous est difficile de l'adorer ou simplement de nous approcher de lui. Cette condition spirituelle entraînera toutes sortes de pensées qui nous troubleront et nous rendront la vie pénible. Cet état peut conduire à la dépression spirituelle. Dans de telles circonstances, le chrétien ressent que son âme est abattue, il éprouve un sentiment de détresse et se trouve dans la confusion et les ténèbres. À ce stade, le chrétien n'est plus certain même qu'il comprend son salut et il ne sait plus ce qu'est la vie chrétienne normale. Vous êtes-vous déjà demandé si vous étiez un chrétien normal ? Si vous étiez la seule personne à vous poser toutes ces questions qui vous accablent et à trouver la vie chrétienne si complexe et difficile ?

Les pages qui suivent ne seront pas consacrées à l'épreuve en général, mais à certaines souffrances spécifiques de l'âme. Nous verrons comment survivre au doute, à la dépression de l'âme et à la puissance du péché. Autrement dit, nous nous intéresserons à *l'assurance du salut*, à *la restauration de l'âme* et à *la sanctification*. Comme l'écrit Martyn Lloyd-Jones dans son ouvrage réputé sur la dépression spirituelle[1], le premier objectif du diable est de nous empêcher de devenir chrétiens, son deuxième objectif est de faire de nous des chrétiens misérables. En étudiant des passages clés de la Bible, nous verrons comment déjouer ses tactiques et comment affermir notre âme dans le Seigneur.

Le premier passage que nous étudierons sera le Psaume 13 dans lequel David décrit *le côté obscur de la vie chrétienne*. Ce psaume est divisé en trois. David exprime premièrement sa détresse, ensuite il crie à l'Éternel et finalement il se réjouit et loue le Seigneur. J'ai intitulé ces trois strophes : rien ne va plus (v. 2,3), Éternel, au secours (v. 4,5) et alléluia (v. 6).

---

1. D. Martyn Lloyd-Jones, *La dépression spirituelle : ses causes et ses remèdes*, Chalon-sur-Saône, Europresse, 2015, p. 61.

Rien ne va plus

Jusques à quand, Éternel ! m'oublieras-tu sans cesse ? Jusques à quand me cacheras-tu ta face ? Jusques à quand aurai-je des soucis dans mon âme, et chaque jour des chagrins dans mon cœur ? Jusques à quand mon ennemi s'élèvera-t-il contre moi ? (Ps 13.2,3.)

David exprime sa détresse en répétant plusieurs fois : « Jusques à quand ? » Dans ces deux versets, nous retrouvons les trois thèmes que j'aimerais aborder dans ce livre. Premièrement, l'assurance du salut : « *Jusques à quand, Éternel ! m'oublieras-tu sans cesse ? Jusques à quand me cacheras-tu ta face ?* » Celui qui n'a pas l'assurance de son salut se sent comme s'il était abandonné de Dieu. Il s'agit d'un terrible sentiment. Il comporte d'une part la crainte de périr éternellement loin de la face de Dieu, mais aussi cette impression désagréable de ne pas être près de Dieu et de ne pas arriver à chasser ce sombre nuage qui enveloppe l'âme.

À vrai dire, l'Éternel n'a pas oublié David et il ne se cache pas de lui, mais c'est ainsi qu'il se sent et Dieu le laisse passer par cette épreuve. Il n'est pas facile d'ignorer nos propres pensées et de refuser de croire notre cœur. *La réalité nous paraît toujours telle que nous la percevons et non comme la Parole de Dieu nous la décrit.* Nous sommes plus enclins à croire nos émotions que les promesses divines. Cela est vrai non seulement lorsque nous allons mal, mais aussi lorsque nous allons bien.

Avez-vous déjà pensé que Dieu vous avait abandonnés ? Vous êtes-vous déjà sentis comme si le Seigneur vous cachait sa face et que vous étiez laissés à vous-mêmes, ne serait-ce que pour affronter certaines épreuves ? Peu d'expériences humaines sont aussi troublantes. Souvenez-vous de Jonas qui voulait fuir loin de l'Éternel parce qu'il refusait d'obéir à son appel. Cependant, Jonas éprouva une grande détresse qui changea sa vie et son cœur lorsqu'il se trouva loin de Dieu, symboliquement dans le séjour des morts durant trois jours, à l'image du Seigneur Jésus qui fut trois jours sous la puissance de la mort. Être abandonné de l'Éternel est la chose la plus tragique qui puisse arriver à une personne. Ceux qui vivent sans l'assurance du salut sont habités par cette crainte continuelle.

En deuxième lieu, nous aborderons la dépression spirituelle : *«Jusques à quand aurai-je des soucis dans mon âme, et chaque jour des chagrins dans mon cœur ?»* Lorsque nous vivons une peine d'amour, toute notre vie en ressent les effets. De même, nous ne pouvons pas être dans la tristesse par rapport à Dieu et en même temps éprouver une gaieté de cœur dans les autres domaines de notre vie. Il y a un lien direct entre ces deux versets : se sentir abandonné de l'Éternel mène à la dépression spirituelle. Inversement, celui qui jouit d'une pleine assurance devant Dieu ne vit pas avec des soucis continuels dans son âme et du chagrin dans son cœur. Lorsque cet état de dépression se prolonge et que le Seigneur tarde à répondre, devons-nous nous tourner vers un thérapeute ou prendre des antidépresseurs ? L'Évangile peut-il quoi que ce soit vis-à-vis de la dépression, de l'anxiété ou de tout autre problème de nature psychologique ? Nous tenterons de répondre à ces questions dans la deuxième partie de ce livre.

Enfin, il sera question de la sanctification : *«Jusques à quand mon ennemi s'élèvera-t-il contre moi ?»* J'imagine que David pensait à un ennemi comme Saül ou peut-être à son propre fils Absalom qui se révolta contre lui. Comme chrétiens, nous sommes appelés à ne pas avoir d'ennemis (Mt 5.44). Cependant, nous devons traiter le péché et le diable comme nos ennemis mortels (Hé 12.4 ; 1 Pi 5.8). C'est ainsi que je rapporte ce verset à la sanctification du croyant. Que vient faire la sanctification avec les deux autres thèmes que nous aborderons ? La question de la sanctification est fondamentale à la vie chrétienne normale. Une bonne compréhension de cette doctrine est essentielle pour assurer une saine marche dans le Seigneur. Quel aboutissement devons-nous espérer quant à notre péché ? Doit-il disparaître de nos vies ? Jusqu'à quel point peut-il être dominé ? Dieu nous aimera-t-il davantage si nous péchons moins ? Suis-je un chrétien normal si je ne porte pas beaucoup de fruit ? Quelles sont les œuvres que Dieu attend de nous et qui produit ces œuvres ? Nous répondrons à ces questions dans la troisième partie.

Jusques à quand ?

En exprimant sa détresse au Seigneur, David demande quatre fois «*jusques à quand ?*». La souffrance nous paraît toujours longue. «Une semaine entre les murs d'une prison est plus longue qu'un mois en liberté[2].» Cependant, ce n'est pas simplement la perception de David qui lui donne l'impression que son épreuve est longue. En réalité, elle est longue : elle persiste tout le jour, chaque jour[3]. Nous avons quelques exemples bibliques d'épreuves qui durèrent très longtemps. Jean 5 nous présente à la piscine de Béthesda un homme malade depuis 38 ans. La femme infirme de Luc 13 était courbée depuis 18 ans. La durée vient exacerber l'épreuve. Andrew Fuller écrit : «Lorsque Job fut affligé par plusieurs mauvaises nouvelles successives, il les supporta avec courage ; mais lorsqu'il lui fut impossible de voir la fin de ses souffrances, il s'écroula sous leur poids[4].»

Jusques à quand Seigneur Éternel ? Pourquoi cette souffrance est-elle interminable ? Avoir une mauvaise journée est désagréable, mais passer par une série de mauvaises journées consécutives est insupportable. Lorsque notre âme est abattue

---

2. Charles H. Spurgeon, *The Treasury of David: Classic Reflections on the Wisdom of the Psalms*, trad. libre, Peabody, Mass., Hendrickson Publishers, p. 151. Cet ouvrage fut adapté en français et abrégé en un seul volume sous le titre *Le butin du Roi : méditations quotidiennes tirées des Psaumes*, Chalon-sur-Saône, Europresse, 2002.

3. Les anciennes traductions rendaient le mot *yomam* au verset 2 par «tous les jours» ou «chaque jour», tandis que les traductions récentes le rendent par «tout le jour». Lorsque nous rapprochons ces deux sens, nous obtenons une condition pire : sa détresse dure toute la journée chaque jour.

4. Cité par Charles H. Spurgeon dans *The Treasury of David, op. cit.*, p. 155.

durant une journée, nous gardons l'espoir que demain sera meilleur. Mais lorsque chaque lendemain est aussi mauvais que le jour précédent, l'espoir disparaît. Cependant, David peut encore dire «jusques à quand?», car il a espoir que tout ne peut pas éternellement demeurer sombre. Cet espoir Dieu l'a mis dans le cœur de chacun de ses enfants afin de sauver notre âme. C'est ce que fait *le casque de l'espérance du salut* (Ép 6.17). Son rôle consiste à protéger nos pensées afin que nous ne désespérions pas complètement dans nos calamités.

Reconnaissons également que l'hiver, si rigoureux soit-il, est nécessaire et bénéfique pour la fertilité. John Bunyan, qui a beaucoup souffert, emprisonné à cause de sa foi durant douze ans, a connu la détresse décrite par David. Méditons sur cette phrase qu'il a écrite du fond de sa prison: «On raconte que dans certains pays des arbres poussent, mais ils ne portent aucun fruit, parce qu'il n'y a pas d'hiver[5].» Il est bon pour notre âme d'éprouver les détresses du Psaume 13. Nous en avons besoin pour devenir fertiles et reconnaissants. Un cœur qui n'a pas été brisé est un cœur insensible qui s'égare:

> Avant d'avoir été humilié, je m'égarais; maintenant j'observe ta parole [...] Leur cœur est insensible comme la graisse; moi, je fais mes délices de ta loi. Il m'est bon d'être humilié, afin que j'apprenne tes statuts (Ps 119.67-71).

L'apôtre Paul a appris par les souffrances qu'il a endurées comment survivre aux grandes détresses. Dans Romains 12.12, il nous donne trois impératifs qui résument ce que nous venons de dire: «*Réjouissez-vous* en espérance. *Soyez patients* dans l'affliction. *Persévérez* dans la prière.» Premièrement, nous devons nous réjouir en espérance, c'est-à-dire que ce n'est pas dans nos

5. Cité par John Piper dans, *The Hidden Smile of God: The Fruit of Affliction in the Lives of John Bunyan, William Cowper, and David Brainerd*, trad. libre, Wheaton, Ill., Crossway, 2001, p. 18.

circonstances quotidiennes ou dans notre disposition intérieure que nous trouvons notre joie. Le chrétien regarde au-delà de sa vie et se réjouit dans toutes les promesses de Dieu. Ces promesses sont garanties par le sang de Christ. Tel est le fondement de l'espérance du chrétien, une espérance qui lui procure de la joie.

Deuxièmement, lorsque nous nous réjouissons en espérance plutôt que dans nos circonstances, nous sommes patients dans l'affliction. Nous disons aussi « *jusques à quand Seigneur Jésus ?* », mais nous supportons patiemment la souffrance parce que nos pensées sont remplies de l'espérance.

Troisièmement, l'apôtre Paul nous révèle comment nous pouvons y arriver concrètement; c'est-à-dire comment espérer contre toute espérance et supporter l'insupportable : « *Persévérez dans la prière.* » Cet impératif nous conduit au deuxième paragraphe du Psaume 13 : la prière de David.

Éternel ! Au secours !

Regarde, réponds-moi, Éternel, mon Dieu ! Donne à mes yeux la clarté, afin que je ne m'endorme pas du sommeil de la mort, afin que mon ennemi ne dise pas : Je l'ai vaincu ! Et que mes adversaires ne se réjouissent pas, si je chancelle (Ps 13.4,5).

David n'en reste pas à son sentiment d'abandon, mais dans sa détresse il se tourne vers l'Éternel et lui demande son secours. Pour se réjouir en espérance et supporter l'affliction, il faut persévérer dans la prière.

Cela est plus facile à dire qu'à faire. Lorsque nous nous sentons abandonnés de Dieu, nous ne savons pas exactement comment nous approcher de lui. Nous ne savons pas s'il nous est favorable ou s'il est irrité contre nous à cause de nos doutes. Lorsque notre âme est abattue, elle trouve difficilement la force de prier. Nous espérons alors que ce mauvais état finira par passer de lui-même et que nous trouverons en nous-mêmes les ressources nécessaires pour surmonter l'épreuve qui nous fait souffrir.

L'objectif dans toute notre étude consistera à démontrer que la solution ne se trouve pas en nous-mêmes, mais que « le secours vient de l'Éternel » (Ps 121.2). En réalité, une grande part du problème vient du fait que nous ne cherchons pas de manière constante et cohérente le secours de Dieu et que nous rentrons plutôt en nous-mêmes en cherchant dans nos pensées un secours. Martyn Lloyd-Jones décrit comment cela s'ajoute à nos symptômes : « Il s'agit précisément du problème de ces gens déprimés. S'ils se préoccupent tellement d'eux-mêmes, c'est qu'ils ne centrent pas suffisamment leur pensée sur Christ[6]. »

La Parole de Dieu affirme que nous possédons par l'Évangile toutes les ressources nécessaires à nos âmes. Notre problème est que nous connaissons peu notre propre salut et vivons une vie chrétienne famélique. Nous avons « tout pleinement en lui » (Col 2.10), car en lui, le Père « nous a bénis de toutes sortes de bénédictions spirituelles dans les lieux célestes » (Ép 1.3). L'apôtre Pierre déclare la même chose :

> Sa divine puissance nous a donné tout ce qui contribue à la vie et à la piété, au moyen de la connaissance de celui qui nous a appelés par sa propre gloire et par sa vertu, lesquelles nous assurent de sa part les plus grandes et les plus précieuses promesses, afin que par elles vous deveniez participants de la nature divine (2 Pi 1.3,4).

Manque-t-il quoi que ce soit à notre bien-être ? Le problème concernant le manque d'assurance, la dépression spirituelle ou encore une vie infructueuse n'est pas *l'absence* de ressources spirituelles, mais *la négligence* des ressources qui sont nôtres. À titre d'exemple, de quelle façon puis-je bénéficier des fruits spirituels de la paix et de la joie (Ga 5.22) ? Dieu n'enverra pas du

---

6. D. Martyn Lloyd-Jones, *La dépression spirituelle*, op. cit., p. 76.

ciel la paix dans mes pensées et la joie dans mon âme comme on enverrait un cadeau par la poste. La paix et la joie sont des fruits qui découlent de notre communion avec Dieu et non des états dissociés de lui, comme s'il saupoudrait au besoin un peu de paix et de joie sur nous. C'est « au moyen de la connaissance de celui qui nous a appelés » que nous jouissons de « tout ce qui contribue à la vie et à la piété » et que nous devenons « participants de la nature divine ».

Illustrons ce principe spirituel. Deux hommes pauvres avaient à peine de quoi survivre. Ils manquaient de tout et souffraient beaucoup chaque jour de leur vie. Ils devaient mendier leur subsistance aux passants. Occasionnellement, un homme riche passait et s'arrêtait d'abord au premier homme. Ému de compassion en voyant ce pauvre, mais ne voulant pas satisfaire hypocritement sa conscience en lui donnant simplement de l'argent sans s'intéresser à lui, le riche cherchait à faire connaissance en lui parlant. Chaque fois, le pauvre espérait qu'il recevrait de lui de l'argent, il avait peu d'égard à la personne du riche et ne fixait que sa bourse. Or, le riche repartait et ne lui laissait rien. Il continuait sa route vers le deuxième homme pauvre qui lui, accueillait plus favorablement l'intérêt du riche pour sa personne et prenait le temps d'échanger avec lui. Généralement, leur conversation se poursuivait autour d'un café, puis d'un repas et leur amitié grandissait.

Pendant ce temps, le premier homme pauvre s'aigrissait contre l'homme riche, il ne comprenait pas pourquoi il ne faisait rien pour l'aider tandis qu'il accordait des faveurs au second. Il ne comprenait pas non plus pourquoi l'homme riche lui parlait d'amitié alors qu'il avait besoin de nourriture, de vêtements, de quoi se chauffer et non d'un ami. L'amitié du riche lui paraissait de plus en plus étrange et lui devenait même insupportable – vraiment, cet homme doit être sans cœur, se disait-il, pour me voir ainsi souffrir et ne rien faire pour moi.

Un jour, les deux pauvres se retrouvèrent ensemble. Le premier entendit son compagnon dire du bien de l'homme riche et exprimer à quel point il était affable et généreux pour le secourir de sa misère. L'autre se mit en colère en lui répondant que le riche n'était qu'un moqueur qui feignait d'être bon en venant vers lui seulement pour le voir périr de près sans jamais lui donner quoi que ce soit! Mais tu n'as rien compris, lui répondit l'autre homme, il désire sincèrement être ton ami afin de te recevoir à sa table et combler ta vie. Toi, cependant, tu lui as sans cesse refusé ton cœur, tu n'as porté tes yeux que sur ce qu'il pouvait te donner sans comprendre qu'il t'offrait plus qu'un secours passager, mais plutôt une amitié réelle. Va maintenant implorer son pardon pour ton cœur méchant et ne désire que son amitié, il te l'accordera, car il est bon.

Plusieurs d'entre nous ressemblent au premier homme pauvre : nous voulons les richesses de Dieu sans comprendre que ses richesses sont données uniquement au travers de son amitié. La paix et la joie viennent de la communion avec Dieu. La communion avec Dieu passe toujours par les moyens ordinaires de grâce que le Seigneur a mis à notre disposition : par exemple, la prière qui consiste à s'adresser consciemment à Dieu en parole, en chantant ou en parlant, seul ou avec d'autres croyants, dans un culte ou spontanément. Il s'agit d'un moyen absolument essentiel pour être en communion avec notre Bienfaiteur.

J'ai remarqué que plusieurs personnes qui souffrent d'inquiétudes et d'incertitudes dans la foi ou qui sont déprimées et anxieuses tendent à négliger l'intimité de Dieu. Elles se disent : lorsque j'irai bien, je m'approcherai de Dieu sans crainte. Elles ne comprennent pas que pour aller mieux elles doivent s'approcher de Dieu maintenant et crier à lui. « Quand un malheureux crie, l'Éternel entend, et il le sauve de toutes ses détresses » (Ps 34.6). La fin du Psaume 13 nous démontre l'accomplissement de cette promesse.

Alléluia !

Moi, j'ai confiance en ta bonté, j'ai de l'allégresse dans le cœur, à cause de ton salut ; je chante à l'Éternel, car il m'a fait du bien (Ps 13.6).

Le contraste dans les propos de David entre le début et la fin de ce psaume est étonnant. Il commence en disant : «*Jusques à quand aurai-je des soucis dans mon âme, et chaque jour des chagrins dans mon cœur ?* » Et il termine en déclarant : « *Moi, j'ai confiance en ta bonté, j'ai de l'allégresse dans le cœur, à cause de ton salut ; je chante à l'Éternel, car il m'a fait du bien.* » Qu'est-il arrivé entre le début et la fin de ce psaume ? David s'est confié en l'Éternel de tout son cœur et de toute son âme. Si nous demeurons passifs dans la détresse, nous ne jouirons pas de la confiance et de l'allégresse de cœur qui habitent en David à la fin de ce psaume. Tel est le but de ce livre : nous conduire à cet état glorieux où notre cœur exulte en Dieu et chante sa bonté en nous apprenant comment nous confier en l'Éternel.

Combien de temps s'est-il passé entre le début et la fin du Psaume 13 ? Nous ne le savons pas, mais j'imagine qu'il s'est passé plus de temps qu'il n'en faut pour lire ces six versets. Cependant, même s'il faut beaucoup de temps pour atteindre cet état de joie parfaite, il faut commencer dès maintenant à mettre notre confiance en la bonté de l'Éternel. Même si en ce moment le ciel nous parait d'airain, par la foi, allons au-delà de nos perceptions et de notre ressenti et confions-nous en notre Dieu sauveur. Ésaïe déclare (8.17) : «J'espère en l'Éternel, qui cache sa face à la maison de Jacob ; je place en lui ma confiance.» Même si nous ne voyons pas le sourire de Dieu, même si nous nous sentons comme s'il nous avait abandonnés, confions-nous en lui. À qui d'autre irions-nous de toute façon (Jn 6.68) ? Sa Parole n'est-elle pas infiniment plus sûre que nos émotions ? Ses promesses ne valent-elles pas mieux pas que nos états d'âme ? Sa bonté n'est-elle pas une meilleure garantie que notre faible perception ? Jean Calvin, qui a connu son lot de souffrances au cours de son existence sur la terre, a commenté ce psaume de la manière suivante :

> Peut-être ne sommes-nous pas entièrement libérés de la tristesse, mais il est néanmoins nécessaire que cette joie de la foi s'élève au-dessus et mette en nos cœurs un chant de l'allégresse qui nous est promise, même si nous ne l'expérimentons pas encore maintenant[7].

N'attendons plus pour adorer notre maître bien-aimé. Entraînons nos cœurs à l'aimer et à nous reposer en lui. Tout comme l'appétit qui revient en mangeant, la joie et la confiance nous reviendront en adorant.

À méditer

Réjouissez-vous toujours dans le Seigneur ; je le répète, réjouissez-vous. Que votre douceur soit connue de tous les hommes. Le Seigneur est proche. Ne vous inquiétez de rien ; mais en toute chose faites connaître vos besoins à Dieu par des prières et des supplications, avec des actions de grâces. Et la paix de Dieu, qui surpasse toute intelligence, gardera vos cœurs et vos pensées en Jésus-Christ. Au reste, frères, que tout ce qui est vrai, tout ce qui est honorable, tout ce qui est juste, tout ce qui est pur, tout ce qui est aimable, tout ce qui mérite l'approbation, ce qui est vertueux et digne de louange, soit l'objet de vos pensées. Ce que vous avez appris, reçu et entendu de moi, et ce que vous avez vu en moi, pratiquez-le. Et le Dieu de paix sera avec vous (Ph 4.4-9).

------

7. Jean Calvin, *Commentary on the Book of Psalms*, trad. libre, Grand Rapids, Mich., Baker Books, 2003, p. 187.

Première partie

L'assurance du salut dans la vie du chrétien

« Je ne suis pas certain d'être sauvé »

Chapitre 1

L'angoisse du doute

« Pourquoi n'ai-je pas l'assurance du salut ? »

Psaume 88

Un homme est assis dans la salle d'attente chez son médecin, appréhendant avec anxiété le diagnostic à la suite d'un examen de dépistage du cancer. Sa nervosité est palpable : il n'arrive pas à se contenir, s'agite fébrilement et respire avec difficulté. Il tente vainement de se rassurer lui-même que tout ira bien, que son médecin lui annoncera de bonnes nouvelles. Toutefois, cette pensée persiste au fond de lui : *« Les nouvelles seront mauvaises. »* Il se sent comme un condamné à mort qui agonise pendant l'interminable attente de son supplice. Il craint que celui qui devrait être son thérapeute ne devienne son juge en lui faisant entendre un funeste verdict. Il regarde autour de lui afin de trouver du réconfort. Il voit ceux qui sont malades et craint que sa maladie ne soit pire encore. Il est hanté par le souvenir de gens qu'il a connus et qui sont morts du cancer. Il n'éprouve aucune joie malgré ses efforts pour se changer les idées ou se réconforter. Cette salle d'attente est un véritable purgatoire. Puis il est invité à entrer dans le cabinet du médecin...
Il ressort au bout de quelques minutes après un entretien avec ce

dernier : il est maintenant un homme complètement différent. Son cœur est tout à fait soulagé, il n'a plus envie de pleurer, mais plutôt de chanter. Il est transporté par la joie ; il sourit à tous ceux qu'il rencontre et a envie de faire du bien à tous ceux qui l'entourent.

Que s'est-il passé chez cet homme ? Il a reçu la certitude que tout allait bien pour lui et qu'il n'avait rien à craindre de la maladie mortelle qu'il redoutait. Autrement dit, il a obtenu l'assurance qu'il vivrait et il a vu toutes ses inquiétudes se dissiper. En réalité, il n'y a aucune différence entre l'état de cet homme avant et après la rencontre avec son médecin. Il était en parfaite santé avant et il demeure en parfaite santé après. Cependant, maintenant qu'il sait que tout va bien, il ne vit plus dans le doute et la paix a envahi son âme ; il est reconnaissant et a une nouvelle motivation à faire le bien.

Le contraste entre ces deux dispositions de cœur représentent deux sortes de chrétiens : ceux qui vivent dans l'espoir qu'ils ne périront pas, mais qui n'arrivent pas à atteindre l'assurance de leur salut et ceux qui ont la certitude de leur sécurité éternelle. Il n'y a pas de différence entre le salut de l'un et de l'autre, mais un seul possède l'assurance, tandis que l'autre est constamment en proie à l'angoisse du doute. Cette joyeuse condition de l'âme assurée de son salut nous est décrite dans la Confession de foi baptiste de Londres de 1689, au chapitre 18 :

> Ceux qui croient vraiment au Seigneur Jésus, qui l'aiment en toute sincérité, et qui s'efforcent de marcher devant lui en toute bonne conscience, peuvent, dès cette vie, être sûrs et certains qu'ils sont dans un état de grâce et peuvent se réjouir dans l'espérance de la gloire de Dieu : leur espérance ne les rendra jamais confus[1].

Remporter tout l'or du monde ne saurait rendre un chrétien plus heureux que cette assurance du salut : « Et que servirait-il

---

1. *La Confession de foi baptiste de Londres de 1689*, Québec, Association d'Églises réformées baptistes du Québec, 2007, chap. 18, paragr. 1.

à un homme de gagner tout le monde, s'il perdait son âme? ou, que donnerait un homme en échange de son âme?» (Mt 16.26.) Thomas Goodwin, un théologien puritain du XVIIᵉ siècle, compare l'assurance du salut à la conversion puisqu'elle change le croyant presque aussi radicalement que ne le fait sa conversion. Thomas Brooks, un autre puritain, décrit l'assurance du salut comme étant «le bourgeon de la gloire et le faubourg du paradis[2]». L'absence de cette assurance dans le cœur du croyant est toujours accompagnée par une sorte d'angoisse du doute. Certaines bénédictions peuvent être absentes de notre vie sans susciter nécessairement un effet négatif; cela est rarement le cas lorsque l'assurance de la vie éternelle est absente. Un grand nombre de croyants sont passés par cette épreuve de l'âme. Voici comment l'un de mes théologiens favoris décrit sa propre crise de l'assurance:

> Moi-même qui ayant prêché Christ durant des années, alors que j'avais expérimenté bien peu, sinon aucunement, la connaissance de cet accès à Dieu par Christ; jusqu'à ce qu'il plaise au Seigneur de m'éprouver par une douloureuse affliction, par laquelle ma vie toucha au séjour des morts et sous laquelle mon âme fut oppressée par l'horreur et les ténèbres. Mais le Seigneur fut miséricordieux en soulageant mon âme par la puissance du Psaume 130.4 qu'il m'appliqua: «Mais le pardon se trouve auprès de toi, afin qu'on te craigne.» Je reçus une instruction particulière, une paix et l'assurance en m'approchant de Dieu par le Médiateur et je recommençai à prêcher immédiatement après mon relèvement[3].

L'absence de l'assurance du salut est-elle une simple affaire anecdotique dans laquelle certains malheureux se sont retrouvés? La tradition protestante a diagnostiqué ce problème de l'âme et

---

2. Voir *A Puritan Golden Treasury*, trad. libre, I. D. E. Thomas, éd., Carlisle, Penns., The Banner of Truth Trust, 1977, p. 21.

3. John Owen, cité par Joel R. Beeke, dans *The Quest For Full Assurance: The Legacy of Calvin and His Successors*, trad. libre, Carlisle, Penns., The Banner of Truth Trust, 1999, p. 190.

lui a fait une place à l'intérieur de ses plus importants textes de doctrines. En effet, en définissant la doctrine de l'assurance du salut, plusieurs confessions de foi ont considéré cette problématique. C'est le cas de la Confession de Westminster et de sa sœur jumelle non identique, la Confession de 1689, qui affirme exactement la même chose à ce chapitre. Voici une partie de ce qui est dit concernant ce problème spirituel qui n'est pas un problème isolé, mais un problème fréquent chez les croyants : « Cette assurance infaillible n'appartient pas à l'essence de la foi ; aussi un vrai croyant peut-il attendre longtemps et affronter de nombreuses difficultés avant d'y avoir part[4]. »

La confession de foi renvoie à quelques passages de la Bible afin de soutenir cette affirmation. Un des textes qu'elle utilise est le Psaume 88. Ce chapitre de la Bible est considéré par plusieurs commentateurs comme étant le plus tragique de tous les psaumes[5]. En effet, le Psaume 88 est tragique du début à la fin. Ce psaume fut écrit par Héman l'Ezrachite, un chantre du temps de David. Nous ne connaissons pas l'occasion qui a motivé la rédaction de ce psaume, mais il est évident que l'auteur était en proie à une grande souffrance, peut-être physique, mais surtout morale. Nous ignorons si Héman était dans l'angoisse par rapport au salut de son âme, mais il ne manifeste aucune assurance à cet égard. Voici quelques versets tirés de ce psaume :

Éternel, Dieu de mon salut ! Je crie jour et nuit devant toi. Que ma prière parvienne en ta présence ! Prête l'oreille à mes supplications ! Car mon âme est rassasiée de maux, et ma vie s'approche du séjour des morts. Je suis mis au rang de ceux qui descendent dans la fosse, je suis comme un homme qui n'a plus de force. Je suis étendu parmi les morts, semblable à ceux qui sont tués et couchés dans le sépulcre, à ceux dont tu n'as plus le souvenir, et qui sont séparés de ta main. Tu

---

4. *La Confession de foi baptiste de Londres de 1689, op. cit.*, 18.3.
5. Voir James Montgomery Boice, *Psalms, Volume 2*, Grand Rapids, Mich., Baker Books, 1996, p. 716.

m'as jeté dans une fosse profonde, dans les ténèbres, dans les abîmes. Ta fureur s'appesantit sur moi, et tu m'accables de tous tes flots. Pause. [...] Ô Éternel! j'implore ton secours, et le matin ma prière s'élève à toi. Pourquoi, Éternel, repousses-tu mon âme? Pourquoi me caches-tu ta face? Je suis malheureux et moribond dès ma jeunesse, je suis chargé de tes terreurs, je suis troublé. Tes fureurs passent sur moi, tes terreurs m'anéantissent; elles m'environnent tout le jour comme des eaux, elles m'enveloppent toutes à la fois.

Ce psaume correspond à la détresse de l'âme qui n'a point d'assurance face à la mort. «*Je suis mis au rang de ceux qui descendent dans la fosse... Je suis étendu parmi les morts, semblable à ceux qui sont tués et couchés dans le sépulcre.*» Il est vraisemblable qu'Héman ait été atteint d'une grave maladie qui l'isolait du reste du monde. Cette maladie avait réduit en cendre son espérance; il se voyait mourir oublié de l'Éternel et englouti dans la mort. Certains ressentent cet état seulement lorsque leur corps défaille, d'autres le vivent dans leur âme même lorsque leur corps est en bonne santé. Une circonstance extérieure peut donc occasionner une angoisse quant à l'assurance, comme dans le cas d'Héman. Il est aussi possible qu'aucune circonstance autre que l'absence de cette assurance n'en soit la cause.

Tentons de comprendre les raisons qui expliquent l'absence de l'assurance du salut. Je partirai de la prémisse que vous avez déjà entendu et accepté la doctrine du salut et je tenterai d'expliquer pourquoi elle ne produit pas l'assurance en vous, même si vous la croyez de tout votre cœur. Je ne prétends pas apporter toutes les réponses à cette question puisque l'angoisse du doute peut avoir une multitude de causes. Néanmoins, certaines causes m'apparaissent être plus fréquentes; en voici cinq.

J'ai une foi faible

La véritable assurance découle de la foi et non des expériences ou des émotions. La raison principale pour le manque d'assurance est le manque de foi. Généralement ce n'est pas tant la difficulté de croire que l'Évangile est vrai qui cause ce problème, mais la difficulté de croire qu'il est vrai pour moi aussi. Voici comment le Catéchisme de Heidelberg définit la vraie foi à la Question 21 :

> Ce n'est pas seulement une connaissance certaine par laquelle je tiens pour vrai tout ce que Dieu nous a révélé par sa Parole (Jacques 1.18), mais c'est aussi une confiance pleine et entière (Romains 4.16ss. ; 5.1) que le Saint-Esprit (2 Corinthiens 4.13 ; Éphésiens 2.8s. ; Matthieu 16.17 ; Philippiens 1.19) produit en moi par l'Évangile (Romains 1.16 ; 10.17), et qui m'assure que ce n'est pas seulement aux autres, mais aussi à moi que Dieu accorde la rémission des péchés, la justice et le salut éternels (Hébreux 11.7-10 ; Romains 1.16), par pure grâce, par le seul mérite du Christ (Éphésiens 2.7-9 ; Romains 3.24s. ; Galates 2.16)[6].

Dans les prochains chapitres, nous définirons davantage ce qu'est la foi et dans quelle mesure elle est compatible, si tel est le cas, avec les doutes. Pour l'instant j'aimerais simplement dire que plusieurs croyants ne goûtent pas à l'assurance du salut parce qu'ils n'ont pas appris à se reposer sur le fait que l'Évangile n'est pas seulement vrai, mais qu'il est vrai pour eux personnellement. Savoir que Dieu aime et savoir que Dieu m'aime sont deux choses différentes ; l'assurance du salut ne découle que de la persuasion que Dieu m'aime personnellement.

Plusieurs facteurs peuvent expliquer pourquoi un croyant a de la difficulté à s'approprier les bénéfices de l'Évangile en se reposant sur l'amour de Dieu pour lui. Par exemple, certaines expériences douloureuses du passé peuvent créer un obstacle. Des blessures qui remontent à l'enfance ou simplement une relation où l'amour paternel a été déficient peuvent altérer la foi confiante et paisible du croyant envers son Père céleste. Il

---

6. Extrait de *Confession et Catéchismes de la Foi Réformée*, Genève, Labor et Fides, 1986.

se peut que ce soit de simples traits de caractère qui amènent une personne à avoir une foi plus faible : une propension à être irrésolu, un tempérament plutôt méfiant, une tendance à vouloir mériter l'amour.

Quoi qu'il en soit, une foi faible ne générera pas une grande assurance. Ce croyant se laissera facilement balloté par ses états d'âme et aura de la difficulté à se reposer sur la Parole de Dieu. Il ne doit pas désespérer cependant, car l'Esprit du Seigneur affermira de plus en plus sa foi par la vérité. Avec le temps, il ne sera plus entraîné par ses vaines pensées, mais il sera solidement ancré dans la grâce de l'Évangile.

Je doute de mon élection

En raison des effets du péché originel sur la pensée de l'homme, la doctrine de l'élection produit parfois de l'anxiété chez les croyants alors qu'elle devrait produire de l'assurance. Certaines personnes essaient désespérément de sonder les décrets divins pour voir si elles sont élues. Elles attendent en quelque sorte la confirmation qu'elles ont été élues pour pouvoir se reposer dans la foi. Il faut alors réussir à déjouer nos propres pensées en cessant de considérer et d'analyser l'élection et à embrasser simplement le Fils de Dieu par la foi. Au cours de son ministère, Charles Spurgeon a accompagné plusieurs croyants qui souffraient de cette inquiétude. Il écrit :

De nombreuses personnes veulent connaître leur élection avant de regarder à Christ, mais elles ne peuvent pas être enseignées de cette manière, on ne peut en faire la découverte qu'en regardant à Jésus. Si vous désirez constater votre propre élection, méditez ce qui suit, et vous pourrez assurer votre cœur devant Dieu. Est-ce que vous ressentez en vous-même que vous êtes un pécheur perdu, coupable ? Allez directement à la croix de Christ [...] « Celui qui vient à moi, je ne le mettrai pas dehors. » [...]

Ceux qui se donnent complètement à Christ et qui lui font confiance font partie des élus de Dieu ; mais si vous arrêtez et que vous dites : « je veux d'abord savoir si je suis élu », vous ne savez pas ce que vous demandez. Allez à Jésus, de façon à effacer toute culpabilité. Laissez de côté toute question inopportune au sujet de l'élection. Allez directement à Christ vous cacher dans ses blessures, et vous saurez tout sur votre élection. L'assurance du Saint-Esprit vous sera donnée[7]...

Bien avant Spurgeon, l'apôtre Pierre a écrit ce qui suit : « C'est pourquoi, frères, appliquez-vous d'autant plus à affermir votre vocation et votre élection ; car, en faisant cela, vous ne broncherez jamais » (2 Pi 1.10). Affermir notre élection signifie manifester de manière certaine que nous avons été élus de Dieu et en être certain soi-même. « Vous et moi ne pouvons pas déterminer notre appel non plus que notre élection, mais nous pouvons les rendre certains[8]. » Seuls les élus peuvent manifester l'élection par l'obéissance qu'ils sont capables de produire à la suite de leur conversion. Celui que l'obéissance à Dieu rend malheureux a de bonnes raisons de douter de son salut, car il est fort probable que son cœur n'a pas été changé : « Car les voies de l'Éternel sont droites ; les justes y marcheront, mais les rebelles y tomberont » (Os 14.9). Celui qui est rebelle à Dieu ne doit pas chercher à se réconforter, mais plutôt se repentir. Néanmoins, celui qui ne peut vivre tranquille dans la désobéissance et que le péché rend malheureux, celui qui trouve son plaisir dans l'obéissance doit se réjouir, car son cœur a été changé, bien qu'il pèche encore et qu'il lutte avec l'incrédulité. Le pasteur Mark Jones écrit :

Les chrétiens qui luttent avec leur manque de foi devraient également se rappeler que leur lutte avec l'incrédulité est un signe de foi (Mc 9.24). Peut-être cela est-il évident pour la plupart, mais les

7. Charles H. Spurgeon, *Matin et soir*, Lyon, Éditions Clé, 2007, méditation du 17 juillet.
8. Martyn D. Lloyd-Jones, *God the Holy Spirit*, trad. libre, Wheaton, Ill., Crossway Books, 1997, p. 155.

non-croyants ne luttent pas avec l'incrédulité ; les chrétiens le font, cependant, parce qu'ils sont inquiets que leur foi vacille[9].

Je doute de ma conversion

Une difficulté que l'on rencontre assez souvent chez les croyants qui ont grandi dans une famille chrétienne est le complexe de la conversion. Ce complexe est exacerbé lorsqu'ils entendent le récit d'une conversion dramatique alors qu'ils ne peuvent pas affirmer eux-mêmes à quel moment ils sont devenus chrétiens. Ces croyants se demandent s'ils ont véritablement été convertis ou s'ils croient simplement parce qu'on leur a enseigné la foi depuis leur enfance. Comme ils ne peuvent déterminer une période de leur vie où ils sont clairement passés des ténèbres à la lumière, ils doutent qu'ils soient vraiment dans la lumière et ne savent pas comment s'en assurer. Certains autres ont vécu une expérience de conversion, mais doutent de son authenticité. Ils se rappellent la parabole du semeur où Jésus déclare :

> Celui qui a reçu la semence dans les endroits pierreux, c'est celui qui entend la parole et la reçoit aussitôt avec joie ; mais il n'a pas de racines en lui-même, il manque de persistance, et, dès que survient une tribulation ou une persécution à cause de la parole, il y trouve une occasion de chute (Mt 13.20,21).

Ils sont terrorisés à l'idée que ces versets décriraient leur propre état spirituel. Cette autre parole de Jésus les convainc qu'ils ne pourront jamais avoir l'assurance de leur salut : « Ceux qui me disent : Seigneur, Seigneur ! n'entreront pas tous dans le royaume des cieux » (Mt 7.21). J'aimerais rappeler quelques vérités à ces personnes. Premièrement, n'associez pas votre foi à une expérience de conversion. Les expériences que nous vivons peuvent

---

9. Mark Jones, *Antinomianism: Reformed Theology's Unwelcome Guest ?*, trad. libre, Phillipsburg, N.J., P&R Publishing, 2013, p. 107.

être bénéfiques pour notre foi, mais elles ne sont pas la norme de la foi. La norme de la foi, c'est l'Écriture sainte. Ce n'est donc pas l'intensité d'une conversion qui détermine son authenticité, mais la Bible. Seule la Bible peut nous indiquer si nous sommes un vrai ou un faux croyant et révéler la nature de notre foi.

Deuxièmement, l'expérience de l'un ne doit pas devenir la norme de l'autre. La conversion de Paul, aussi glorieuse fût-elle, n'a pas été établie comme étant la norme en matière de conversion. L'Écriture nous présente aussi la conversion de Timothée qui a été silencieuse et remontait jusqu'à l'éducation reçue dans son enfance (2 Ti 3.15).

Troisièmement, ce qui compte ce n'est pas la conversion, mais ce qui s'ensuit. Je ne dois pas me tourner vers le passé pour savoir si je suis devenu chrétien, mais plutôt considérer le présent pour m'assurer que je suis chrétien aujourd'hui. La seule façon de savoir si je suis né n'est pas de me rappeler ma naissance, mais de constater que je suis bel et bien vivant. Il est possible que j'ignore le jour et même l'année où je fus régénéré; il est possible d'avoir faussement professé la foi dans le passé, mais *ce que je dois chercher ce sont les fruits de la régénération dans ma vie aujourd'hui et le fruit principal est une foi continuelle envers le Fils de Dieu*. L'Épître aux Hébreux nous rappelle que la foi actuelle est la meilleure preuve de notre conversion : « Car nous sommes devenus participants de Christ, pourvu que nous retenions fermement jusqu'à la fin l'assurance que nous avions au commencement » (Hé 3.14). L'assurance en question est en fait la confiance envers Christ. Ce qui démontre que nous sommes, en cours de route, devenus participants de Christ, c'est la foi que nous continuons d'exercer envers lui.

Il en va de même de la repentance. Plusieurs s'inquiètent en se demandant : « Étais-je suffisamment sincère lorsque je me suis repenti ? Ai-je réellement haï mon péché lorsque je l'ai confessé à Dieu ? » Cependant, la repentance n'est pas une simple affaire *ponctuelle*, mais une réalité *continuelle* dans la vie du chrétien.

Voici ce que déclare, à propos de la repentance, la première des 95 thèses de Martin Luther contre la vente des indulgences : « En disant : Faites pénitence, notre Maître et Seigneur Jésus-Christ a voulu que la vie entière des fidèles fût une pénitence[10]. » Ne vous demandez pas si votre conversion était sincère, demandez-vous si aujourd'hui vous confessez sincèrement votre péché et si vous croyez uniquement en Jésus pour en être sauvés.

Quatrièmement, veillez à ne pas développer la foi dans la foi en vous reposant sur l'assurance que vous croyez en Jésus plutôt qu'en vous reposant sur Jésus même. Avoir la foi dans la foi, c'est un peu comme l'œil qui essaie de se voir lui-même pour s'assurer qu'il existe. Nos yeux n'ont pas besoin de se voir eux-mêmes pour être tranquilles, ils n'ont qu'à se porter sur ce qui est visible. De même, nous ne devons pas croire en notre foi pour avoir l'assurance, mais croire en celui qui est l'objet de notre foi : Christ. Ce qui compte avant tout, ce n'est pas de croire à notre propre pardon, mais de croire au Christ qui nous pardonne : de là découlera l'assurance de notre pardon[11].

Je suis hanté par mon péché

Une des meilleures évidences que le Saint-Esprit travaille dans le cœur d'un pécheur est la contrition qu'il produit par rapport au péché. Logiquement, lorsque nous éprouvons la conviction de péché, nous devrions en déduire que Dieu agit en nous et nous en réjouir. Cependant, certaines convictions de péché sont si intenses qu'il faudra beaucoup de temps avant que le pécheur repentant ait l'assurance que Dieu lui est favorable. « Des maux sans nombre m'environnent ; mes fautes me poursuivent, et je ne puis en supporter la vue ; elles sont plus nombreuses que les

---

10. Martin Luther, *Les 95 thèses*, < https://www.luther2017.de/fr/martin-luther/ textes-sources/les-95-theses/ > (page consultée le 18 septembre 2018).
11. Voir *The Works of John Owen*, vol. 5, p. 419, Carlisle, Penns., The Banner of Truth Trust.

cheveux de ma tête, et mon courage m'abandonne » (Ps 40.13). Le Seigneur, pour produire un changement de longue durée dans la vie de son enfant, peut lui révéler l'éclat insupportable de sa sainteté et lui montrer l'infinie gravité de son péché.

Dans cet état de profonde tristesse, le pécheur passera par un épisode de confusion. Il se demandera si Dieu lui a pardonné, s'il a suffisamment produit du fruit digne de la repentance. Il risque même de croire qu'il retrouvera sa paix lorsqu'il aura entièrement réparé son péché. Le danger réel consiste à croire qu'il est possible de réparer son péché et de chercher la rédemption par la repentance. Lorsque Dieu produit la repentance dans le cœur d'un pécheur, son but est de le conduire vers l'unique moyen de rédemption : *la foi en Christ mort pour le péché*. La repentance ne nous rachète pas, elle démontre que nous avons été rachetés.

Comment puis-je savoir si Dieu m'a entièrement pardonné ? Si des entraves me tenaient captif, je saurais que je suis libre si la chaîne qui me gardait prisonnier était brisée. La repentance démontre que la chaîne et les entraves du péché ont été brisées et que le Christ m'a libéré de ma prison. Avez-vous abandonné votre péché ? Si vous vous en êtes détourné, vous pouvez célébrer le fait que Dieu vous a entièrement pardonné. Votre repentance ne vous procure pas le pardon, seule la mort du Christ le fait ; votre repentance est la manifestation de votre pardon. Tout comme la foi, la repentance n'a pas besoin d'être parfaite pour être authentique. La seule chose qui doit être parfaite pour que nous soyons pardonnés c'est la rédemption que le Seigneur Jésus a accomplie en notre faveur. John Ball écrit dans son traité sur l'alliance de grâce publié en 1645 : « Un chrétien ne doit pas remettre en question sa conversion parce qu'il n'aurait pas suffisamment été terrifié ou abaissé comme d'autres [...], ce qui compte ce n'est pas le degré de ton affliction, mais l'authenticité de ta guérison[12]. »

---

12. John Ball, *A Treatise of the Covenant of Grace*, trad. libre, Londres, impr. G. Miller pour Edward Brewster, 1645, p. 339. Cet ouvrage a été réimprimé en facsimile par Peter

Dieu ne m'a pas donné l'assurance de mon salut

L'assurance du salut est un cadeau que seul Dieu peut nous accorder et que nous ne pouvons pas produire par nous-mêmes[13]. Ceux qui n'ont pas l'assurance de leur salut devraient être encouragés par cette perspective pour deux raisons. Premièrement, ils devraient se réjouir de la perspective que Dieu est miséricordieux et qu'il prend plaisir à faire du bien à ses enfants en leur donnant l'assurance du salut en temps voulu. Par conséquent, ils peuvent demander et rechercher cette assurance avec confiance. Deuxièmement, ils devraient se réjouir en constatant que *l'absence d'assurance du salut ne signifie pas l'absence du salut*. Il s'agit de deux grâces distinctes de sorte qu'il est possible d'avoir le salut sans avoir l'assurance du salut. Nous reviendrons plus en détail sur cette distinction dans le prochain chapitre.

Or, pourquoi Dieu ferait-il languir certains de ses enfants en ne leur donnant pas immédiatement l'assurance de leur salut alors qu'ils en ont cruellement besoin ? Voici comment le puritain Anthony Burgess répondait à cette question dans un traité publié en 1652 :

> Premièrement, afin que par cela nous goûtions et voyions combien le péché est amer. Deuxièmement, par cela Dieu nous garde humbles et abaissés en nous-mêmes. Troisièmement, Dieu peut nous empêcher de connaître l'assurance afin que lorsque nous l'aurons, nous l'estimions encore davantage, lui accordant plus de valeur et afin que nous prenions garde de peur de ne la perdre. Quatrièmement, Dieu agit ainsi afin que tu puisses démontrer ton obéissance envers lui et lui accorder le plus grand honneur. Cinquièmement, Dieu

---

& Rachel Reynolds en 2009.

13. Joel Beeke, dans son imposant ouvrage sur l'assurance du salut, démontre que c'est ainsi que la doctrine de l'assurance a été comprise par la tradition réformée (voir *The Quest For Full Assurance*, *op. cit.*, p. 103).

retient l'assurance de son pardon, afin que tu puisses être un chrétien expérimenté capable de consoler les autres dans leur détresse[14].

L'assurance du salut est un cadeau que seul Dieu peut donner à ses enfants et la bonne nouvelle est qu'il veut le donner à tous ses enfants : «*Je vous ai écrit ces choses, afin que vous sachiez que vous avez la vie éternelle, vous qui croyez au nom du Fils de Dieu*» (1 Jn 5.13). Il est possible que le Seigneur retienne encore cette bénédiction avant de vous l'accorder, mais il ne se moque pas de vous ; il a ses raisons. Soyez patients, persévérez et rappelez-vous que même cette épreuve concourt à votre bien pour la gloire de Dieu dans votre vie.

À méditer

Oui, mon âme, confie-toi en Dieu ! Car de lui vient mon espérance. Oui, c'est lui qui est mon rocher et mon salut ; ma haute retraite : je ne chancellerai pas. Sur Dieu reposent mon salut et ma gloire ; le rocher de ma force, mon refuge, est en Dieu. En tout temps, peuples, confiez -vous en lui, répandez vos cœurs en sa présence ! Dieu est notre refuge (Ps 62.5-8).

---

14. Cité par Joel Beeke, *op. cit.*, p. 159.

Chapitre 2

La distinction entre foi et assurance

« Puis-je être sauvé sans en être sûr ? »

Marc 9.24

On enseigne parfois que la doctrine de l'assurance du salut est pernicieuse puisqu'elle entraine la paresse spirituelle. Dieu aurait plus à gagner des chrétiens s'ils doutent de leur salut que s'ils en ont l'assurance ; ceux qui doutent sont plus diligents, tandis que ceux qui sont convaincus qu'ils sont en paix avec Dieu ne font pas grand-chose pour lui plaire. L'assurance du salut produit-elle réellement cet effet ? Voici une illustration qui démontre que ce n'est pas le cas.

Le célèbre pont Golden Gate de San Francisco fut construit de 1933 à 1937. Après trois années de travail, l'ingénieur Joseph Strauss eut l'idée de faire installer un filet de protection sous le pont au coût de 130 000 $. Le but était de protéger la vie des ouvriers, mais cela eut un effet immédiat sur la rapidité des travaux de ce chantier qui avaient commencé à prendre du retard. Les ouvriers travaillaient dorénavant avec plus d'assurance, car ils ne craignaient plus pour leur vie. Leur productivité rentabilisa amplement le coût du filet de sûreté[1].

L'assurance du salut n'a pas pour effet de rendre le croyant paresseux. Elle lui donne au contraire l'assurance nécessaire pour servir Dieu avec joie. Cette confiance remplace la peur qui le paralysait et parce qu'il ne craint plus pour sa vie, le chrétien peut se mettre à l'œuvre, s'oublier lui-même et servir les autres. Nous examinerons maintenant l'assurance du salut et sa relation par rapport à la foi. Nous tenterons de déterminer si la Bible enseigne que les doutes sont compatibles avec la foi.

Trois points de vue sur l'assurance du salut

Il existe trois points de vue fondamentaux sur la question de l'assurance du salut à l'intérieur desquels nous pouvons classer la plupart des enseignements sur ce sujet[2]. Le premier est qu'il n'existe pas d'assurance du salut; Dieu n'aurait pas donné cette grâce. Il s'agit de l'enseignement du catholicisme romain tel qu'on le retrouve dans le Concile de Trente (1545-1563)[3]. Les canons XV et XVI touchant la justification déclarent ceci:

> SI QUELQU'UN dit, qu'un homme né de nouveau par le Baptesme, & justifié, est obligé, selon la Foy, de croire qu'il est asseûrément du nombre des Prédestinez: Qu'il soit Anathême.

---

1. Ces informations ont été trouvées sur la page Wikipédia du Golden Gate Bridge, consultée le 21 février 2018.

2. Archibald Alexander Hodge, *Outlines of Theology: Rewritten and Enlarged*, New York, Hodder & Stoughton, 1878, p. 477. J'inverse légèrement l'ordre dans lequel Hodge présente ces trois points de vue.

3. Cet enseignement, qu'on retrouve principalement chez les catholiques, était également celui du théologien protestant Karl Barth; voir Martyn D. Lloyd-Jones, *God the Holy Spirit*, Wheaton, Ill., Crossway, 1997, p. 152.

SI QUELQU'UN soustient d'une certitude absolüe et infaillible, s'il ne l'a appris par une révélation particuliere, qu'il aura asseurément le grand don de persévérance jusques à la fin : Qu'il soit Anathême[4].

Luther appelait cet enseignement « la doctrine maudite du doute[5] ». Les enseignements de Luther et de Calvin concernant l'assurance du salut avaient pour but de répondre à l'insécurité sotériologique du catholicisme. Les réformateurs enseignaient que la foi qui justifie est celle qui s'approprie les promesses du salut dans l'Évangile. L'assurance du salut était vue comme implicite dans l'exercice de la foi. Pour eux, croire en Christ, c'était être assuré de son salut. Dans cet enseignement, l'assurance fait partie de *l'essence* de la foi. Luther et Calvin eux-mêmes ont enseigné qu'une personne pouvait douter tout en ayant une foi à salut. Cependant, d'autres réformateurs ont enseigné que la vraie foi est celle qui est pleinement persuadée de son propre salut. Conséquemment, si une personne ne possède pas cette assurance, elle ne possède pas le salut[6]. Il s'agit du deuxième point de vue.

Le troisième point de vue est celui que la plupart des puritains enseignaient, qui fut adopté lors de l'Assemblée de Westminster et que les baptistes calvinistes confessèrent :

Cette assurance infaillible n'appartient pas à l'essence de la foi ; aussi un vrai croyant peut-il attendre longtemps et affronter de nombreuses difficultés avant d'y avoir part. Cependant, étant rendu capable par l'Esprit de connaître les dons gratuits que Dieu lui a faits, il peut, sans révélation extraordinaire, par le bon usage des

---

4. Le texte est disponible en ligne au <http://lesbonstextes.awardspace.com/trentesixiemesession.htm#chap15> (page consultée le 18 septembre 2018).

5. Cité par J. D. Greear, *Stop Asking Jesus Into Your Heart*, trad. Libre, Nashville, B&H Books, 2013, p. 22.

6. Thomas Ridgley, dans son commentaire sur le Grand Catéchisme de Westminster, explique ce que les théologiens comprenaient en parlant de l'assurance qui appartient à l'essence de la foi : « [...] ils veulent dire que seuls ont une foi qui sauve, ceux qui ont l'assurance de leur propre salut » (*A Body of Divinity*, vol. 2, New York, Robert Carter & Brothers, 1855, p. 210).

moyens ordinaires, y parvenir. C'est pourquoi il est du devoir de chacun de s'appliquer à affermir son appel et son élection, afin que son cœur soit rempli de paix et de joie dans le Saint Esprit, d'amour et de reconnaissance pour Dieu, de force et de belle humeur dans les tâches d'obéissance, les fruits mêmes de cette assurance qui est bien loin d'incliner les hommes au relâchement[7].

Il s'agit de la compréhension la plus répandue à l'intérieur de la foi évangélique orthodoxe. Cet enseignement considère qu'une personne peut avoir une foi authentique sans avoir l'assurance du salut. Cette compréhension repose sur une distinction entre la foi et l'assurance. À mon humble avis, cette distinction est biblique.

La Bible distingue la foi et l'assurance

La distinction entre la foi et l'assurance est une composante fondamentale de l'enseignement biblique sur l'assurance du salut. Nous comprenons que la Bible fait cette distinction premièrement lorsqu'elle présente la foi s'exerçant au milieu des doutes. Deuxièmement, la Bible présente la possibilité d'une foi authentique bien qu'elle soit faible. Troisièmement, en déclarant que la foi doit croitre et se fortifier, la Bible valide une fois de plus la distinction entre une foi avec assurance et une foi sans assurance.

Les doutes

Le premier texte que nous examinerons pour démontrer la distinction biblique entre foi et assurance se trouve dans l'Évangile selon Marc, qui nous présente une foi exercée avec doute et incrédulité. Le père d'un jeune garçon possédé par un esprit impur s'approche pour implorer le Seigneur de venir à leur secours :

> Amenez-le-moi. On le lui amena. Et aussitôt que l'enfant vit Jésus, l'esprit l'agita avec violence ; il tomba par terre, et se roulait en écumant.

---

7. *La Confession de foi baptiste de Londres de 1689*, op. cit., 18.3.

Jésus demanda au père: Combien y a-t-il de temps que cela lui arrive?
Depuis son enfance, répondit-il. Et souvent l'esprit l'a jeté dans le feu
et dans l'eau pour le faire périr. Mais, si tu peux quelque chose, viens
à notre secours, aie compassion de nous. Jésus lui dit: Si tu peux!...
Tout est possible à celui qui croit. Aussitôt le père de l'enfant s'écria:
Je crois! viens au secours de mon incrédulité! (Mc 9.19-24.)

Je trouve ce dernier verset particulièrement intéressant. Le
père de l'enfant a manifestement la foi en Jésus. Premièrement,
il vient à lui pour obtenir une délivrance en faveur de son fils.
Cette démarche était assez compréhensible du fait que Christ avait
accompli des miracles en public; les foules venaient donc à lui
pour être secourues. En revanche, il est plutôt frappant de voir
cet homme demander à Jésus de le sauver de son incrédulité. Que
voyait-il en Jésus pour lui demander d'agir sur ses pensées, sa foi,
son âme? Il voyait certainement plus qu'un guérisseur ambulant.

Voici un homme qui non seulement a la foi que Jésus peut le
sauver de la puissance des démons, mais encore de la puissance
de son propre cœur mauvais qui l'empêche d'avoir une foi parfaite. Tout en croyant que Christ est son seul secours, il doute
qu'il sera délivré. Lorsque Jésus le place devant son incrédulité,
cet homme confesse et implore le secours du Seigneur: «Je crois!
Viens au secours de mon incrédulité!»

La foi, tout en étant imparfaite, faible et accablée par des
doutes, est authentique si elle a le Christ pour objet. Certains
seront peut-être confus en entendant que la foi peut s'exercer en
même temps que le doute ou l'incrédulité. Comment deux choses
aussi contradictoires peuvent-elles être compatibles? Attention!
ce ne sont pas tous les doutes qui sont compatibles avec une foi
à salut. Une incrédulité qui consiste à refuser de croire et de se
soumettre à la Parole de Dieu n'est pas la même chose que l'incrédulité qui découle d'une foi faible. Il arrive que la foi soit atta-
quée dans ce monde et que le croyant éprouve des doutes envers
Dieu et sa Parole. Cependant, le chrétien cherchera à combattre

ces doutes et à affermir sa foi. Il cherchera à répondre aux objections et voudra être persuadé du bien-fondé de sa foi. C'est ce que nous voyons chez cet homme ; il doute, mais il veut croire, parce qu'il croit déjà. Le professeur de théologie Louis Berkhof explique que les croyants peuvent douter de deux manières :

> Il est nécessaire de se rappeler, cependant, que le doute n'est pas toujours de la même nature. Il existe des doutes concernant les vérités objectives de l'Évangile, mais aussi des doutes concernant sa propre condition spirituelle. Les premiers sont toujours un signe d'incrédulité, les derniers, bien qu'ils puissent être déplorables et même coupables, ne viennent pas nécessairement de l'incrédulité. Ils peuvent simplement résulter d'une ignorance[8].

Nous voyons ces deux sortes de doutes chez le père de l'enfant. Il est incrédule par rapport à ce que le Christ peut faire : « *si tu peux quelque chose...* » Pourtant, s'il vient à Jésus et l'implore même de le sauver de son incrédulité, c'est qu'il croit. S'il croit que le Christ peut le sauver même de son incrédulité, bien qu'il soit encore aux prises avec des doutes, c'est qu'il n'a pas d'assurance en lui-même. Il doute du Christ, car il n'a pas d'assurance.

La bonne nouvelle est que malgré la foi imparfaite de cet homme, Jésus viendra à son secours et répondra à sa prière. Nous devons, de la même manière, crier au Seigneur afin qu'il nous délivre de l'incrédulité de nos cœurs qui nous amène à douter de Dieu. Ce n'est pas d'abord en raisonnant en nous-mêmes ou en cherchant le secours des autres que nous serons délivrés de nos doutes. Nous devons avant toute chose venir aux pieds du Seigneur, lui demander pardon pour notre incrédulité envers lui et l'implorer de nous donner une foi ferme pour s'approprier les bénédictions de l'Évangile.

---

8. Louis Berkhof, *The Assurance of Faith*, trad. libre, Grand Rapids, Mich., WM. B. Eerdmans Publishing Co., 1939, p. 75.

Une foi faible

Ce qui explique la présence de doutes chez les croyants c'est la faiblesse de la foi : l'absence d'une foi forte entraine la présence de doutes. À plusieurs reprises, Jésus fait le reproche suivant : «*gens de peu de foi*». Il déclare que nous avons peu de foi si nous nous inquiétons au sujet de la nourriture et du vêtement (Mt 6.30). Lorsqu'il dort dans la barque au milieu de la tempête et que ses disciples sont affolés, Jésus attribue leur peur à la faiblesse de leur foi (Mt 8.26): «Pourquoi avez-vous peur, gens de peu de foi? Alors il se leva, menaça les vents et la mer, et il y eut un grand calme.»

Dans une deuxième scène similaire où les disciples sont seuls sur l'eau au milieu de la nuit alors qu'ils sont ballotés par les vagues, Jésus se présente à eux marchant sur les eaux. Pierre veut aller vers lui et le Seigneur l'y invite. Tout va bien pour lui aussi longtemps qu'il regarde à Jésus :

> Mais, voyant que le vent était fort, il eut peur ; et, comme il commençait à enfoncer, il s'écria : Seigneur, sauve-moi! Aussitôt Jésus étendit la main, le saisit, et lui dit : Homme de peu de foi, pourquoi as-tu douté ? (Mt 14.30,31.)

Quelle application pouvons-nous retenir de ce récit ? Sans tomber dans l'allégorie, je crois que nous pouvons reconnaître que le but premier n'est pas de nous inciter à marcher sur les eaux, mais de voir qu'en fixant les regards sur le Seigneur, nous traverserons les tempêtes comme si nous marchions sur les eaux tumultueuses. Lorsque nous fixons nos regards sur les imprévus, les choses qui nous menacent et tout ce que nous ne contrôlons pas dans notre vie, comme Pierre, nous nous enfonçons. Alors, nous crions: «Seigneur, tu m'abandonnes!», mais il nous répond: «Non! Mais tu as cessé de regarder à moi.» Or, il n'est pas trop tard pour qu'une foi faible crie au Seigneur et qu'il nous sauve de la noyade.

Un troisième exemple nous permet de comprendre qu'une foi faible est aussi une foi qui manque d'instruction. En chemin, après avoir adressé des reproches sévères aux pharisiens et aux saducéens, Jésus mit ses disciples en garde contre le levain de ceux-ci. Les disciples croyaient que c'était parce qu'ils avaient oublié de prendre des pains que Jésus leur parlait ainsi : « Pourquoi raisonnez-vous en vous-mêmes, gens de peu de foi, sur ce que vous n'avez pas pris de pains ? Êtes-vous encore sans intelligence... » (Mt 16.8,9.)

Les disciples avaient une foi faible, car ils ne *comprenaient pas* bien l'enseignement du Seigneur à ce stade de leur vie. Ils ne comprenaient pas le sens de certaines de ses paroles, ils ne comprenaient pas qui il était et ils ne comprenaient pas leur propre salut. Il est impossible d'avoir une foi forte sans posséder une bonne compréhension de l'Évangile. Plusieurs n'ont pas l'assurance du salut tout simplement parce qu'ils ne comprennent pas bien le salut ou parce qu'ils entretiennent des croyances erronées. Une juste compréhension de la grâce de l'Évangile est une condition *sine qua non* de l'assurance du salut. Notez que Jésus ne dit pas que ses disciples n'ont pas la foi, mais bien qu'ils ont une petite foi. Il considère que cette foi, bien que déficiente, est authentique et constitue une foi à salut. De plus, une foi faible peut devenir forte, car la foi doit grandir et se fortifier.

La foi doit grandir

La foi n'est pas statique, mais dynamique. Paul nous parle de «*la mesure de foi que Dieu a départie à chacun*» (Ro 12.3). Il écrit aux Corinthiens qu'il a espoir que leur foi augmente (2 Co 10.15). Il dit aux Thessaloniciens : « Nous devons à votre sujet, frères, rendre continuellement grâces à Dieu, comme cela est juste, parce que votre foi fait de grands progrès » (2 Th 1.3). Dans les Évangiles, nous voyons cette prière des apôtres : « Les apôtres dirent au Seigneur : Augmente-nous la foi » (Lu 17.5).

S'il est vrai que la foi peut être assaillie par les doutes et qu'elle peut être faible ; il est également vrai que la foi peut grandir et s'affermir. Les chrétiens doivent se réjouir de cette perspective et s'encourager les uns les autres à affermir leur foi. Avez-vous déjà médité sur ce que l'apôtre Jean écrit vers la fin de sa première épître lorsqu'il déclare le but de sa lettre ? «Je vous ai écrit ces choses, afin que vous sachiez que vous avez la vie éternelle, vous qui croyez au nom du Fils de Dieu» (1Jn 5.13).

Jean sait que certains croyants ne prennent pas conscience de ce qu'ils ont et ce qu'ils sont en Jésus-Christ... Le fils d'un roi avait grandi dans le palais royal en côtoyant les autres enfants de la maisonnée. Il ne voyait pas de différence entre lui et ces autres enfants ; il jouait aux mêmes jeux qu'eux, pleurait pour les mêmes raisons, recevait la même instruction, mangeait la même nourriture. Ce n'est qu'en vieillissant qu'il comprit qu'il avait un statut complètement différent du leur, une destinée à laquelle seul le fils d'un roi pouvait aspirer, qu'il possédait une richesse qu'il ignorait totalement.

Plusieurs croyants sont semblables à ce prince ; ils sont devenus enfants de Dieu en croyant en Christ (Jn 1.12), sans comprendre la grandeur de la bénédiction qu'ils ont reçue. Pendant que le Fils de Dieu était sur terre, plusieurs hommes ont cru en lui espérant simplement une guérison, un secours ponctuel, la délivrance de l'oppression romaine. L'apôtre leur annonce qu'ils possèdent beaucoup plus : « Vous avez la vie éternelle, vous qui croyez au nom de Jésus. » Vous pensiez seulement avoir reçu une grâce, mais vous avez reçu toutes les grâces. Vous n'aviez pas entièrement compris cela en accueillant Jésus-Christ.

De nos jours, plusieurs viennent à lui parce qu'ils sont tristes et espèrent que Jésus les rendra heureux. D'autres viennent à lui parce qu'ils sont malades et espèrent une guérison. D'autres vivent des difficultés dans leur vie de couple et crient à Jésus pour qu'il intervienne. Mais tous ceux qui sont venus à Jésus en croyant et qui se sont accrochés définitivement à lui ont reçu beaucoup plus qu'une bénédiction temporaire et temporelle : ils ont reçu la vie éternelle.

Les Évangiles relatent plusieurs récits où des pécheurs sont venus à Christ sans chercher directement la vie éternelle et sans comprendre complètement qui est Jésus. À plusieurs reprises, Jésus déclare à de tels pécheurs : « Ta foi ta sauvé. » Leur foi, à ce moment, était plutôt élémentaire. Ils ne comprenaient pas clairement le plan du salut. Ils ignoraient même la nécessité que Christ meurt pour eux et ignoraient sans doute qu'ils avaient reçu la vie éternelle en croyant au Fils de Dieu. La foi qui sauve n'est pas nécessairement une foi qui comprend le salut, mais c'est une foi qui croit nécessairement en Jésus. Le puritain Thomas Goodwin (1600-1680) affirme ceci : « [...] l'acte de foi qui justifie un pécheur est distinct de la connaissance d'avoir la vie éternelle et, conséquemment, peut avoir lieu sans cette connaissance parce qu'il ne contient pas forcément cette assurance en lui-même[9]. »

Jean, en écrivant sa première épître, veut que les croyants comprennent ce que signifie le fait d'être chrétien. Tout au long de son épître il donne des moyens à ses lecteurs pour discerner s'ils appartiennent à Dieu ou au diable :

> Si nous disons que nous n'avons pas de péché, nous nous séduisons nous-mêmes, et la vérité n'est point en nous. Si nous confessons nos péchés, il est fidèle et juste pour nous les pardonner, et pour nous purifier de toute iniquité (1 Jn 1.8,9).

> Celui qui pèche est du diable, car le diable pèche dès le commencement. Le Fils de Dieu a paru afin de détruire les œuvres du diable. Quiconque est né de Dieu ne pratique pas le péché, parce que la semence de Dieu demeure en lui ; et il ne peut pécher, parce qu'il est

---

9. Thomas Goodwin, *The Works of Thomas Goodwin*, vol. 8, trad. libre, Édimbourg, James Nichol, 1864, p. 338.

né de Dieu. C'est par là que se font reconnaître les enfants de Dieu et les enfants du diable. Quiconque ne pratique pas la justice n'est pas de Dieu, non plus que celui qui n'aime pas son frère (1Jn 3.8-10).

Reconnaissez à ceci l'Esprit de Dieu : tout esprit qui confesse Jésus-Christ venu en chair est de Dieu; et tout esprit qui ne confesse pas Jésus n'est pas de Dieu, c'est celui de l'antéchrist (1Jn 4.2,3).

Bien-aimés, aimons-nous les uns les autres; car l'amour est de Dieu, et quiconque aime est né de Dieu et connaît Dieu. Celui qui n'aime pas n'a pas connu Dieu, car Dieu est amour (1Jn 4.7,8).

Jean veut enlever la fausse assurance aux faux croyants et les amener à une véritable repentance. Son but premier, cependant, est que ceux qui croient au Fils de Dieu sachent qu'ils ont la vie éternelle afin qu'ils se réjouissent de cette glorieuse assurance. L'assurance n'appartient pas à l'essence de la foi, mais se ratta- chent plutôt aux bénédictions que les croyants doivent désirer et rechercher et qu'ils peuvent obtenir. La foi doit grandir, se forti- fier et produire cette paisible assurance.

Conclusion

Puis-je être sauvé sans en être sûr ? Ce qui détermine si une personne est sauvée, ce n'est pas le fait qu'elle le sache, mais bien qu'elle croit au nom du Fils de Dieu. Comment peut-on culti- ver l'assurance du salut ? Il nous faut pour cela les trois piliers de l'assurance. Un tabouret qui n'a qu'une seule patte ne tien- dra pas debout. Nous ne nous reposerions pas non plus sur un tabouret qui n'aurait que deux pattes. Un tabouret à trois pattes sera ferme et solide pour nous soutenir. L'ecclésiaste nous dit que « la corde à trois fils ne se rompt pas facilement » (Ec 4.12). Les trois prochains chapitres présenteront ces trois piliers de l'assurance du salut.

À méditer

Si nous recevons le témoignage des hommes, le témoignage de Dieu est plus grand ; car le témoignage de Dieu consiste en ce qu'il a rendu témoignage à son Fils. Celui qui croit au Fils de Dieu a ce témoignage en lui-même ; celui qui ne croit pas Dieu le fait menteur, puisqu'il ne croit pas au témoignage que Dieu a rendu à son Fils. Et voici ce témoignage, c'est que Dieu nous a donné la vie éternelle, et que cette vie est dans son Fils. Celui qui a le Fils a la vie ; celui qui n'a pas le Fils de Dieu n'a pas la vie. Je vous ai écrit ces choses, afin que vous sachiez que vous avez la vie éternelle, vous qui croyez au nom du Fils de Dieu. Nous avons auprès de lui cette assurance, que si nous demandons quelque chose selon sa volonté, il nous écoute. Et si nous savons qu'il nous écoute, quelque chose que nous demandions, nous savons que nous possédons la chose que nous lui avons demandée (1 Jn 5.9-15).

Chapitre 3

Une ancre de l'âme, sûre et solide

Jésus-Christ notre assurance

Hébreux 6.17-20

Un homme devait faire des travaux sur le toit de sa maison. Il installa son échelle et monta sur le toit. Afin d'assurer sa sécurité, il s'attacha une corde autour de la taille. Il appela son fils, lui lança l'autre bout de la corde en lui demandant de l'attacher solidement. Le garçon attacha la corde au parechoc de la voiture garée de l'autre côté de la maison et rentra dans la maison. Un peu plus tard l'épouse sortit pour aller faire des courses. Elle monta dans la voiture sans remarquer la corde qui y était attachée puis elle partit. L'homme fit une chute précipitée du toit de sa maison. Nous pouvons tirer quelques leçons de cette histoire.

Premièrement, ceux qui mettent leur confiance dans les choses de la terre périront. L'apôtre Paul déclare que ceux qui « ne pensent qu'aux choses de la terre ; auront pour fin la perdition » (Ph 3.19).

Deuxièmement, ce n'est pas tout d'avoir une assurance, encore faut-il qu'elle soit fiable. Certaines personnes se sentent en sécurité en raison de leur mode de vie, ou de l'environnement stable et confortable dans lequel elles vivent, ou en raison de leurs croyances. Cependant, la valeur de l'assurance n'est pas déterminée par le sentiment de sécurité qu'elle procure, mais par la garantie qu'elle assure. Notre homme se sentait en sécurité avec sa corde solidement attachée autour de lui. Ce fut à sa ruine que cette corde lui procura ce sentiment puisqu'elle ne lui assurait aucune garantie réelle.

Récemment, un frère et moi évangélisions dans la rue en demandant aux gens ce qui constituait leur assurance dans la vie comme dans la mort. Certains n'en avaient aucune, mais d'autres nous ont exprimé ce qui leur donnait de l'assurance : la réussite, la famille, les bonnes actions, etc. Malheureusement, toutes ces sources d'assurance ne valent pas mieux que cette corde attachée au parechoc de la voiture ; elles les précipiteront vers leur ruine éternelle. Une fausse assurance est davantage un piège qu'un secours.

Troisièmement, pour être véritablement en sécurité, l'homme aurait dû être attaché à un point plus élevé que lui-même. La seule assurance qui n'est pas rattachée à la terre c'est le Christ qui est entré pour nous au ciel. C'est exactement l'image que nous présente le texte que nous allons maintenant examiner :

> C'est pourquoi Dieu, voulant montrer avec plus d'évidence aux héritiers de la promesse l'immutabilité de sa résolution, intervint par un serment, afin que, par deux choses immuables, dans lesquelles il est impossible que Dieu mente, nous trouvions un puissant encouragement, nous dont le seul refuge a été de saisir l'espérance qui nous était proposée. Cette espérance, nous la possédons comme une ancre de l'âme, sûre et solide ; elle pénètre au-delà du voile, là où Jésus est entré pour nous comme précurseur, ayant été fait souverain sacrificateur pour toujours, selon l'ordre de Melchisédek (Hé 6.17-20).

Les trois piliers de l'assurance du salut

Dans le dernier chapitre, nous avons conclu en déclarant que pour être solide, l'assurance du chrétien doit reposer sur trois piliers. Voici comment les réformés de Grande-Bretagne présentèrent ces trois piliers au xviie siècle :

> Cette certitude n'est pas une simple conjecture ou une opinion probable fondée sur un espoir douteux ; mais, c'est une infaillible assurance de foi fondée sur le sang et la justice de Christ qui sont révélés dans l'Évangile, et aussi sur ces preuves internes que sont les grâces de l'Esprit auxquelles les promesses sont faites, et sur le témoignage de l'Esprit d'adoption, témoignant à notre esprit que nous sommes enfants de Dieu. Cette assurance a pour fruit de maintenir le cœur humble et saint[1].

Le premier pilier, qui est le plus important des trois, est « *le sang et la justice de Christ révélés dans l'Évangile* ». Il s'agit de l'assurance objective du salut. Ensuite viennent les deux autres piliers qui constituent l'assurance subjective du salut. Le deuxième pilier constitue « *ces preuves internes que sont les grâces de l'Esprit* », c'est-à-dire les preuves que le Saint-Esprit m'a régénéré, et les fruits de la vie nouvelle en Jésus-Christ. Troisièmement, l'assurance du salut repose « *sur le témoignage de l'Esprit d'adoption, témoignant à notre esprit que nous sommes enfants de Dieu* ».

L'expression «assurance du salut» peut désigner deux choses : le sentiment de sécurité que nous ressentons en découvrant notre propre salut et la garantie de notre salut par le sang de Christ. Il y a donc une assurance subjective et une assurance objective. Martyn Lloyd-Jones, dans son ouvrage consacré à l'assurance du salut, explique dans quel ordre nous devons considérer les aspects objectif et subjectif de l'assurance du salut : « En vérité, nous devons commencer par le fait objectif et la vérité de Dieu,

---

1. *La Confession de foi baptiste de Londres de 1689, op. cit.*, 18.2.

ensuite nous réfléchirons à la relation qu'ils ont avec nous[2]. »
Avant de parler des deux piliers subjectifs de l'assurance, nous
devons expliquer l'assurance objective du salut. Nous sommes
assurés d'entrer au ciel, car nous sommes attachés à Jésus-Christ
qui y est déjà entré pour nous.

Jésus-Christ notre assurance

Il est important de ne pas confondre l'Évangile et son effet.
L'Évangile n'est pas la conversion, la foi ou la vie chrétienne.
L'Évangile n'est pas une expérience que nous faisons personnellement avec Dieu. L'Évangile est une réalité qui existe en dehors de
nous. L'Évangile consiste dans une promesse que Dieu a accomplie en la personne de son Fils. Dans le sang de Christ, nous
possédons objectivement la garantie et l'assurance de notre salut,
notre pardon, la vie éternelle.

Les fausses assurances du pardon de Dieu

Sur quelle base sommes-nous assurés du pardon de Dieu ? Voici
quatre fausses assurances que nous retrouvons souvent dans le
monde et parfois même dans l'Église. La première fausse assurance est l'*universalisme* : Dieu pardonnera à tous les hommes, je
peux donc être tranquille. Il s'agit là d'une fausse croyance ; Dieu
ne pardonnera pas à tous les hommes. L'universalisme est fondé
sur une conception humaniste de Dieu et non sur la Bible. Ce
qui est certain, c'est que les hommes sont universellement coupables (Ro 3.10-12) et que Dieu est absolument juste ; miser sur
une miséricorde hypothétique est très risqué.

La deuxième fausse assurance est le *légalisme* : j'irai au
ciel car j'ai mené une bonne vie. Il y a au moins deux erreurs

---

2. D. Martyn Lloyd-Jones, *The Assurance of Our Salvation: Exploring the Depth of Jesus'
Prayer for His Own: Studies in John 17*, trad. libre, Wheaton, Ill., Crossway Books, 2000,
p. 437.

fondamentales dans ce raisonnement. La première est qu'une bonne action ne peut pas satisfaire la justice en réparation d'un crime. La loi exige un châtiment en cas de transgression ; même si plusieurs bonnes actions sont accomplies, la punition doit avoir lieu. Une personne qui aurait remporté le prix Nobel de la paix pour ses œuvres de philanthropie devrait quand même être punie si elle était coupable de meurtre. Nous sommes tous criminellement responsables devant la loi et nos bonnes actions n'y changeront rien. La deuxième erreur du légalisme est de présumer que nos bonnes actions sont bonnes aux yeux de Dieu. Les meilleures œuvres des hommes qui ne sont pas faites en Jésus-Christ sont toutes infectées par le péché. Le prophète Ésaïe décrit ainsi les bonnes œuvres des pécheurs : « Nous sommes tous comme des impurs, et toute notre justice est comme un vête-ment souillé ; nous sommes tous flétris comme une feuille, et nos crimes nous emportent comme le vent » (És 64.6). Nous confier dans nos propres œuvres pour obtenir la vie éternelle est aussi insensé que de nous attacher au parechoc de la voiture pendant que nous travaillons sur le toit.

La troisième fausse assurance est le *sacramentalisme* : mon salut est assuré par l'Église et les sacrements. Certains croient qu'en ayant reçu le baptême, ils sont assurés du salut ; c'est une erreur. Les sacrements nous lient à Jésus-Christ dans la mesure où nous avons la foi. Recevoir les sacrements sans avoir été converti ne sauve pas. Les pharisiens commirent cette erreur en croyant que la circoncision garantissait leur statut dans l'alliance de grâce (Ac 15.1). Or, l'Écriture déclare que « ce n'est rien que d'être cir-concis ou incirconcis ; ce qui est quelque chose, c'est d'être une nouvelle créature » (Ga 6.15). Sans assimiler la circoncision et le baptême, nous pouvons faire la même application aux sacrements de la Nouvelle Alliance : ce qui est quelque chose, c'est d'être une nouvelle créature et non d'avoir reçu les sacrements ou de faire partie de l'Église visible.

La quatrième fausse assurance est le *superficialisme évangélique*. Je laisse au théologien R. C. Sproul le soin d'expliquer ce que cela signifie :

> [...] prier la prière de repentance, lever la main lors d'un événement d'évangélisation, s'avancer lors d'un appel, ou accepter Jésus. Il s'agit là de techniques ou de méthodes qui sont utilisées pour appeler des personnes à la repentance et la foi. Le danger est que les personnes qui font la prière, lèvent la main, s'avancent vers l'autel ou acceptent le Seigneur mettent parfois leur confiance dans un acte en particulier. Les professions de foi externes peuvent être trompeuses. Une personne peut passer par une motion externe de la *profession* de foi sans vraiment avoir une *possession* interne de la réalité du salut[3].

Parmi les différents livres qui traitent de l'assurance du salut, il y en a un qui s'intitule *Stop Asking Jesus Into Your Heart: How to Know for Sure You Are Saved*[4]. L'auteur a demandé des centaines de fois à Jésus de venir dans son cœur ; il n'éprouvait jamais l'assurance de son salut. Il a fini par comprendre que l'assurance ne doit pas découler de quelque chose que nous faisons (comme accepter Jésus), mais de ce que le Christ a fait. Notre assurance grandira à mesure que nous contemplerons l'œuvre achevée de notre Seigneur et que nous comprendrons que nous ne pouvons rien ajouter ni enlever à cette œuvre ; elle est parfaite et nous assure la vie éternelle.

La véritable assurance du pardon de Dieu

Hébreux 6 nous présente la seule assurance objective du croyant. Par assurance objective, j'entends que le salut est garanti et assuré indépendamment de ce que je ressens. Le salut fut garanti

---

3. R. C. Sproul, *Can I Be Sure I'm Saved ?*, trad. libre. Lake Mary, Flor., Reformation Trust Publishing, 2010, p. 40-41. L'italique se trouve dans l'original.

4. J. D. Greear, *Stop Asking Jesus Into Your Heart: How to Know for Sure You Are Saved* [*Arrêtez d'inviter Jésus dans votre coeur : comment savoir avec certitude que vous êtes sauvés*], trad. libre, B&H Books, 2013.

premièrement par une promesse divine et comme si ce n'était pas suffisant, Dieu a prêté serment en faisant la promesse. Avez-vous déjà dit « oui » à une personne puis avez regretté et décidé de revenir sur votre parole ? Quelqu'un vous a-t-il déjà dit « oui » puis n'a pas agi de la manière que vous attendiez ? Lorsqu'une personne ne démontre pas sa fiabilité, nous doutons de ses « oui » et nous exigeons plus de garanties pour être rassurés : nous l'amenons à répéter son engagement, à le promettre, à consentir à l'avance à des sanctions en cas d'inexécution.

Lorsque vous voulez emprunter de l'argent, ou que vous devez témoigner en cour, ou encore si vous vous mariez, vous devrez donner plus de garanties qu'en temps normal où un simple « oui » serait suffisant. Votre parole devra être garantie par un contrat, un serment ou un vœu solennel qui vous lieront légalement et obligatoirement à votre parole. Il devient alors impossible de manquer à votre parole sans subir des conséquences, et l'autre parti est satisfait par la garantie qui lui est offerte.

Le salut, avant d'être un accomplissement, fut une promesse. Pour accroitre l'assurance des croyants, Dieu ajouta à sa promesse, dans laquelle il était déjà impossible qu'il mente, un serment solennel :

> Or les hommes jurent par celui qui est plus grand qu'eux, et le serment est une garantie qui met fin à tous leurs différends. C'est pourquoi *Dieu, voulant montrer avec plus d'évidence aux héritiers de la promesse l'immutabilité de sa résolution, intervint par un serment, afin que, par deux choses immuables, dans lesquelles il est impossible que Dieu mente,* nous trouvions un *puissant encouragement,* nous dont le seul refuge a été de saisir l'espérance qui nous était proposée (Hé 6.16-18, italiques pour souligner).

Où trouve-t-on ce serment divin dans la Parole de Dieu ? Il est prononcé au moment où Dieu fait cette promesse à Abraham : « Je le jure par moi-même, parole de l'Éternel ! [...] je te bénirai et je multiplierai ta postérité [...] Toutes les nations de la terre seront bénies en ta postérité...» (Ge 22.16-18.) Même ceux qui ont vécu avant Jésus-Christ et avant que la rédemption de leurs péchés soit accomplie pouvaient avoir l'assurance de leur salut sur la base de cette promesse formulée sous serment. Remarquez que l'assurance d'Abraham et de tous les croyants devait découler de ce que l'Éternel allait faire et non de ce que l'homme ferait.

Aujourd'hui cependant, nous possédons un avantage sur Abraham et les croyants qui ont vécu avant le Christ : nous avons vu l'accomplissement de la promesse. Nous ne possédons pas uniquement la garantie de notre salut par la Parole de Dieu (ce qui était déjà suffisant pour donner l'assurance du salut), mais qui plus est, nous possédons notre assurance par le sang de Christ. Pour nous, la Nouvelle Alliance n'est pas seulement promise, elle est conclue. C'est ce que l'auteur de l'Épître aux Hébreux ajoute dans les deux versets suivants : « Cette espérance, nous la possédons comme une ancre de l'âme, sûre et solide ; elle pénètre au-delà du voile, là où Jésus est entré pour nous comme précurseur, ayant été fait souverain sacrificateur pour toujours, selon l'ordre de Melchisédek » (Hé 6.19,20).

En montrant Jésus comme éternel souverain sacrificateur entré au-delà du voile, l'auteur présente l'expiation, la propitiation et la médiation parfaitement accomplies et éternellement garanties dans la personne et l'œuvre de Jésus. Ce n'est pas notre repentance qui nous sauve, mais l'œuvre du Christ. La foi et la repentance démontrent que nous lui avons été efficacement unis et que par lui nous sommes réunis à Dieu. Le paradis n'est plus fermé, le Saint des Saints n'est plus séparé ; nous sommes entrés avec Christ en présence de Dieu et y demeurerons éternellement. Jésus-Christ seul est notre assurance, car en lui notre salut est garanti pour toujours. «Jésus est entré pour nous comme *précurseur*», le mot grec, *prodromos*, signifie avant-coureur, il est formé de la préposition *pro* qui signifie devant, avant, et du mot *dromas* qui signifie coureur ou voyageur[5]. Dans le contexte militaire, le mot *prodromos* désignait une petite troupe qui était envoyée devant pour examiner les lieux avant que le reste de l'armée suive. Le *prodromos* pouvait également être celui qui courait devant pour annoncer la victoire[6]. Jésus est donc celui qui est entré le premier de l'autre côté du voile, il y est allé pour nous préparer une place (Jn 14.2), son entrée proclame sa victoire. L'auteur nous rappelle que «Jésus est entré pour nous».

Cette espérance est l'ancre de notre âme

Votre âme est-elle ancrée? Une ancre sert à empêcher une embarcation de dériver et de faire naufrage. Il y a une scène dans le livre des Actes qui pourrait pratiquement servir de parabole à la vie chrétienne:

> Comme nous étions violemment battus par la tempête, le lendemain on jeta la cargaison à la mer, et le troisième jour nous y lançâmes de nos propres mains les agrès du navire. Le soleil et les étoiles ne parurent pas pendant plusieurs jours, et la tempête était si forte que nous perdîmes enfin toute espérance de nous sauver [...] La quatorzième nuit, tandis que nous étions ballottés sur l'Adriatique, les matelots, vers le milieu de la nuit, soupçonnèrent qu'on approchait de quelque terre [...] Dans la crainte de heurter contre des écueils, ils jetèrent quatre ancres de la poupe, et attendirent le jour avec impatience (Ac 27.18-20, 27-29).

Notre âme est exposée à la tempête qui a assombri le ciel et nous empêche de nous orienter à l'aide du soleil et des étoiles; notre âme risque le naufrage. Mais l'âme des chrétiens est dans

---

5. Nous retrouvons aussi la forme *dromados* qui a donné en français *dromadaire*: le chameau voyageur. En français, nous avons le mot *prodrome* qui signifie préambule ou ce qui annonce un événement, un signe avant-coureur.

6. Charles Spurgeon, «The Forerunner», *The Metropolitan Tabernacle Pulpit vol. 54*, Albany, Oreg., Ages Library, 1908, p. 460.

un état différent puisqu'elle possède une ancre «sûre et solide».
Notre âme n'est pas ancrée au fond de la mer, mais «au-delà du
voile, là où Jésus est entré». Notre ancre c'est Jésus, c'est lui qui
nous garantit qu'aucun vent ni aucune puissance ne peuvent nous
perdre et nous faire dériver loin du ciel. Nous y sommes aussi
solidement ancrés que le Christ y est assis.

L'auteur affirme que c'est sous la forme d'une espérance
que nous possédons ce salut. L'espérance est synonyme de foi ;
c'est-à-dire que nous possédons quelque chose que nous ne
voyons pas : «Car c'est en espérance que nous sommes sauvés.
Or, l'espérance qu'on voit n'est plus espérance : ce qu'on voit,
peut-on l'espérer encore ? Mais si nous espérons ce que nous ne
voyons pas, nous l'attendons avec persévérance» (Ro 8.24-26).
C'est au moyen de la foi que nous possédons le salut qui est
accompli en Jésus-Christ ; c'est la foi qui rattache notre âme à
son ancre céleste.

Maintenant donc, qu'est-ce qu'une vraie foi ? Une des meilleures définitions de la foi est à mon avis celle des réformateurs
protestants[7]. La foi à salut comporte trois éléments : *cognitio*,
assensus et *fiducia*, c'est-à-dire la connaissance, l'assentiment et
la confiance.

Pour avoir la foi, il me faut un minimum de connaissance.
Comment puis-je croire au Christ si je ne sais pas qui il est ? C'est
ce que Paul déclare : «comment croiront-ils en celui dont ils n'ont
pas entendu parler ?» (Ro 10.14.) Cependant, entendre parler du
Christ et comprendre qui il est et ce qu'il a fait n'est pas suffisant ;
il faut encore croire que cela est vrai. *Assensus* signifie l'assentiment. Entendre parler de Jésus suscite deux réactions possibles :
croire que l'Évangile est vrai ou croire qu'il est faux. Ceux qui
croient que l'Évangile est faux rejettent Jésus et sont perdus. Pour
être sauvé, il faut croire qu'il est la vérité.

---

7. Voir Joel R. Beeke, *The Quest For Full Assurance*, p. 37ss. Ce livre présente la thèse
doctorale de Joel Beeke.

Cependant, croire que Jésus est le Fils de Dieu, qu'il est le seul Sauveur du monde, qu'il est mort crucifié pour nos péchés, qu'il est ressuscité des morts, qu'il est assis à la droite de Dieu et qu'il revient juger le monde ne sauve pas nécessairement. Jacques déclare : « Tu crois qu'il y a un seul Dieu, tu fais bien ; les démons le croient aussi, et ils tremblent » (Ja 2.19). Reconnaître l'orthodoxie ne sauve pas. Ce qui manque encore à la foi c'est la *fiducia*, c'est-à-dire la confiance personnelle. Le Catéchisme de Heidelberg, que nous avons préalablement cité, décrit exactement cela en réponse à la Question 21 intitulée « Qu'est-ce qu'une vraie foi ? » :

> Ce n'est pas seulement une *connaissance* certaine par laquelle *je tiens pour vrai* tout ce que Dieu nous a révélé par sa Parole (Jacques 1.18), mais c'est aussi une *confiance* pleine et entière (Romains 4.16ss. ; 5.1) que le Saint-Esprit (2 Corinthiens 4.13 ; Éphésiens 2.8s. ; Matthieu 16.17 ; Philippiens 1.19) produit en moi par l'Évangile (Romains 1.16 ; 10.17), et qui m'assure que ce n'est pas seulement aux autres, mais aussi à moi que Dieu accorde la rémission des péchés, la justice et le salut éternels (Hébreux 11.7-10 ; Romains 1.16), par pure grâce, par le seul mérite du Christ (Éphésiens 2.7-9 ; Romains 3.24s. ; Galates 2.16)[8].

Imaginez que vous êtes atteint d'un grave cancer. Vous sentiez que quelque chose n'allait pas, mais vous ne saviez pas ce que c'était jusqu'à ce que votre médecin vous annonce que vous aviez le cancer. Il vous dit aussi qu'il n'est pas trop tard pour vous, car vous pouvez rencontrer un spécialiste qui pourra vous opérer et vous sauver la vie. Vous avez reçu la « *connaissance* », mais cela ne vous servira de rien à moins que vous ne croyiez que les paroles de votre médecin sont vraies. Si vous les ignorez, vous mourrez de votre cancer ; mais le fait de les croire et de donner votre « *assentiment* » ne vous sauvera pas non plus. Vous devrez faire un pas de

---

8. *Confession et Catéchismes de la Foi Réformée*, op. cit., italiques pour souligner.

plus et vous abandonner aux mains de votre chirurgien afin qu'il vous opère; vous devez avoir « *confiance* ». Si vous survivez, ce ne sera pas grâce à votre confiance, mais grâce à la compétence du chirurgien qui vous aura sauvé la vie. Cependant, si vous n'aviez pas eu confiance, vous n'auriez pas pu être sauvé.

Vous êtes mortellement atteint par le péché et digne de la mort éternelle. Le Fils de Dieu est venu prendre votre place en mourant sur la croix. Il s'agit de l'unique moyen pour être sauvé. Si vous ignorez ce message, vous périrez, mais y donner un simple assentiment ne vous sauvera pas non plus. Vous devez vous abandonner aux mains de Christ. Ce n'est pas votre confiance en lui qui vous sauvera, mais Christ lui-même.

L'ultime question de l'assurance du salut n'est pas le degré de confiance, mais la compétence du chirurgien. Mettre sa confiance dans un sauveur incompétent s'avèrera fatal, peu importe le degré de notre confiance. Mettre sa confiance en Jésus comme Sauveur garantit le salut, quel que soit le degré de notre confiance. Jésus est parfaitement compétent pour sauver tous les pécheurs qui se confient en lui et aucun ne sera perdu. Notre foi est encore imparfaite, elle doute; mais si elle nous a conduits à nous confier définitivement en Christ nous ne pouvons être perdus. Ce n'est pas notre foi qui nous le garantit, c'est Jésus. Plus nous aurons confiance en lui, plus nous comprendrons qui il est, plus nous contemplerons sa complète justice qui nous est imputée, plus nous saisirons la plénitude de son œuvre achevée, plus nous nous reposerons dans sa parfaite médiation, plus nous plaiderons ses mérites et son nom dans nos prières, plus nous goûterons à l'efficacité de sa grâce et à la puissance de sa résurrection pour détruire le péché, plus notre assurance augmentera. Notre salut ne deviendra jamais plus parfait qu'il ne l'est déjà, mais notre âme se reposera de plus en plus en découvrant la perfection de son salut.

À méditer

Que dirons-nous donc à l'égard de ces choses ? Si Dieu est pour nous, qui sera contre nous ? Lui, qui n'a point épargné son propre Fils, mais qui l'a livré pour nous tous, comment ne nous donnera-t-il pas aussi toutes choses avec lui ? Qui accusera les élus de Dieu ? C'est Dieu qui justifie ! Qui les condamnera ? Christ est mort ; bien plus, il est ressuscité, il est à la droite de Dieu, et il intercède pour nous ! Qui nous séparera de l'amour de Christ ? Sera-ce la tribulation, ou l'angoisse, ou la persécution, ou la faim, ou la nudité, ou le péril, ou l'épée ? selon qu'il est écrit : C'est à cause de toi qu'on nous met à mort tout le jour, qu'on nous regarde comme des brebis destinées à la boucherie. Mais dans toutes ces choses nous sommes plus que vainqueurs par celui qui nous a aimés. Car j'ai l'assurance que ni la mort ni la vie, ni les anges ni les dominations, ni les choses présentes ni les choses à venir, ni les puissances, ni la hauteur, ni la profondeur, ni aucune autre créature ne pourra nous séparer de l'amour de Dieu manifesté en Jésus-Christ notre Seigneur (Ro 8.31-39).

Chapitre 4

La vie nouvelle

Les preuves du salut

Matthieu 7.17-23

À l'âge de 16 ans, j'ai obtenu mon permis d'apprenti conducteur. J'étais alors autorisé à conduire accompagné d'une personne qui avait son permis de conduire. J'avais acheté une vieille voiture et comme il ne me restait pas suffisamment d'argent pour payer l'immatriculation, j'ai acheté une plaque de remisage. Je croyais que cette plaque me permettrait d'emprunter la route sans être remarqué par les agents de police. J'utilisais donc une voiture sans immatriculation et sans permis de conduire. Inutile de préciser que je ne connaissais pas encore le Seigneur à cette époque-là.

Je suis donc parti faire une balade à une centaine de kilomètres de chez moi avec une amie qui n'avait que son permis apprenti également. Providentiellement, la plaque de la voiture a été contrôlée et les policiers nous ont arrêtés. Pendant qu'ils vérifiaient mon identité, j'ai dit à mon amie qu'elle devait se faire passer pour ma sœur aînée qui, elle, avait son permis de conduire. Malgré le fait que la voiture était remisée et que je n'avais pas de permis de conduire, les policiers étaient prêts à nous laisser repartir pour la maison à la condition que celle qui m'accompagnait prenne le volant puisque nous leur avions dit qu'elle avait un permis. Bien sûr, ils ont voulu vérifier son identité également. Nous avons prétendu qu'elle n'avait pas avec elle ses pièces d'identité. Ils ont donc utilisé le nom de ma sœur et sa date de naissance pour valider les informations.

Nous attendions nerveusement dans l'auto pendant que les policiers faisaient les vérifications dans leur autopatrouille. J'espérais que nous ne serions pas démasqués et que nous pourrions repartir tranquillement. Je me promettais à moi-même que je ne mentirais plus après cet incident si je m'en sortais, et que je mettrais tout en règle. Un des policiers finit par revenir et se dirigea du côté où mon amie était assise. Il se pencha pour la regarder dans les yeux et lui dit: «Marie-André Denault a les yeux bruns et vous avez les yeux verts. Vous n'êtes pas Marie-André Denault!»

Les policiers se sont montrés moins sympathiques à partir de cet instant... Ils m'ont donné une contravention de 400 $, ont fait saisir la voiture et nous ont laissés là, à 100 km de la maison. Ils nous ont dit de nous estimer chanceux, car ils auraient pu également punir notre tentative d'usurpation d'identité. *Prétendre être une personne que l'on n'est pas est dangereux.*

À la même époque, il y avait une autre identité que je tentais d'usurper: je prétendais être un chrétien. Je me croyais chrétien parce que je croyais en Jésus et que j'invoquais son nom, cependant, toute ma vie démontrait que je ne connaissais pas Jésus. Sur le plan civil, usurper l'identité d'une personne est grave, mais sur le plan spirituel prétendre faussement être un chrétien est infiniment plus grave. C'est ce que le Seigneur nous enseigne dans l'Évangile selon Matthieu:

> Tout bon arbre porte de bons fruits, mais le mauvais arbre porte de mauvais fruits. Un bon arbre ne peut porter de mauvais fruits, ni un mauvais arbre porter de bons fruits. Tout arbre qui ne porte pas de bons fruits est coupé et jeté au feu. C'est donc à leurs fruits

que vous les reconnaîtrez. Ceux qui me disent: Seigneur, Seigneur! n'entreront pas tous dans le royaume des cieux, mais celui-là seul qui fait la volonté de mon Père qui est dans les cieux. Plusieurs me diront en ce jour-là: Seigneur, Seigneur, n'avons-nous pas prophétisé par ton nom? n'avons-nous pas chassé des démons par ton nom? et n'avons-nous pas fait beaucoup de miracles par ton nom? Alors je leur dirai ouvertement: Je ne vous ai jamais connus, retirez-vous de moi, vous qui commettez l'iniquité (Mt 7.17-23).

Ceux qui se prétendent chrétiens et ne le sont pas seront démasqués et seront rejetés par Dieu. Certains se diront peut-être: «Je croyais qu'il s'agissait d'un livre sur l'assurance du salut... Ce n'est pas très rassurant!» Pour avoir l'assurance du salut, il est nécessaire de pouvoir s'évaluer soi-même. D'ailleurs, la Bible elle-même nous déclare qu'en nous examinant nous-mêmes nous pourrons connaître une plus grande assurance (2 Co 13.5):

> Examinez-vous vous-mêmes, pour savoir si vous êtes dans la foi; éprouvez-vous vous-mêmes. Ne reconnaissez-vous pas que Jésus-Christ est en vous? à moins peut-être que vous ne soyez réprouvés.

Le but, en nous examinant nous-mêmes, est de reconnaître que Jésus-Christ est en nous. Nous goûtons alors une plus grande assurance. Si Jésus-Christ n'est pas en nous, la meilleure chose qui puisse nous arriver est de nous en rendre compte avant qu'il ne soit trop tard. D'un côté comme de l'autre, cet examen est nécessaire pour nous donner une vraie assurance du salut. D'une part il nous permet d'être assurés que nous sommes chrétiens. D'autre part, si nous ne sommes pas chrétiens, il nous enlève notre fausse assurance, nous permettant alors de nous tourner véritablement vers Christ.

Il s'agit du deuxième pilier de l'assurance du salut que les puritains appelaient «les preuves internes» et «les grâces de l'Esprit[1] ». Ces grâces sont en réalité les bonnes œuvres qui découlent de la vie nouvelle, la vie de l'Esprit dans le croyant. Est-il contradictoire que ceux qui enseignent la justification par la foi seule sans les œuvres présentent néanmoins les œuvres comme fondement de l'assurance du salut ? Le Catéchisme de Heidelberg démontre comment les œuvres sont utiles pour l'assurance du salut à la Question 86 :

> Q. Puisque nous sommes délivrés de notre misère sans aucun mérite de notre part par la grâce de Christ, pourquoi devons-nous faire de bonnes œuvres ?
>
> R. [...] pour que nous aussi nous soyons assurés de notre foi par les fruits qu'elle porte[2]...

La nécessité d'une vie nouvelle

Quelle est la condition naturelle de l'être humain depuis la chute d'Adam ? Voici la réponse biblique : « Mais l'homme animal ne reçoit pas les choses de l'Esprit de Dieu, car elles sont une folie pour lui, et il ne peut les connaître, parce que c'est spirituellement qu'on en juge » (1 Co 2.14). L'homme animal c'est « *l'homme laissé à sa seule nature* » (TOB) ; de tels hommes ne connaissent pas Dieu et ils considèrent que les voies de Dieu sont une folie parce qu'ils « ont l'intelligence obscurcie, ils sont étrangers à la vie de Dieu, à cause de l'ignorance qui est en eux, à cause de l'endurcissement de leur cœur » (Ép 4.18). L'Écriture va encore plus loin et déclare que les hommes agissent ainsi parce qu'ils sont spirituellement morts, étant sous la mort ils suivent le diable et non Dieu :

---

1. *La Confession de foi baptiste de Londres de 1689, op. cit.*, 18.2.
2. *Confession et Catéchismes de la Foi Réformée, op. cit.* Le catéchisme donne également pour raison la reconnaissance à Dieu ainsi que le témoignage du chrétien en vue du salut des non-chrétiens.

Vous étiez morts par vos offenses et par vos péchés, dans lesquels vous marchiez autrefois, selon le train de ce monde, selon le prince de la puissance de l'air, de l'esprit qui agit maintenant dans les fils de la rébellion. Nous tous aussi, nous étions de leur nombre, et nous vivions autrefois selon les convoitises de notre chair, accomplissant les volontés de la chair et de nos pensées, et nous étions par nature des enfants de colère, comme les autres... (Ép 2.1-3.)

Cette condition spirituelle n'est pas seulement celle des pires pécheurs, il s'agit plutôt de la condition naturelle de tous les pécheurs. Tous les hommes sont légalement coupables devant Dieu et spirituellement incapables de lui plaire et de le connaître. Pour que son état change, l'homme doit absolument recevoir la vie nouvelle. Il doit passer de la mort à la vie, il doit naître de nouveau :

En vérité, en vérité, je te le dis, si un homme ne naît de nouveau, il ne peut voir le royaume de Dieu. Nicodème lui dit : Comment un homme peut-il naître quand il est vieux ? Peut-il rentrer dans le sein de sa mère et naître ? Jésus répondit : En vérité, en vérité, je te le dis, si un homme ne naît d'eau et d'Esprit, il ne peut entrer dans le royaume de Dieu. Ce qui est né de la chair est chair, et ce qui est né de l'Esprit est esprit (Jn 3.3-6).

Ceux qui ne sont pas nés de nouveau sont morts dans leur péché et ils ne connaissent pas Dieu. Ceux qui connaissent Dieu sont nés de nouveau par le Saint-Esprit. Comment un homme peut-il naître de nouveau ? Un homme naît de nouveau lorsqu'il rencontre le Christ et que celui-ci lui accorde l'Esprit Saint. Comment savons-nous si nous avons reçu l'Esprit et si nous sommes nés de nouveau ? Nous le savons par les fruits que le Saint-Esprit produit dans notre vie.

Dans le dernier chapitre, nous avons affirmé que ce n'est pas la foi en tant que telle qui nous sauve, mais la foi nous livre à Christ qui nous sauve. Notre foi est imparfaite, cependant notre

Sauveur est parfait. Lorsque nous renonçons à notre vie et la lui abandonnons, il la prend et il garantit notre salut.

Maintenant, la preuve que Christ a pris notre vie est la vie nouvelle que nous recevons et qui se manifeste par le fruit de l'Esprit (Ga 5.22). L'Esprit de Christ est vivant et il est actif, il ne peut pas habiter dans une personne sans transformer cette personne. Lorsqu'une personne revient de vacances à la plage, ne voyons-nous pas immédiatement un changement dans son apparence? Si quelqu'un prétend qu'il vient de passer deux semaines à la plage et qu'il est aussi pâle que le Québécois moyen au mois de janvier, on pensera qu'il est menteur ou qu'il a plu durant toute la durée de ses vacances.

De même, si quelqu'un prétend être un chrétien, sa vie doit constituer la preuve sa profession de foi. Les œuvres de la vie nouvelle ne nous sauvent pas, elles démontrent que nous sommes une nouvelle créature. Martin Luther, qui était le plus fervent défenseur de la justification par la grâce seule au moyen de la foi seule, affirmait aussi que la foi qui justifie n'est jamais seule, elle est toujours accompagnée d'œuvres qui l'authentifient. Bien avant Luther, ce fut également l'enseignement canonique de Jacques:

> Il en est ainsi de la foi: si elle n'a pas les œuvres, elle est morte en elle-même. Mais quelqu'un dira: Toi, tu as la foi; et moi, j'ai les œuvres. Montre-moi ta foi sans les œuvres, et moi, je te montrerai la foi par mes œuvres (Ja 2.17,18).

Votre foi est-elle vivante ou morte? Comment le savoir? Quelles œuvres votre foi a-t-elle produites? De plus, il n'est pas suffisant de produire des fruits, encore faut-il que ce soit les bons fruits. Jésus dit:

> Tout bon arbre porte de bons fruits, mais le mauvais arbre porte de mauvais fruits. Un bon arbre ne peut porter de mauvais fruits, ni un mauvais arbre porter de bons fruits. Tout arbre qui ne porte pas

de bons fruits est coupé et jeté au feu. C'est donc à leurs fruits que vous les reconnaîtrez (Mt 7.17-20).

Ce n'est pas le fruit qui fait l'arbre, mais l'arbre qui fait le fruit. Cependant, le fruit nous permet de démontrer si l'arbre est bon ou mauvais. Ceux qui professent faussement la foi en Jésus et qui le déclarent « Seigneur » sans avoir une nouvelle nature porteront aussi des fruits, mais leurs fruits seront mauvais. À la fin, la nature de chacun sera révélée par les fruits qu'il aura produits. Nous ne sommes pas sauvés par nos œuvres, mais nous serons jugés par elles. G. K. Beale écrit : « [...] ceux qui ont été justifiés par la foi en Christ auront néanmoins besoin de l'insigne des bonnes œuvres au temps de la résurrection finale et du jugement afin d'avoir droit d'entrée dans les nouveaux cieux et la nouvelle terre[3]. » Quels sont donc les bons et les mauvais fruits en question ? C'est ce que nous examinerons maintenant.

Les mauvais fruits

Les mauvais fruits sont les « bonnes œuvres » dans lesquelles les faux croyants se confient. Remarquez ce qu'ils plaident au jugement final : « N'avons-nous pas *prophétisé, chassé* des démons et *fait* beaucoup de miracles ? » Leur confiance est dans *ce qu'ils ont fait* au nom de Christ et non en *ce que Christ a fait* pour eux. Ils n'ont donc pas fait la volonté du Père pour être sauvés, c'est-à-dire *croire* en Celui qu'Il a envoyé (Jn 6.40), mais ils ont cru en eux-mêmes alors que toute leur justice n'était qu'un vêtement souillé aux yeux de Dieu (És 64.5). Les bons fruits procèdent nécessairement de l'union par la foi à Jésus-Christ (Ép 2.10).

Dans ce passage, Jésus présente le danger d'une confession sans conversion, d'une « vie chrétienne » sans Christ : « Ceux

---

3. G. K. Beale, *A New Testament Biblical Theology: The Unfolding of the Old Testament in the New*, trad. libre, Grand Rapids, Mich., Baker Academic, 2011, p. 865.

qui me disent : Seigneur, Seigneur ! n'entreront pas tous dans le royaume des cieux... » (Mt 7.21.) Il est important de comprendre le sens de l'expression « Seigneur, Seigneur ». R. C. Sproul nous aide à saisir ce qu'elle signifie :

> Cette construction grammaticale rare a un usage particulier dans la langue hébraïque. Lorsque quelqu'un répète une interpellation personnelle, cela suggère et communique qu'il y a une relation personnelle et intime avec la personne à qui l'on s'adresse.
>
> Ainsi, dans le sermon sur la montagne, Jésus dit qu'au dernier jour, non seulement y aura-t-il des personnes qui viendront à lui et diront « Seigneur, nous t'appartenons, nous sommes à toi », mais ils s'adresseront à lui en des termes qui dénotent une intimité personnelle. Ils diront « Seigneur, Seigneur », comme s'ils le connaissaient de manière profonde et personnelle. En dépit de leur présomption d'une relation intime, Jésus leur dira : « Je vous prie de vous retirer. Je ne vous connais pas, vous qui commettez l'iniquité[4]. »

Pourtant n'ont-ils pas des œuvres qui prouvent qu'ils connaissent Jésus ? « Seigneur, Seigneur, n'avons-nous pas prophétisé par ton nom ? n'avons-nous pas chassé des démons par ton nom ? et n'avons-nous pas fait beaucoup de miracles par ton nom ? » (Mt 7.22.) Certains penseront : « Je n'ai rien fait de tout cela, combien pire sera mon sort ! »

D'après Jésus ces œuvres ne prouvent rien ! Aussi spectaculaires qu'elles puissent sembler, il ne s'agit que d'œuvres externes qui ne démontrent pas qu'il y ait eu un changement de nature chez ces personnes parce qu'elles auraient cru en Christ. Judas était du nombre de ceux qui chassèrent des démons et firent des miracles au nom de Jésus. Pourtant il n'a jamais connu le Christ (Jn 6.70 ; 17.12).

---

4. R. C. Sproul, *Can I Be Sure I'm Saved ?*, *op. cit.*, p. 4-5.

Les œuvres externes ne nécessitent pas un renouvellement de notre nature. Au jour du jugement, plusieurs diront : « Seigneur n'ai-je pas observé ta Parole ? J'ai été fidèle à ton Église, j'ai donné la dîme toute ma vie, j'ai prié et évangélisé, j'ai respecté le jour du Seigneur ainsi que les neuf autres commandements, j'ai lu la Bible tous les matins et j'ai participé à la plupart des activités chrétiennes. » Et le Seigneur leur répondra : « Vous avez fait tout cela sans me connaître, en conservant toujours votre vieille nature corrompue et en mettant votre foi dans vos œuvres. Retirez-vous de moi pécheurs, je ne vous ai jamais connus. »

Plusieurs trouvent de l'assurance dans leur pratique de la piété et s'imaginent que parce qu'ils agissent ainsi ils sont chrétiens. Ce ne sont pas les actions qui font le chrétien, pas plus que les fruits ne font l'arbre. Il n'est pas nécessaire d'avoir le Saint-Esprit pour mener une vie ordonnée et pour se prendre en main ; des millions de gens qui ne connaissent pas Christ le font. Dans les Églises du monde, on trouve beaucoup de boucs qui se mêlent aux brebis du Seigneur. Vivre comme une brebis ne change rien à la nature du bouc.

Lorsque le Fils de l'homme viendra dans sa gloire, avec tous les anges, il s'assiéra sur le trône de sa gloire. Toutes les nations seront assemblées devant lui. Il séparera les uns d'avec les autres, comme le berger sépare les brebis d'avec les boucs ; et il mettra les brebis à sa droite, et les boucs à sa gauche (Mt 25.31-33).

Les bons fruits

Les bons fruits sont premièrement des « lèvres qui confessent son nom » (Hé 13.15), puisque nous sommes sauvés par la foi et non par les œuvres. Cependant, une simple profession de foi sans œuvres n'a aucune valeur (Ja 2.17), car « quiconque prononce le nom du Seigneur, doit s'éloigner de l'iniquité » (2 Ti 2.19). Il doit donc y avoir de bons fruits pour prouver la présence d'une vie nouvelle. Cela dit, ce n'est pas l'intensité de la conversion qui détermine s'il y a eu commencement d'une vie nouvelle, mais ce sont les fruits d'une vie nouvelle qui attestent qu'il y a bien eu une conversion. Les fruits de la vie nouvelle consistent à obéir à Christ (Jn 8.31 ; 1Jn 2.3-6).

Plusieurs doutent de leur salut du seul fait qu'ils n'ont pas vécu d'expérience dramatique de changement. L'intensité d'une expérience de conversion ne veut rien dire. Certains ont vécu une grande expérience et une profonde conviction sans jamais connaître la vie nouvelle et ont fini par abandonner la foi. D'autres ne se souviennent pas de leur conversion, mais la vie nouvelle qu'ils possèdent démontre qu'ils ont bel et bien été convertis au Seigneur.

Le chrétien est une personne qui a reçu une nouvelle nature, il est devenu une nouvelle créature. L'apôtre Paul déclare : « Ce n'est rien que d'être circoncis ou incirconcis ; ce qui est quelque chose, c'est d'être une nouvelle créature » (Ga 6.15). Ce qui compte ce n'est pas la religion extérieure d'une personne, mais sa nature intérieure. Un chrétien est une nouvelle création : « Si quelqu'un est en Christ, il est une nouvelle créature. Les choses anciennes sont passées ; voici, toutes choses sont devenues nouvelles » (2 Co 5.17).

Il faut donc se poser la question suivante : les fruits de ma vie chrétienne découlent-ils d'une conformité externe ou d'une transformation intérieure ? Est-ce que je viens à l'église parce qu'il le faut ou parce que j'ai faim et soif de la Parole de Dieu et que je ne pourrais pas vivre sans adorer Dieu et lui obéir ? Est-ce que j'aime mes frères et sœurs ou me laissent-ils indifférent ? Est-ce que je donne mon offrande parce que je veux être béni par Dieu ou parce que je crois de tout mon cœur en l'Évangile, et que l'avancement du royaume de Dieu m'importe plus que le fait d'améliorer mon sort ? Est-ce que j'obéis aux commandements de Dieu par crainte des hommes, afin de bien paraître, ou est-ce qu'il me serait impossible de vivre dans la désobéissance, même si personne ne me voyait ? Est-ce que je trouve la Bible pénible et ennuyeuse à lire ou est-ce que mon âme est rassasiée lorsque je comprends les Écritures ? Est-ce que j'aime le monde ou y ai-je renoncé ? Ai-je les valeurs du monde ou de Dieu ? Mon intérêt pour les mondanités décroit-il à mesure qu'augmente mon amour pour Christ ? Puis-je vivre dans le péché en me reposant sur ma « liberté chrétienne » ou n'ai-je du repos qu'en étant près du Seigneur ? Suis-je préoccupé par moi-même, mon bonheur et ma vie ou est-ce que j'apprends à vivre pour Celui qui est mort et ressuscité pour moi (2 Co 5.15), à mourir à moi-même et à le suivre (Mt 16.24) ?

Voyez-vous, il ne s'agit pas que de comportements externes, mais d'une nature nouvelle qui se manifeste par toute sorte de fruits bons et agréables à Dieu. Votre nature est-elle en Adam, c'est-à-dire une nature déchue et étrangère à Dieu ou est-elle en Christ, c'est-à-dire une nature régénérée et réconciliée avec Dieu ?

Si vous n'avez pas une nature nouvelle, c'est que vous n'êtes pas vraiment venu à Christ. Vous lui avez peut-être demandé de vous sauver parce que vous ne voulez pas aller en enfer, mais vous ne lui avez jamais donné votre vie, vous ne voulez pas qu'il vous gouverne. *Christ ne sauve que ceux qu'il gouverne.* Vous pouvez continuer à faire semblant d'être à lui, mais au dernier jour, il vous regardera dans les yeux et déclarera votre véritable identité. Il est temps aujourd'hui de venir aux pieds du Seigneur et de cesser de feindre d'être un chrétien. « Si nous confessons nos péchés, il est fidèle et juste pour nous les pardonner, et pour nous purifier de toute iniquité » (1 Jn 1.9).

En essayant d'ébranler l'assurance des faux croyants, on risque d'ébranler l'assurance des vrais croyants par la même occasion. Lorsque nous devenons trop introspectifs, il devient parfois très difficile de savoir si nous agissons comme un chrétien qui se conforme simplement à une religion ou à partir d'une nouvelle nature. Dans le prochain chapitre, nous verrons comment, par le Saint-Esprit, Dieu nous convainc de notre filiation. Pour l'instant, précisons qu'il n'est pas nécessaire de retrouver parfaitement tous les fruits de la vie nouvelle en nous pour savoir que nous avons la vie nouvelle. Il est possible que l'œuvre de Dieu en moi ait agi sur un aspect en particulier et moins sur d'autres aspects. Ainsi, je ne dois pas m'inquiéter si je ne porte pas tous les fruits, dans la mesure où je porte des fruits.

Il y a cependant un fruit qui ne ment pas et c'est celui de la persévérance dans la foi. Joel Beeke fait remarquer avec raison que l'Écriture : « [...] place la doctrine de la persévérance avant celle de l'assurance. La persévérance est fondamentale à l'assurance et est, en pratique, inséparable de cette dernière[5]. » Pour avoir droit à l'assurance du salut, il faut persévérer dans la foi ; c'est-à-dire qu'il faut marcher derrière Jésus pour le reste de sa vie.

Le Psaume 1 dit que les pécheurs ne subsistent pas dans l'assemblée des justes (Ps 1.5) ; ils peuvent y demeurer pour un temps, mais pas pour toujours. En revanche, les croyants persévèrent dans l'assemblée des justes et dans la foi au Seigneur. Jésus nous dit que « celui qui persévérera jusqu'à la fin sera sauvé » (Mt 10.22). Nous pourrions également déclarer : celui qui est sauvé persévérera jusqu'à la fin.

À méditer

Si nous disons que nous sommes en communion avec lui, et que nous marchions dans les ténèbres, nous mentons, et nous ne pratiquons pas la vérité. Mais si nous marchons dans la lumière, comme il est lui-même dans la lumière, nous sommes mutuellement en communion, et le sang de Jésus son Fils nous purifie de tout péché. Si nous disons que nous n'avons pas de péché, nous nous séduisons nous-mêmes, et la vérité n'est point en nous. Si nous confessons nos péchés, il est fidèle et juste pour nous les pardonner, et pour nous purifier de toute iniquité. Si nous disons que nous n'avons pas péché,

5. Joel R. Beeke, *The Quest For Full Assurance, op. cit.,*, p. 167.

nous le faisons menteur, et sa parole n'est point en nous. Mes petits enfants, je vous écris ces choses, afin que vous ne péchiez point. Et si quelqu'un a péché, nous avons un avocat auprès du Père, Jésus-Christ le juste. Il est lui-même une victime expiatoire pour nos péchés, non seulement pour les nôtres, mais aussi pour ceux du monde entier. Si nous gardons ses commandements, par là nous savons que nous l'avons connu (1 Jn 1.6 – 2.3).

Chapitre 5

Le témoignage du Saint-Esprit

Dieu convainc notre esprit

Romains 8.12-17

Un roi eut un fils qui lui fut enlevé par son ennemi dès sa naissance. Le fils grandit dans un autre royaume que celui de son père et ne fut pas élevé comme un prince, mais comme un esclave. Toute sa vie il fut maltraité et maintenu dans la peur et dans l'ignorance de sa véritable identité. Il avait également appris à faire le mal et à vivre dans le mensonge. Lorsque le roi découvrit où son fils était gardé et comment il était traité, il envoya ses serviteurs pour le délivrer du royaume ennemi et le transporter dans son propre royaume. Le fils fut enlevé par les serviteurs de son père qui le traitèrent avec bonté et bienveillance. Il fut complètement ébahi de ce qui lui arrivait et d'apprendre qu'il était le fils d'un bon roi. Cependant, il n'arrivait pas à le croire.

Toute sa vie, il avait été réduit à la condition d'esclave et ne pouvait se persuader qu'il était un prince. D'un côté, il voulait croire les paroles de ses ravisseurs bienveillants, mais de l'autre, il craignait qu'en vérité on le menât devant un roi juste qui allait punir sa mauvaise conduite. Chemin faisant vers le royaume de son père, son âme alternait entre le doute et l'espérance. Il sut qu'il ne rêvait pas lorsque, debout devant le roi, ce dernier s'approcha en pleurant, l'étreignit et lui dit : « Mon enfant ! » À ce moment, le cœur du fils fondit et ses doutes s'évanouirent également ; une joie indescriptible envahit son âme et du tréfonds de son cœur il s'écria : « Abba ! Père ! »

Cette histoire, en plus de ressembler à un conte de Walt Disney, est semblable à l'histoire de plusieurs chrétiens : ils vacillent entre le doute et l'espoir jusqu'à ce que Dieu lui-même leur dise : « Mon enfant ! » Dès lors, ils savent que Dieu est leur Père. Dans ce chapitre, nous verrons comment Dieu lui-même, par l'Esprit Saint, convainc notre esprit que nous sommes ses enfants, ses héritiers et les cohéritiers de Christ :

> Ainsi donc, frères, nous ne sommes point redevables à la chair, pour vivre selon la chair. Si vous vivez selon la chair, vous mourrez ; mais si par l'Esprit vous faites mourir les actions du corps, vous vivrez, car tous ceux qui sont conduits par l'Esprit de Dieu sont fils de Dieu. Et vous n'avez point reçu un esprit de servitude, pour être encore dans la crainte ; mais vous avez reçu un Esprit d'adoption, par lequel nous crions : « Abba ! Père ! » L'Esprit lui-même rend témoignage à notre esprit que nous sommes enfants de Dieu. Or, si nous sommes enfants, nous sommes aussi héritiers : héritiers de Dieu, et cohéritiers de Christ, si toutefois nous souffrons avec lui, afin d'être glorifiés avec lui (Ro 8.12-17).

L'apôtre Paul met en relief deux réalités opposées : l'esclavage et la filiation, la crainte et l'assurance, l'esprit de servitude et l'Esprit d'adoption. Nous débuterons par les éléments négatifs avant de nous tourner vers les bénédictions de ce texte. Il s'agit du troisième pilier de l'assurance du salut. Après *le sang de Christ* qui garantit notre salut, *les fruits de la vie nouvelle* qui démontrent notre salut, considérons maintenant *le témoignage du Saint-Esprit* qui nous convainc de notre salut.

Un esprit de servitude

Le Catéchisme de Heidelberg demande : « Combien de choses dois-tu savoir pour vivre et mourir dans cette heureuse assurance ? » Réponse : « Trois. D'abord, combien sont grands mon péché et ma misère. Ensuite, comment j'en suis délivré. Enfin, quelle reconnaissance je dois à Dieu pour cette délivrance. » La véritable assurance du croyant ne provient pas d'une négation de sa nature pécheresse, comme c'est la mode aujourd'hui d'affirmer que Dieu accepte tous les hommes tels qu'ils sont. Un tel discours est contraire à l'Évangile qui appelle les hommes non pas à nier ou à accepter leur péché, mais à le confesser et à en être délivrés.

Pour avoir l'assurance du salut, il faut aussi avoir l'assurance de son péché : savoir que nous sommes pécheurs et ce que cela signifie. Avant de nous donner l'assurance du salut, l'Esprit doit nous convaincre de péché. Martyn Lloyd-Jones écrit :

J'ai parfois rencontré des personnes qui m'ont dit : « Je ne comprends pas cet enseignement à propos du péché, je ne me sens pas pécheur. » Eh bien, si vous ne vous sentez pas pécheur, c'est simplement parce que vous ne vous connaissez pas vous-même, et vous ne vous connaissez pas vous-même parce que le Saint-Esprit ne vous a pas convaincu. Parmi les meilleures personnes à avoir foulé cette terre se trouvent ceux qui étaient les plus conscients de leur état de pécheur. Je ne peux imaginer une pire condition pour qui que ce soit que celle où l'on dit qu'on ne se sent pas pécheur. Le Saint-Esprit persuade et convainc de péché, et s'il ne l'a pas fait pour vous, si vous estimez votre propre âme, demandez-lui de le faire. Christ est venu mourir pour des pécheurs, non pour des justes, et la première œuvre de l'Esprit consiste à convaincre de péché, de justice et de jugement. Nous venons à Christ pour le salut après que

81

l'Esprit a produit la conviction de péché en nous, ainsi le Seigneur Jésus-Christ est la réponse à notre besoin[1].

La conviction de péché, c'est lorsqu'on constate qu'être un pécheur n'est pas un concept théorique, mais une réalité tragique. C'est beaucoup plus que la simple admission que, comme tout le reste des hommes, nous ne sommes pas parfaits et commettons des fautes. Il s'agit d'une profonde prise de conscience de la méchanceté de notre propre cœur accompagné de la certitude que nous méritons d'être rejetés par Dieu.

Savoir que je suis pécheur est une chose. Savoir que je suis asservi au péché, incapable de m'en défaire et coupable de mon état en est une autre. Le bon sens enseigne la première, mais seul l'Esprit de Dieu convainc de la seconde. Un pécheur doit en arriver au point où il n'a plus aucun espoir en lui-même et reconnaître que non seulement il ne peut pas faire le bien, mais il n'est pas à même de désirer parfaitement faire le bien. Sous une telle conviction de péché, l'âme ne trouve qu'un seul refuge : Christ. Ce sont de tels pécheurs que Dieu adopte comme ses enfants. Le même Esprit qui leur a révélé leur misérable état d'asservissement au mal leur est alors donné comme Esprit d'adoption.

L'Esprit d'adoption

Après la terreur ressentie en prenant conscience de notre asservissement au péché, *seul Dieu pourra nous convaincre que nous sommes ses enfants et non ses ennemis*. Généralement, cette conviction ne se fera pas instantanément, mais sera le fruit d'une œuvre continuelle de l'Esprit en nous. Le travail de l'Esprit consistera à nous faire comprendre notre nouvelle réalité d'enfant de Dieu. Avant de parler du témoignage de l'Esprit, il faut donc parler de la réalité de l'adoption.

---

1. D. Martyn Lloyd-Jones, *The Assurance of Our Salvation*, op. cit., p. 93.

L'adoption

L'apôtre Paul déclare au verset 15 : « vous avez reçu un Esprit d'adoption » et dans l'Épître aux Galates, il nous dit pourquoi nous avons reçu l'Esprit d'adoption :

> Et parce que vous êtes fils, Dieu a envoyé dans nos cœurs l'Esprit de son Fils, lequel crie : Abba ! Père ! Ainsi tu n'es plus esclave, mais fils ; et si tu es fils, tu es aussi héritier par la grâce de Dieu (Ga 4.6,7).

Dieu envoie son Esprit en ceux qu'il a adoptés comme enfants. Qui sont ceux que Dieu adopte ? Tous les hommes ne sont-ils pas les enfants de Dieu ? Évidemment non ! Par nature, les hommes sont fils du diable et non de Dieu (Ge 3.14,15 ; Mt 23.33 ; Jn 8.44 ; Ép 3.1-3 ; 1 Jn 3.8-10). Voici comment on devient enfant de Dieu :

> Mais à tous ceux qui l'ont reçue, à ceux qui croient en son nom, elle a donné le pouvoir de devenir enfants de Dieu, lesquels sont nés, non du sang, ni de la volonté de la chair, ni de la volonté de l'homme, mais de Dieu (Jn 1.12,13).

Ceux qui ont reçu Christ dans leur vie et qui croient en lui, non pas seulement qui ont cru, mais qui continuent à croire en lui, ceux-là sont enfants de Dieu. Dans les deux passages où l'apôtre Paul décrit notre adoption, il la compare avec un concept qui était fort connu au premier siècle : l'esclavage.

> Et vous n'avez point reçu un esprit de servitude, pour être encore dans la crainte ; mais vous avez reçu un Esprit d'adoption, par lequel nous crions : Abba ! Père ! (Ro 8.15.)

> Ainsi tu n'es plus esclave, mais fils ; et si tu es fils, tu es aussi héritier par la grâce de Dieu (Ga 4.7).

Paul ne met pas en contraste l'esclavage et la *liberté*, mais l'esclavage et la *filiation*. Notre liberté ne consiste pas à nous appartenir à nous-mêmes, mais à Dieu. Étant les enfants de Dieu, nous avons droit dès maintenant à l'héritage de notre Père. Voici une description de cet héritage actuel et futur :

> Tous ceux qui sont justifiés, Dieu daigne, en et à cause de son fils unique Jésus-Christ, les rendre participants de la grâce d'adoption, par laquelle ils sont ajoutés au nombre des enfants de Dieu, et jouissent des libertés et des privilèges que ce titre leur reconnaît ; son nom est mis sur eux, ils reçoivent l'Esprit d'adoption, ont accès au trône de la grâce avec assurance, et peuvent s'écrier « Abba, Père ». Ils sont l'objet de la compassion, de la protection, du secours et du châtiment de Dieu comme d'un Père ; sans pourtant être jamais rejetés, car ils sont scellés pour le jour de la rédemption, et héritent les promesses en tant qu'héritiers du salut éternel[2].

Malgré toutes ces belles promesses, certains ont de la difficulté à croire qu'ils sont enfants de Dieu. Ils comprennent l'Évangile et le croient de tout leur cœur. Ils portent des fruits et ont toutes les raisons de croire qu'ils sont sauvés, cependant, ils sont encore dans la crainte. Seul Dieu lui-même arrivera à persuader leurs cœurs qu'ils sont enfants de Dieu. Examinons maintenant de plus près ce témoignage de l'Esprit.

Le témoignage de l'Esprit

Comment savez-vous que vous êtes sauvés vous qui avez l'assurance de votre salut ? Vous le savez par une sorte d'intuition infaillible et non par une connaissance apprise intellectuellement. Une conviction qui ne vient pas de ce que d'autres vous ont dit, mais de ce que vous savez intérieurement être la vérité. Cette assurance est le témoignage de l'Esprit à votre esprit. Ce n'est pas une simple impression, ou un espoir vacillant ; c'est une profonde certitude que l'Évangile est vrai et que je suis sauvé. Je sais que je

---

2. *La Confession de foi baptiste de Londres de 1689*, op. cit., 12.1.

ne sais pas tout, mais je sais que ce que je sais est vrai et je sais que j'appartiens à Dieu pour l'éternité. L'apôtre Jean écrit :

Si nous recevons le témoignage des hommes, le témoignage de Dieu est plus grand ; car le témoignage de Dieu consiste en ce qu'il a rendu témoignage à son Fils. Celui qui croit au Fils de Dieu a ce témoignage en lui-même ; celui qui ne croit pas Dieu le fait menteur, puisqu'il ne croit pas au témoignage que Dieu a rendu à son Fils. Et voici ce témoignage, c'est que Dieu nous a donné la vie éternelle, et que cette vie est dans son Fils (1 Jn 5.9-11).

Cette expérience est ce qu'on appelle la pleine assurance. Le degré de notre assurance peut varier, mais l'Esprit œuvre dans le cœur de tous les enfants de Dieu pour les amener à cette pleine assurance.

Nous lisons dans Romains 8.16 : « L'Esprit lui-même rend témoignage à notre esprit que nous sommes enfants de Dieu. » Comment l'Esprit témoigne-t-il à notre esprit que nous sommes enfants de Dieu ? Il existe toutes sortes d'enseignements mystiques concernant la signification de ce verset. Malheureusement, certains se sont dangereusement éloignés de la véritable assurance du salut en suivant ces faux enseignements, en cherchant une expérience mystérieuse, en attendant une révélation spéciale. Voici comment le professeur Louis Berkhof explique le sens véritable du témoignage de l'Esprit en nous :

Ce témoignage du Saint-Esprit ne doit pas être envisagé comme étant une communication transmise au croyant par une voix secrète lui donnant l'assurance qu'il est un enfant de Dieu ; non plus comme une opération spécifique du Saint-Esprit sur la pensée, par laquelle il conduirait l'attention vers un passage de l'Écriture contenant cette assurance. Il ne faut pas le voir non plus comme un témoignage qui serait donné une fois pour toutes au moment de la conversion que le croyant pourrait à tout moment invoquer pour se rassurer, peu importe s'il porte les fruits de l'Esprit ou s'il

suit les désirs de la chair. L'Esprit de Dieu témoigne continuellement en habitant dans les cœurs de ceux qui craignent le Seigneur
et par le renouvellement de l'homme qu'il opère dans la grâce si
manifestement divine. Il ouvre les yeux de la foi à la beauté et à
la gloire des promesses de Dieu, il illumine l'intelligence de sorte
que leur portée spirituelle est comprise, et il convainc le cœur de
leur pertinence pour des pécheurs perdus. Il révèle à l'œil spirituel
le caractère miséricordieux du Sauveur, il entraîne le pécheur à
trouver son refuge et son abri en lui sous l'ombre de ses ailes, et il
conduit l'âme à se reposer en toute confiance et en sécurité dans
le bras de Jésus. À chaque mouvement de la vie nouvelle, il parle :
dans l'amour de Dieu qui est répandu dans nos cœurs, dans l'esprit
de filiation, d'amour, de révérence et d'obéissance, par ses inter-
cessions dans l'homme intérieur avec des soupirs inexprimables,
dans les multiples expériences de consolation dans la souffrance,
par la force dans la faiblesse, par la victoire dans les épisodes de
tentation et par la persévérance dans les épreuves de la foi. Ce
sont toutes les œuvres du Saint-Esprit. Dans la mesure où elles
sont en nous et y abondent, elles témoignent de la réalité de notre
réconciliation avec Dieu et la voix même de l'Esprit nous donne
l'assurance que nos péchés ont été pardonnés et que nous sommes
enfants de Dieu. Ces affections spirituelles sont vitales et brillent
de leur propre lumière ; elles constituent ainsi le témoignage du
Saint-Esprit qui donne la conviction à l'âme. Plus la vie de la foi
se développera, plus notre progrès dans la voie de la sanctification
augmentera, alors la voix de l'Esprit résonnera avec plus de clarté et
dissipera tous les doutes en remplissant le cœur de joie et de paix[3].

L'Esprit qui habite dans les croyants n'est pas un résident
silencieux et imperceptible ; il est vivant et il manifeste sa présence. Cette présence est le témoignage qu'il rend à notre esprit
que nous sommes enfants de Dieu. *Il ne s'agit pas d'un témoignage instantané ou ponctuel, mais plutôt d'un témoignage continuel et
progressif qui s'inscrit dans l'œuvre de sanctification que l'Esprit Saint*

---

3. Louis Berkhof, *The Assurance of Faith*, *op. cit.*, p. 61-62.

opère en nous. Ce témoignage se développe pendant des années. Remarquez le contexte de sanctification dans lequel l'apôtre Paul nous présente le témoignage de l'Esprit au début et à la fin de cette péricope :

> Ainsi donc, frères, nous ne sommes point redevables à la chair, pour vivre selon la chair. Si vous vivez selon la chair, vous mourrez ; mais si par l'Esprit vous faites mourir les actions du corps, vous vivrez, car tous ceux qui sont conduits par l'Esprit de Dieu sont fils de Dieu. [...] Or, si nous sommes enfants, nous sommes aussi héritiers : héritiers de Dieu, et cohéritiers de Christ, si toutefois nous souffrons avec lui, afin d'être glorifiés avec lui (Ro 8.12-14,17).

À mesure que nous sommes sanctifiés par l'Esprit, le témoignage intérieur de notre filiation divine grandit. Ce témoignage a un but précis : *nous amener à voir Dieu comme notre Père.* Dieu est le Créateur, l'Éternel, la Parole, l'Alpha et l'Oméga, le Tout-Puissant, la Trinité, le Roi, le Juge, le Seigneur. Nous devons le révérer pour tout ce qu'il est et nous incliner devant sa majesté. Tout ceci, Dieu l'est pour tous les hommes indépendamment de leur statut. Toutefois, il y a quelque chose que Dieu est uniquement pour ceux qui sont en Jésus-Christ : *un Père.*

Pensez à la disposition de cœur d'un enfant vis-à-vis de ses parents. Il ne les voit pas premièrement comme Monsieur ou Madame, il ne les appelle jamais Monsieur ou Madame, il ne les considère pas selon leur titre ou leur profession. Rien ne le lie plus significativement à eux que le lien de filiation qui le pousse naturellement à appeler ses parents « Papa ! Maman ! »

L'Esprit travaille dans le cœur des enfants de Dieu de telle sorte qu'ils ne l'appellent plus « Monsieur ! », mais « Père ! ». Il est bien d'appeler Dieu « Seigneur ! », mais il y a un problème avec notre assurance si nous n'arrivons pas à l'appeler « Père ! ». Ce problème sera corrigé à mesure que nous serons conduits par l'Esprit, car il nous convaincra que notre statut face à Dieu n'est pas celui d'une simple créature en face de son Créateur, d'un pécheur en face de son Juge ou d'un serviteur en face de son Maître. Notre statut est plutôt celui d'un enfant bien-aimé par son Père. Celui qui se sait ainsi l'enfant de Dieu, s'écrie naturellement « Père ! », car aucun autre titre n'exprime mieux ce que Dieu est pour lui (Ro 8.15) : « Vous avez reçu un Esprit d'adoption, par lequel nous crions : Abba ! Père ! »

Certains ont enseigné que le mot « abba » signifiait « papa » et non « père ». Ce n'est pas tout à fait juste. *Abba* est la forme syriaque du mot hébreu pour père et il s'agit du mot par lequel Paul interpellait son propre père dans sa langue maternelle. Paul l'écrit dans sa propre langue avant de le traduire en grec pour ses lecteurs, car sa langue maternelle exprime mieux le sentiment de filiation qui l'habite vis-à-vis de Dieu. Il n'y a donc pas de distinction de sens entre les mots *abba* et *père*, l'apôtre utilise le mot dans sa langue maternelle, puis le traduit immédiatement au bénéfice de ses lecteurs[4].

Or, si vous n'avez pas cette impulsion spirituelle qui vous pousse à appeler Dieu « Père » et à vous voir comme son enfant, ne désespérez pas. L'Écriture ne dit pas que seuls ceux qui se sentent enfants de Dieu sont sauvés, mais bien que ceux qui croient au Fils sont enfants de Dieu et que l'Esprit agit en eux pour les amener à appeler Dieu « Père ! », à ne plus craindre et à savoir, non pas à supposer, mais à savoir qu'ils sont enfants de Dieu. Cette œuvre de l'Esprit se développera graduellement pendant des années pour produire une pleine assurance.

À méditer

Voyez quel amour le Père nous a témoigné, pour que nous soyons appelés enfants de Dieu ! Et nous le sommes. Si le monde ne nous connaît pas, c'est

4. Charles Hodge, *A Commentary on the Epistle to the Romans*, Grand Rapids, Mich., Louis Kregel, 1882, p. 418-419.

qu'il ne l'a pas connu. Bien-aimés, nous sommes maintenant enfants de Dieu, et ce que nous serons n'a pas encore été manifesté ; mais nous savons que, lorsque cela sera manifesté, nous serons semblables à lui, parce que nous le verrons tel qu'il est. Quiconque a cette espérance en lui se purifie, comme lui-même est pur (1 Jn 3.1-3).

Deuxième partie

La dépression
de l'âme

« Je suis déprimé »

Chapitre 6

La Bible et la dépression de l'âme

« Je souffre de dépression »

Psaume 42

Nous entamons la deuxième partie de ce livre qui sera consacrée à la dépression de l'âme. Au tout début, nous avons présenté la question de la dépression à partir du Psaume 13.2 : *« Jusques à quand aurai-je des soucis dans mon âme, et chaque jour des chagrins dans mon cœur ? »* Il est possible que l'absence de l'assurance du salut soit la cause d'une dépression spirituelle dans l'âme d'un croyant ou, sans en être la cause, cette absence amplifie la détresse de l'âme qui ne trouve aucune consolation. Il est cependant possible qu'un croyant n'éprouve pas d'inquiétude particulière par rapport au salut de son âme et qu'il ait néanmoins l'âme profondément abattue.

D'où viennent ces états mélancoliques et dépressifs qui s'emparent de notre âme ? Faut-il voir ces émotions et ces pensées négatives comme étant péché ? Peut-on faire quoi que ce soit pour combattre la dépression de l'âme peu importe son degré et demeurer toujours dans la joie que la Bible nous commande

(Ph 4.4)? Nous répondrons à ces questions tout au long de cette deuxième partie. Pour nous plonger dans notre sujet, lisons un psaume écrit par un homme en dépression, le Psaume 42 :

> Comme une biche soupire après des courants d'eau, ainsi mon âme soupire après toi, ô Dieu! Mon âme a soif de Dieu, du Dieu vivant : quand irai-je et paraîtrai-je devant la face de Dieu? Mes larmes sont ma nourriture jour et nuit, pendant qu'on me dit sans cesse : Où est ton Dieu? Je me rappelle avec effusion de cœur quand je marchais entouré de la foule, et que je m'avançais à sa tête vers la maison de Dieu, au milieu des cris de joie et des actions de grâces d'une multitude en fête. Pourquoi t'abats-tu, mon âme, et gémis-tu au dedans de moi? Espère en Dieu, car je le louerai encore; il est mon salut et mon Dieu. Mon âme est abattue au dedans de moi : aussi c'est à toi que je pense, depuis le pays du Jourdain, depuis l'Hermon, depuis la montagne de Mitsear. Un flot appelle un autre flot au bruit de tes ondées; toutes tes vagues et tous tes flots passent sur moi. Le jour, l'Éternel m'accordait sa grâce; la nuit, je chantais ses louanges, j'adressais une prière au Dieu de ma vie. Je dis à Dieu, mon rocher : pourquoi m'oublies-tu? Pourquoi dois-je marcher dans la tristesse, sous l'oppression de l'ennemi? Mes os se brisent quand mes persécuteurs m'outragent, en me disant sans cesse : Où est ton Dieu? Pourquoi t'abats-tu, mon âme, et gémis-tu au dedans de moi? Espère en Dieu, car je le louerai encore; il est mon salut et mon Dieu.

Pourquoi parler de la dépression? N'est-ce pas un problème qui appartient au département de la *psychologie* et non de la *théologie*? N'est-ce pas également un problème isolé chez certains individus qui doit être abordé individuellement plutôt que dans l'enseignement général des croyants? Dans le reste de ce chapitre, j'expliquerai pourquoi nous devons parler de la dépression en donnant deux réponses fondamentales que nous élaborerons.

Tous les chrétiens passent par la dépression de l'âme

Permettez-moi de présenter ce point par une citation de Charles Spurgeon à ses étudiants au début du chapitre intitulé: «Les épisodes de défaillance du pasteur».

Il est écrit que David, dans l'intensité de la bataille, devint épuisé, et l'on peut en dire autant de tous les serviteurs du Seigneur. Des humeurs de dépression s'emparent parfois subitement de nous. Aussi joyeux que nous soyons, nous devons à l'occasion être abattus. Les vigoureux ne sont pas toujours forts, les sages ne sont pas toujours prêts, les braves ne sont pas toujours courageux, et les optimistes ne sont pas toujours de bonne humeur. Il peut y avoir ici et là des hommes de fer, chez qui l'usure et la déchirure semblent imperceptibles, mais même ces derniers sont rongés par la rouille; et, comme il le fait pour les hommes ordinaires, le Seigneur sait, et il leur fait savoir, qu'ils ne sont que poussière. Sachant par expérience douloureuse ce qu'est la plus profonde dépression de l'esprit, puisqu'elle m'a visité en de nombreuses saisons rapprochées, j'ai pensé qu'il pourrait être encourageant pour certains de mes frères que je partage ma pensée à ce sujet, afin que les jeunes hommes ne s'imaginent pas qu'une chose étrange s'est produite en eux quand ils se trouvent pour un temps embourbés dans la mélancolie; et afin que les hommes tristes sachent que celui sur lequel le soleil de justice a brillé joyeusement ne marche pas toujours dans la lumière[1].

Je ne limiterai pas l'étude de notre sujet à la dépression clinique, mais j'y inclurai également les dépressions moins sévères de l'âme par lesquelles nous passons tous. Peut-être serait-il plus approprié de parler de la «déprime» de l'âme plutôt que la dépression, puisque cette dernière est associée à quelque chose de spécifique. C'est possiblement en réaction à l'usage de l'étiquette

---

1. Charles H. Spurgeon, *Lectures to my Students*, trad. libre, The Fig Classic Series, édition Kindle, 2012, p.152.

typique de « la dépression » que j'ai décidé d'utiliser ce terme de manière plus générale.

De plus, comme l'indique le docteur chrétien en neuropsychologie, Edward Welch, il faut parler de plusieurs sortes de dépression plutôt que de *la* dépression. Il faut envisager la dépression comme un trouble ayant différents stades de gravité. Parfois, les symptômes sont incommodants ; d'autres fois, ils peuvent être très débilitants[2].

En reconnaissant qu'il existe non pas une sorte de dépression, mais des dépressions, nous devrions également reconnaître qu'il est erroné d'uniformiser le traitement des états dépressifs. J'aimerais dire d'entrée de scène que je ne suis pas contre l'utilisation d'antidépresseurs, de somnifères ou d'autres médicaments destinés à aider des problèmes de nature psychologique puisque la cause peut très bien être physique. Cependant, je constate que notre société est devenue accro aux pilules[3]. Dans l'approche thérapeutique, nous traitons les symptômes plutôt que les causes et la normalité est de plus en plus médicalisée.

Certains états dépressifs ne sont pas des maladies, mais des états normaux de l'existence qui ne nécessitent pas de thérapie particulière. La communauté médicale est en grande partie responsable du recours massif aux médicaments pour traiter l'ensemble des états dépressifs et autres troubles de l'humeur, comme s'il s'agissait de maladies du cerveau et de troubles chimiques dans le corps humain. Le psychiatre Fuller Torrey, spécialiste de la schizophrénie et du trouble bipolaire, déclarait récemment au microphone d'Albert Mohler que la communauté psychiatrique s'est discréditée en généralisant la thérapie pour tous les troubles mentaux plutôt que de distinguer clairement entre les vraies

---

2. Edward T. Welch, *La dépression : retrouver la lumière au sein des ténèbres*, Charols Excelsis, 2015, p. 24.

3. À ce propos, je recommande vivement le documentaire de Paul Arcand, *Québec sur ordonnance*, sorti en 2007.

maladies du cerveau et les troubles mentaux qui ne sont pas causés par une condition physique :

> Le fait que les psychiatres ont tellement voulu prendre de la place a
> fini par discréditer les efforts de ceux parmi nous qui se concentrent
> réellement sur les maladies mentales sévères, car le public est main-
> tenant embrouillé. Les gens croient que tout cela fonctionne dans
> un ensemble, alors que dans le cas d'une maladie comme la schi-
> zophrénie [...] il est clairement démontré qu'il s'agit d'un problème
> au niveau de la chimie du cerveau et qui constitue une maladie du
> cerveau [...] Cela est bien différent d'une personne qui traverse une
> dépression légère ou une période d'anxiété qui sont des compor-
> tements humains normaux et non de réelles maladies du cerveau.
> La psychiatrie est organisée de telle façon que tout est maintenant
> mélangé et il est difficile pour le public de comprendre que cer-
> tains de ces phénomènes sont réellement des maladies du cerveau
> et doivent être traités comme tels[4].

Comme je suis pasteur et non psychiatre ou médecin, je
discuterai des états dépressifs qui ne sont pas causés par une
maladie du cerveau et qui sont une dépression normale de l'âme[5].
Je crois cependant que la puissance de l'Évangile est bénéfique
même pour l'âme d'une personne dont la dépression est d'origine
biologique. Ce qui sera dit dans cette section sera bénéfique pour
l'âme de quiconque le mettra en pratique.

Revenons à la question initiale. Pourquoi parler de dépression ? Parce que tous les chrétiens passent par la dépression de
l'âme et expérimentent ce qui est décrit au Psaume 42. Chez certains d'entre nous, il s'agit d'un épisode très momentané, souvent

---

4. L'entrevue peut être écoutée en anglais à cette adresse : < http://www.albert
mohler.com/2014/04/21/an-american-psychosis-a-conversation-with-psychiatrist-e-fuller-
torrey >.

5. Pour un traitement plus complet de la dépression dans une perspective chrétienne
et réformée, les lecteurs peuvent se référer au livre d'Edward Welch cité ci-dessus ou
encore au petit livre de David Murray : *Christians Get Depressed Too*, Grand Rapids, Mich.,
Reformation Heritage Books, 2010, 112 p.

circonstanciel, tandis que chez d'autres, il s'agit d'une mélancolie qui caractérise la majeure partie de leur existence. Nous nous retrouvons tous quelque part entre ces deux extrêmes. Telle est la première raison pour laquelle nous devons aborder ce sujet. La deuxième raison est que la Bible en parle abondamment.

La Bible parle abondamment de la dépression de l'âme

Bien entendu, la Bible ne parle pas de la dépression avec le langage moderne et sophistiqué qu'on trouve dans le DSM-5 ou encore dans le vocabulaire médical populaire. Cependant, l'Écriture révèle les causes et les effets de la dépression ainsi que les moyens d'en sortir.

Par le simple fait d'étudier le Psaume 42, l'Écriture nous aide à comprendre ce qu'est la dépression de l'âme et nous indique la voie de la guérison. Voici quatre observations tirées de ce passage biblique.

La dépression de l'âme est une profonde tristesse

Certains penseront en eux-mêmes : « Pas besoin du Psaume 42 pour savoir ça ! » Cependant, à quoi ressemble cette tristesse ? Lorsque nous chantons les premières paroles de ce psaume, nous les envisageons comme l'expression positive d'une soif de Dieu : « Comme une biche soupire après des courants d'eau, ainsi mon âme soupire après toi, ô Dieu ! Mon âme a soif de Dieu, du Dieu vivant... » (Ps 42.1,2.) Cependant, le reste du psaume nous démontre qu'il s'agit en fait d'un cri de détresse et d'un désir de quitter le royaume terrestre pour entrer dans le royaume céleste de Dieu. Le passage se poursuit : « Quand irai-je et paraîtrai-je devant la face de Dieu ? » Et si vous doutez qu'il s'agisse de l'expression d'un désir de mourir et d'en finir avec la vie présente, voici comment le psalmiste enchaine immédiatement (v. 3) : « Mes larmes sont ma nourriture jour et nuit, pendant qu'on me dit sans cesse : Où est ton Dieu ? »

Dites-moi franchement, n'avez-vous jamais eu envie de partir, non pas tant à cause de la joie du ciel, mais à cause de la tristesse de la terre ? La plupart des pasteurs que je connais, incluant celui qui écrit ces lignes, éprouvent régulièrement ce genre de désir. J'imagine que ce n'est pas très différent pour les autres brebis du Seigneur. Nous savons cependant que nous ne partirons pas d'ici avant que Dieu ne le décide, c'est pourquoi nous sommes patients dans l'affliction de nos âmes et que nous cherchons à retrouver la joie du Seigneur. C'est ce que fait l'auteur lorsqu'il se rappelle les joies passées que son âme goûtait avec le peuple de Dieu (v. 4) :

> Je me rappelle avec effusion de cœur quand je marchais entouré de la foule, et que je m'avançais à sa tête vers la maison de Dieu, au milieu des cris de joie et des actions de grâces d'une multitude en fête.

Lorsque le ciel est sombre, il faut déjouer nos faux raisonnements qui tentent de nous faire croire que le ciel sera toujours sombre. Il faut nous rappeler que nous avons vu et avons marché sous l'éclat du soleil et que tôt ou tard la lumière reparaîtra. Cette espérance nous permet d'avancer malgré la tristesse actuelle : « Réjouissez-vous en espérance. Soyez patients dans l'affliction » (Ro 12.12).

Paul ne dit pas « réjouissez-vous dans vos circonstances », mais bien dans la certitude que nous sommes éternellement à Dieu et que sa lumière brillera toujours sur nous. Voilà ce qui nous permet d'être « patients dans l'affliction ».

La dépression de l'âme est complexe

La deuxième remarque tirée du Psaume 42 est la complexité de la dépression de l'âme. Les pathologies des maladies du corps, bien que parfois inconnues, sont généralement bien identifiées. Il en va autrement des maux de l'âme. Pourquoi notre âme devient-elle triste et se décourage-t-elle ? La réponse n'est pas toujours simple.

Il semble que l'auteur exprime cette perplexité lorsqu'il demande ouvertement aux versets 5 et 9 : « Pourquoi t'abats-tu, mon âme, et gémis-tu au dedans de moi ? [...] Pourquoi dois-je marcher dans la tristesse, sous l'oppression de l'ennemi ? » Il ne comprend pas exactement ce qui lui arrive. La dépression de l'âme peut être liée à une circonstance évidente, une épreuve connue qui explique pourquoi nous nous sentons tristes et désespérés : le deuil, la maladie, un échec financier, une relation difficile, etc. Cependant, n'avez-vous jamais ressenti une profonde morosité sans savoir exactement pourquoi ou encore sans que la cause en question ne justifie l'intensité de votre tristesse ? Cela ne signifie pas qu'il n'y a aucune raison pour expliquer comment l'on se sent, mais bien que nous ne comprenons pas pourquoi notre âme est abattue. Extérieurement tout semble aller bien et il n'y a aucune raison pour être triste. Nous tentons même de nous raisonner parfois : « Je ne manque de rien, je suis bien entouré, je connais Christ, j'ai la vie éternelle... pourquoi suis-je triste ? » Nous nous comparons même à ceux qui souffrent vraiment afin de tenter de nous convaincre : « Pense à ceux qui n'ont rien, à ceux qui sont malades, à ceux qui sont persécutés ou éprouvés. »

Même si ces raisonnements sont très logiques, ils ne sont pas toujours très efficaces pour consoler l'âme découragée. Si la cause est imperceptible, le remède risque parfois également d'être difficile à trouver : « *L'esprit de l'homme le soutient dans la maladie ; mais l'esprit abattu, qui le relèvera ?* » (Pr 18.14, italiques pour souligner.) La complexité de notre âme fait en sorte que nous n'avons pas de consolation universelle. C'est pourquoi il nous faut être humbles, patients et compatissants envers les frères et sœurs déprimés et ne pas les voir comme étant de mauvaise foi, car ils ne savent souvent pas eux-mêmes ce qu'ils peuvent faire pour s'aider. Personne ne comprend pleinement comment son âme fonctionne. Personne ne sait comment son corps, son péché, son enfance ou l'ennemi affectent l'état de son âme. Ce mystère ne signifie pas que nous ne comprenons rien du tout au fonctionnement de l'âme, mais bien que nous n'en perçons pas toutes les complexités. Nous devons donc nous en remettre à celui seul «qui connait les secrets du cœur» (Ps 44.22).

Quelles sont les raisons qui peuvent expliquer, ne serait-ce que partiellement, la détresse du psalmiste? D'une part il faut reconnaître la souveraineté de Dieu sur son malheur, lorsqu'il déclare au verset 7 : « Un flot appelle un autre flot au bruit de tes ondées ; toutes tes vagues et tous tes flots passent sur moi.» L'impression d'être abandonné de Dieu est également décrite au verset 9 : «Je dis à Dieu, mon rocher : Pourquoi m'oublies-tu?» Reconnaissons de nouveau que la puissance de l'ennemi est à l'œuvre contre notre âme : « Pourquoi dois-je marcher dans la tristesse, sous l'oppression de l'ennemi?» Nous avons besoin d'une armure spirituelle pour lui résister (Ép 6.11-18 ; 1 Pi 5.8,9). Il est encore possible qu'une souffrance physique soit en cause lorsqu'il déclare au verset 10 : « Mes os se brisent quand mes persécuteurs m'outragent, en me disant sans cesse : Où est ton Dieu?» De toute évidence, vivre au milieu de pécheurs qui ne croient pas en Dieu et qui se moquent de sa Parole est en fin de compte une souffrance pour l'âme du croyant. Pour toutes ces raisons, et possiblement pour d'autres raisons inconnues, le psalmiste ressent une dépression spirituelle.

La dépression de l'âme n'est pas un péché

Nous pensons souvent à tort que la dépression spirituelle est forcément un péché. Un chrétien doit être joyeux ; après tout, il a la vie éternelle! Être déprimé n'est pas un péché. Je ne dis pas qu'un état dépressif ne mène jamais au péché ou que certaines attitudes lâches qui accompagnent la dépression ne sont pas coupables. Je dis plutôt que dans le Psaume 42, et dans une foule d'autres psaumes, nous retrouvons l'expression d'une profonde tristesse sans que l'auteur s'en repente ou implore le pardon de Dieu pour son état d'âme (Ps 13.1-4 ; 25.16-18 ; 31.7-10 ; 38.6-10 ; 43.5 ; 102 ; 107 ; 116).

Il y a certes un lien entre le péché et la dépression de l'âme (et nous examinerons ce lien dans le prochain chapitre). Cependant les psalmistes, bien qu'ils demandent pardon à Dieu pour les péchés qui leur causaient parfois de profondes tristesses, n'envisagent pas l'état déprimé de leur âme comme étant coupable et comme nécessitant une repentance. De grands hommes de Dieu dans l'histoire de la Bible et de l'Église passèrent par des mélancolies très intenses. Qu'on pense notamment à Job, à David, à Jérémie ou à Paul. Luther réclamait parfois la mort, Spurgeon a lutté toute sa vie avec des épisodes de dépression et William Cowper, un poète au temps du premier grand réveil, a tenté de se suicider à plusieurs reprises. Ce dernier dut apprendre à vivre selon une strophe d'un de ses propres poèmes :

Ne juge pas le Seigneur par de faibles sens,
Mais confie-toi en sa grâce ;
Derrière une sombre providence
Il cache l'éclat de sa face[6].
(Traduction libre)

Un personnage bien connu de la Bible déclare ceci : « Mon âme est triste jusqu'à la mort » (Mt 26.38). Et l'on sait que l'homme qui a dit cette parole et qui a vécu cette tristesse morbide n'a jamais péché de toute sa vie. La dépression de l'âme n'est donc pas un péché en soi.

---

6. Cité par John Piper, *The Hidden Smile of God: The Fruit of Affliction in the Lives of John Bunyan, William Cowper, and David Brainerd*, Wheaton, Ill., Crossway Books, 2001, p. 26.

La dépression de l'âme nécessite le secours de Dieu

Le psalmiste ne demande pas pardon à Dieu d'être dans cet état, mais il lui demande néanmoins de le secourir de cet état. L'âme en dépression est exposée à la tentation et court des risques importants. Il ne faut pas raisonner en soi-même que puisqu'il ne s'agit pas d'un péché nous pouvons attendre passivement que cet état cesse. Toutefois, comment lutter contre ce mal qui nous attaque de l'intérieur ? Les prochains chapitres tenteront de répondre à cette question à partir de plusieurs passages de la Bible. Il y cependant deux points que nous devons mettre immédiatement en application.

1) *Il faut sans relâche implorer le secours du Seigneur.* Dans tous les psaumes où la détresse de l'âme est exprimée, nous retrouvons également d'instantes prières à Dieu pour la délivrance :

> Regarde, réponds-moi, Éternel, mon Dieu ! Donne à mes yeux la clarté, afin que je ne m'endorme pas du sommeil de la mort (Ps 13.3).

> Regarde-moi et aie pitié de moi, car je suis abandonné et malheureux. Les angoisses de mon cœur augmentent ; tire-moi de ma détresse (Ps 25.16,17).

> Aie pitié de moi, Éternel ! Car je suis dans la détresse ; j'ai le visage, l'âme et le corps usés par le chagrin (Ps 31.9).

> Dans leur détresse, ils crièrent à l'Éternel, et il les délivra de leurs angoisses ; il les fit sortir des ténèbres et de l'ombre de la mort, et il rompit leurs liens (Ps 107.13,14).

Pourquoi faut-il crier à Dieu ? Parce que nous avons cette promesse : « Quand un malheureux crie, l'Éternel entend, et il le sauve de toutes ses détresses » (Ps 34.6). Est-ce vrai ? La Parole de Dieu ne peut pas être fausse ! Pourtant, j'ai crié à l'Éternel et il ne m'a pas sauvé de ma détresse... As-tu cessé de crier ? Le Seigneur délivre parfois instantanément, mais pour des raisons

que lui seul connait, il laisse parfois passer des années avant
d'apporter une délivrance complète. Mais même lorsqu'il tarde,
le Seigneur n'abandonne pas un malheureux qui crie à lui, il lui
donne chaque jour la grâce nécessaire pour supporter l'épreuve
et Dieu lui rappelle : « Ma grâce te suffit, car ma puissance s'accomplit dans la faiblesse » (2 Co 12.9).

2) Il faut cesser de s'écouter et se parler au moyen de la Parole de Dieu.
Ce n'est pas seulement à Dieu qu'il faut parler, mais à soi-même.
Deux fois le psalmiste se répète (v. 5 et 11) : « Pourquoi t'abats-tu,
mon âme, et gémis-tu au dedans de moi ? Espère en Dieu, car je
le louerai encore ; il est mon salut et mon Dieu. » J'aime beaucoup
l'application que le docteur Martyn Lloyd-Jones fait de ce verset :

> Nous devons parler à notre âme, au lieu de la laisser s'adresser à
> nous ! Saisissons-nous la distinction ? Dans la dépression spirituelle,
> nous laissons notre « moi » s'exprimer au lieu de lui parler. Là réside
> le problème essentiel. Je ne cherche nullement le paradoxe. Ce point
> constitue l'essence même de la sagesse dans ce domaine. Réfléchissons
> aux pensées qui nous assaillent le matin au réveil. Nous n'avons rien
> fait pour les susciter mais elles commencent à s'adresser à nous, à
> rappeler les problèmes de la veille, etc. Quelqu'un nous parle : c'est
> notre « moi ». Très souvent, la tristesse nous envahit pour une raison
> essentielle : nous nous écoutons au lieu de nous parler.
>
> Revenons au remède du psalmiste. Il s'interpelle au lieu de s'écou-
> ter. « Pourquoi t'abats-tu, mon âme ? », demande-t-il. Son âme l'avait
> déprimé, dominé. C'est pourquoi il lui parle : « Mon âme, écoute un
> instant, je veux te parler. » Le secret de la vie spirituelle consiste à
> savoir se prendre en main : comment se parler, s'exhorter et s'inter-
> roger. Il nous faut dire à notre âme : « Pourquoi es-tu abattue ? D'où
> viennent tous ces gémissements ? » Au lieu de nous morfondre dans
> la dépression, nous devons affronter ce « moi », le réprimander, le
> condamner et l'exhorter : « Espère en Dieu[7] ! »

---

7. D. Martyn Lloyd-Jones, *La dépression spirituelle*, op. cit., p. 17-18. L'auteur fut docteur du corps avant de devenir docteur de l'âme.

Il vient un temps où nous devons saisir notre âme par la cravate et lui parler dans le casque ! Il faut arrêter d'écouter notre âme, d'écouter ses gémissements et ses plaintes et lui dire : « Maintenant, c'est toi qui vas m'écouter ! » Puis nous devons lui parler par la Parole de Dieu, non pas avec nos raisonnements logiques, non pas avec la parole des hommes, mais lui parler au moyen de la Parole de Dieu.

Ce n'est pas un dialogue que nous voulons avoir avec notre âme, pas plus que nous ne souhaitons lui faire de simples suggestions. Nous employons plutôt l'impératif et nous lui commandons : « Espère en Dieu, car je le louerai encore ; il est mon salut et mon Dieu. » Puis, nous nous prêchons à nous-mêmes la Parole de Dieu, nous nous rappelons les vérités objectives de notre salut et cessons d'écouter nos dispositions subjectives. Christ est mort pour moi, il m'a donné son Esprit, je suis un enfant de Dieu et un héritier à part entière. J'appartiens à un royaume éternel, mon Sauveur règne et il m'aime, le péché et les ténèbres vont disparaître éternellement, en Christ je suis déjà dans la gloire.

Dans les prochains chapitres, nous continuerons à parler à notre âme au moyen de la Parole de Dieu. Nous écouterons ce que sa Parole déclare concernant la dépression de l'âme et nous mettrons en pratique toutes ses instructions. Nous suivrons à la lettre les prescriptions du gardien de nos âmes (1 Pi 2.25) afin d'être guéris.

À méditer

Prière d'un malheureux, lorsqu'il est abattu et qu'il répand sa plainte devant l'Éternel. Éternel, écoute ma prière, et que mon cri parvienne jusqu'à toi ! Ne me cache pas ta face au jour de ma détresse ! Incline vers moi ton oreille quand je crie ! Hâte-toi de m'exaucer ! Car mes jours s'évanouissent en fumée, et mes os sont enflammés comme un tison. Mon cœur est frappé et se dessèche comme l'herbe ; j'oublie même de manger mon pain. Mes gémissements sont tels que mes os s'attachent à ma chair. Je ressemble au pélican du désert, je suis comme le chat-huant des ruines ; je n'ai plus de sommeil, et je suis comme l'oiseau solitaire sur un toit. Chaque jour mes ennemis m'outragent, et c'est par moi que jurent mes adversaires en fureur. Je mange la poussière au lieu de pain, et je mêle des larmes à ma boisson, à cause de ta colère et de ta fureur ; car tu m'as soulevé et jeté au loin. Mes jours sont comme l'ombre à son déclin, et je me dessèche comme l'herbe. Mais toi, Éternel ! Tu règnes à perpétuité, et ta mémoire dure de génération en génération. Tu te lèveras, tu auras pitié de Sion ; car le temps d'avoir pitié d'elle, le temps fixé est à son terme ; car tes serviteurs en aiment les pierres, ils en chérissent la poussière. Alors les nations craindront le nom de l'Éternel, et tous les rois de la terre ta gloire. Oui, l'Éternel rebâtira Sion, il se montrera dans sa gloire. Il est attentif à la prière du misérable, il ne dédaigne pas sa prière. Que cela soit écrit pour la génération future, et que le peuple qui sera créé célèbre l'Éternel ! Car il regarde du lieu élevé de sa sainteté ; du haut des cieux l'Éternel regarde sur la terre, pour écouter les gémissements des captifs, pour délivrer ceux qui vont périr, afin qu'ils publient dans Sion le nom de l'Éternel, et ses louanges dans Jérusalem, quand tous les peuples s'assembleront, et tous les royaumes, pour servir l'Éternel (Ps 102.1-23).

Chapitre 7

Les conséquences psychologiques du péché

La responsabilité humaine et la dépression

Genèse 4.3-16

Dans ce chapitre, nous étudierons plus particulièrement le rapport entre la dépression de l'âme et le péché. Le péché a des effets débilitants sur la pensée ; les théologiens parlent d'effets noétiques. Paul mentionne cet effet du péché sur la pensée de l'homme non régénéré :

> Voici donc ce que je dis et ce que je déclare dans le Seigneur, c'est que vous ne devez plus marcher comme les païens, qui marchent selon la vanité de leurs pensées. Ils ont l'intelligence obscurcie, ils sont étrangers à la vie de Dieu, à cause de l'ignorance qui est en eux, à cause de l'endurcissement de leur cœur (Ép 4.17,18).

Le mot pensée en grec est *noûs* et le mot intelligence est *diánoia*. Dans chacun de ces mots nous retrouvons la racine *no* qui réfère à la faculté intellectuelle, d'où l'expression théologique : les effets *no*étiques du péché. Le péché n'affecte pas uniquement la volonté de l'homme et ses affections, mais encore son intelligence, sa compréhension et sa santé mentale. Pour démontrer les conséquences psychologiques du péché, nous examinerons le cas de Caïn. Mais avant, examinons quelques considérations plus générales entre la psychologie et le péché.

Qu'est-il advenu du péché ?

Karl Menninger fut l'un des plus importants psychiatres américains du xxᵉ siècle ; ses travaux ont fait progresser la compréhension de la maladie mentale. En 1973, il publia un ouvrage intitulé *Whatever Became of Sin ?* (Qu'est-il advenu du péché ?). Ce livre fut écrit en réaction à une tendance que le docteur Menninger voyait s'établir dans la société et dans sa profession : la fin de la responsabilité de l'homme pour ses fautes. Ce livre fut prophétique du phénomène « Guy Turcotte » auquel nous assistons : la maladie mentale annule la responsabilité pour le péché.

Le verdict de non-responsabilité criminelle qui secoua le Québec en juillet 2011 dans l'affaire Guy Turcotte est en fait symptomatique d'une tendance lourde partout où la compréhension psychothérapeutique de l'homme a remplacé la compréhension judéo-chrétienne. Voici un extrait de l'article que j'avais publié sur internet au lendemain de ce verdict :

> Le comportement de l'homme ne doit plus être évalué *moralement*, mais *psychologiquement*. Il n'y a plus ni bien, ni mal, mais seulement une variété de comportements qui s'expliquent par une analyse psychologique sans référence à une transcendance morale ou un métarécit quelconque.

N'est-ce pas une mouvance qui afflige notre époque? [...] L'approche psychologique permet à chacun de se voir comme victime de son destin plutôt que responsable. Ainsi, et je parle par expérience, nos « pénitenciers » traitent de plus en plus les détenus comme des malades et non comme des criminels. On ne voit plus les prisons comme un lieu de punition, mais de traitement.

Nous assistons au triomphe de *l'analyse psychologique* du comportement humain au détriment de *l'analyse morale*. Ce triomphe est inéluctablement accompagné de la déresponsabilisation des actes moraux: l'homme n'est plus responsable ou coupable de ce qu'il fait. Qu'on ne s'étonne donc pas du verdict qui est tombé hier! Il est on ne peut plus conséquent avec la logique moderne[1].

Le rapport entre le péché et les troubles mentaux

Dans le dernier chapitre, j'ai affirmé que la dépression n'était pas un péché. En disant cela, je ne désirais pas nier la relation entre le péché et les détresses psychologiques. En réalité, toutes les dépressions de l'âme viennent de la condition de déchéance humaine. La chute de l'homme est à l'origine de tout ce qui est déréglé dans nos pensées et dans l'état de notre âme. Cela ne signifie pas que le dysfonctionnement de nos pensées soit un péché en lui-même. Par exemple, si je suis malade parce que j'ai trop bu de vin la veille, je ne demanderai pas pardon à Dieu d'être malade, mais je lui demanderai pardon d'avoir trop bu. Les conséquences psychologiques du péché ne sont pas des péchés, elles peuvent cependant amplifier le péché. Par exemple, la dépression n'est pas un péché, mais elle peut mener à la révolte contre Dieu et ainsi empirer l'état du pécheur. L'anxiété n'est pas un péché, mais elle peut facilement mener à la recherche du réconfort auprès de faux dieux; telle est l'idolâtrie: penser que les

---

1. L'article complet est disponible à cette adresse: <http://www.unherautdansle. net/guy-turcotte-le-verdict>.

autres dieux peuvent mieux nous secourir et veulent notre bien plus que Dieu.

Bien que le mauvais état de notre âme ou de notre corps vienne du péché, il ne procède pas nécessairement d'un péché que nous avons commis nous-mêmes. Nous participons à une création déchue qui subit les conséquences de la chute d'Adam et Ève. La responsabilité d'Adam est imputée à tous les hommes et la corruption qui en découle s'étend sur tous les hommes :

> C'est pourquoi, comme par un seul homme le péché est entré dans le monde, et par le péché la mort, et qu'ainsi la mort s'est étendue sur tous les hommes, parce que tous ont péché [...] Ainsi donc, comme par une seule offense la condamnation a atteint tous les hommes... (Ro 5.12,18.)

Toutes les maladies, qu'elles soient mentales ou physiques, sont la conséquence de l'entrée du péché dans le monde. Certains souffrent d'un handicap, d'une maladie ou de troubles mentaux à cause du péché qui est entré dans le monde. Il n'y a pas nécessairement de lien immédiat entre le péché d'un individu ou celui de ses parents et l'état spécifique de cette personne (Jn 9.1-3), bien que cela soit possible (Ja 5.14-16 ; 1 S 16.14). Cependant, il y a un lien immédiat entre l'état général du péché dans le monde et les effets débilitants qu'il produit.

Les hommes ne sont pas de simples victimes d'une nature affectée par le péché. Chacun est responsable de la façon dont il se conduit avec cette nature déchue, car nous pouvons amplifier ou restreindre les effets du péché sur nous-mêmes, même en ne connaissant pas Dieu. De plus, nous amplifions ou restreignons les effets du péché sur d'autres que nous ; sur ceux que nous influençons et en particulier ceux qui dépendent de nous.

Dieu seul peut mesurer le degré de responsabilité de chaque homme. Il sait quel est le degré de culpabilité de celui qui blasphème sous l'effet de la maladie de Gilles de la Tourette et de celui qui blasphème en pleine possession de ses moyens. Il sait quelle est la différence entre les crimes d'un schizophrène et celui d'un homme sain d'esprit. Il sait que même s'ils n'annulent pas la responsabilité, certains traumatismes et certaines maladies atténuent la culpabilité.

Dieu sait également que la négation de la responsabilité de l'homme est très néfaste, car elle éloigne l'homme du salut en lui disant qu'il est malade et a besoin d'une thérapie alors qu'il est pécheur et a besoin d'un Sauveur. Tout ce qu'offre la psychothérapie n'est pas faux et inutile ; nous devons même voir comme un don de Dieu certaines avancées dans ce domaine. Cependant, il manque généralement la compréhension du *problème fondamental* de l'homme : le péché. Conséquemment, il manque aussi le *remède irremplaçable* : l'Évangile. S'il est vrai que nous devons parler des effets noétiques du péché, nous devons également parler des effets noétiques de la grâce, car Paul nous présente ses effets immédiatement après avoir parlé de ceux du péché :

> Mais vous, ce n'est pas ainsi que vous avez appris Christ, si du moins vous l'avez entendu, et si, conformément à la vérité qui est en Jésus, c'est en lui que vous avez été instruits à vous dépouiller, eu égard à votre vie passée, du vieil homme qui se corrompt par les convoitises trompeuses, à être renouvelés dans l'esprit de votre intelligence, et à revêtir l'homme nouveau, créé selon Dieu dans une justice et une sainteté que produit la vérité (Ép 4.20-24).

Le renouvellement de l'intelligence par le Saint-Esprit est une grâce que Dieu accorde à tous ceux qui reçoivent Christ (Ro 12.2). Ce renouvellement n'annulera pas tous les effets rémanents du péché sur notre intelligence, mais il sera l'élément le plus significatif de notre santé mentale. Plus nous nourrirons notre esprit par la Parole de Dieu, plus notre intelligence sera saine et notre âme paisible. Le même docteur Karl Menninger déclara que s'il pouvait convaincre ses patients que leurs péchés sont pardonnés, 75 % d'entre eux sortiraient de son centre psychiatrique le jour suivant[2].

Ayant considéré le rapport entre la psychologie du pécheur et la responsabilité du pécheur, examinons maintenant le cas de Caïn et l'effet du péché sur son âme.

Caïn

L'histoire de Caïn nous est rapportée au chapitre 4 de la Genèse. Il s'agit de la première histoire après le récit de la chute et elle s'inscrit en continuité avec la chute. Caïn, le premier enfant de l'humanité, démontre concrètement les effets noétiques de la chute et révèle que les enfants de colères sont psychologiquement déréglés. Caïn est le premier homme déprimé de la Bible. Je présume qu'Adam et Ève furent très déprimés après leur désobéissance, mais Caïn est le premier présenté textuellement comme ayant l'âme abattue. Examinons trois éléments : (1) le péché et la dépression de Caïn, (2) le remède de l'Éternel et (3) la réponse de l'homme :

> Au bout de quelque temps, Caïn fit à l'Éternel une offrande des fruits de la terre ; et Abel, de son côté, en fit une des premiers-nés de son troupeau et de leur graisse. L'Éternel porta un regard favorable sur Abel et sur son offrande ; mais il ne porta pas un regard favorable sur Caïn et sur son offrande. Caïn fut très irrité, et son visage fut abattu (Ge 4.3-5).

Le péché et la dépression de Caïn

Pourquoi l'Éternel fut-il favorable à l'offrande d'Abel et non pas à celle de Caïn ? L'Épître aux Hébreux nous indique que c'est en raison de sa foi, tandis que l'offrande de Caïn procédait d'une motivation différente (Hé 11.4). L'apôtre Jean aussi nous indique

---

2. Cité par Michael P. Green, *1500 illustration for Biblical Preaching*, Grand Rapids, Mich., Baker Books, 1982, p. 155.

qu'Abel était un juste tandis que Caïn était un impie (1 Jn 3.12), chacun appartenait à une postérité différente : celle de la femme et celle du serpent (Ge 3.15).

La mauvaise nature de Caïn le conduisit non pas à s'humilier devant le verdict de Dieu, mais à se révolter intérieurement. Au lieu de chercher ce qui n'allait pas au sujet de son offrande, il se mit à haïr son frère et à mépriser l'œuvre de ce dernier. Caïn fut malheureux et déprimé à cause de son propre cœur mauvais, mais plutôt que de se repentir, il poursuivit les penchants de son cœur. Jean déclare que nous ne devons « pas ressembler à Caïn » (1 Jn 3.12). Puisque nous avons également une nature pécheresse, il y a un risque réel de ressembler à Caïn si nous ne prenons pas garde à notre péché. Réfléchissez à ce qui vous irrite et rend votre visage abattu... Les mêmes sentiments de jalousie et d'infériorité qui étaient dans le cœur de Caïn ne viennent-ils pas souvent nous affecter ? Keith Throop écrit :

> La dépression peut résulter de sentiments d'infériorité et peut-être même de jalousie envers quelqu'un d'autre. Dans ce cas-ci, Caïn sentait qu'il ne pouvait plaire à Dieu et il fut jaloux de la relation d'Abel avec lui. Cependant, il ne pouvait voir que le problème n'était pas son infériorité ; c'était plutôt son refus de venir à Dieu selon les exigences de Dieu[3].

N'est-il pas vrai que lorsque nous nous comparons aux autres, que nous nous sentons inférieurs et que nous les envions nous devenons déprimés ? Certains sont jaloux des autres couples et, parce qu'ils ont l'impression qu'ils ne sont pas aussi heureux, ils en sont déprimés. Lorsqu'un de mes enfants a l'impression que son frère ou sa sœur a plus de dessert que lui ou

---

3. Keith Throop, *Toward a Biblical Perspective on Depression*, trad. libre. Il s'agit d'une série d'articles publiés sur Internet. Tous les titres de cette série sont réunis à cette adresse : < http://confessingbaptist.com/toward-a-biblical-perspective-o n-depression-keith-throop >.

est assis à une meilleure place, il devient triste de jalousie et n'apprécie plus sa propre part.

N'est-il pas vrai que le succès et les bénédictions des autres nous rendent souvent tristes au lieu de nous réjouir ? Ne ressemblons-nous pas à Caïn lorsque nous nous disons à nous-mêmes que c'est injuste, que nous méritons autant sinon plus la bénédiction convoitée ? Nos cœurs ne sont-ils pas méchants lorsqu'ils méprisent l'époux ou la maison ou le travail ou l'ensemble des circonstances que le Seigneur nous a données alors qu'il ne nous doit rien et que nous devrions être reconnaissants pour tout ? Nos cœurs ne sont-ils pas mauvais lorsqu'ils sont tristes de ne pas posséder ce que Dieu n'a pas voulu nous donner ?

La dépression de l'âme est souvent causée par un manque de contentement et par un cœur irrité qui est nourri de pensées de colère et d'envie. Certains vivent pendant des années avec cette amertume dans l'âme en s'accrochant à leur rancœur. L'Écriture nous dit que ces faux raisonnements et ces mensonges que nous croyons et qui s'insinuent dans nos pensées affectent sérieusement l'état de notre âme : « Bien-aimés, je vous exhorte, comme étrangers et voyageurs sur la terre, à vous abstenir des convoitises charnelles qui font la guerre à l'âme » (1 Pi 2.11).

Le remède de l'Éternel

Les convoitises qui viennent de nos mauvais désirs font la guerre à notre âme ; elles lui volent la paix et le remplissent d'amertume, d'irritation et de tristesse. Que faire ? Comment délivrer notre âme de cette misère ? Écoutez bien ce que l'Éternel répond à Caïn :

> Et l'Éternel dit à Caïn : Pourquoi es-tu irrité, et pourquoi ton visage est-il abattu ? Certainement, si tu agis bien, tu relèveras ton visage, et si tu agis mal, le péché se couche à la porte, et ses désirs se portent vers toi : mais toi, domine sur lui (Ge 4.6,7).

Dieu l'amène d'abord à *réfléchir* en lui posant une question : « Pourquoi es-tu irrité, et pourquoi ton visage est-il abattu ? » Dieu ne veut pas que nous nous laissions emportés dans une colère irréfléchie et irrationnelle. Il nous questionne afin de nous forcer à examiner nos cœurs et nos pensées et à reconnaître leur état devant lui. Il veut nous amener à confesser notre jalousie, notre colère, notre égoïsme et tous les mauvais sentiments et mauvaises pensées qui rendent notre âme triste et amère.

Dans un deuxième temps, Dieu indique à Caïn ce qu'il doit *faire* en plus de reconnaître son péché : « Certainement, si tu agis bien, tu relèveras ton visage, et si tu agis mal, le péché se couche à la porte, et ses désirs se portent vers toi : mais toi, domine sur lui. » Il lui dit que pour changer l'état de son cœur il doit *bien agir*.

C'est une erreur, lorsque notre visage est abattu, d'attendre passivement qu'il se relève. C'est une erreur parce que si nous ne faisons rien, le péché s'emparera de nous. Or, l'Éternel dit : « Domine ton péché ! Ne laisse pas ton mauvais cœur t'entraîner vers le mal dans tes actions. Restreins la puissance du péché dans ta vie en te repentant et en pratiquant le bien. » Il ne faut pas laisser notre humeur guider nos actions. Ce principe est valable non seulement pour les situations semblables à celles de Caïn, mais encore dans une multitude de circonstances, comme l'indique le professeur Jay Adams :

Quel que soit le problème précis, une chose est certaine : si vous ne faites pas ce que vous devriez faire, parce que vous suivez vos sentiments et que vous espérez que plus tard l'envie de faire votre devoir reviendra, vous avez déjà progressé dangereusement sur le sombre chemin de la dépression. La clé pour combattre la dépression, alors, est la suivante : ne suivez pas vos sentiments lorsque vous savez que vous devez vous acquitter d'une responsabilité. Au lieu de cela, vous devez, malgré vos sentiments, faire ce que doit. Et si vous le faites, même si au début vous le faites machinalement, simplement parce que vous voulez plaire à Dieu sachant ce qu'il veut que vous fassiez, avec le temps, votre état d'âme changera. Dieu vous donnera un sentiment de satisfaction et d'accomplissement et, à la longue, un enthousiasme même pour ce que vous redoutiez auparavant. Vous ne devez pas attendre d'en avoir envie, car vous pourriez ne jamais avoir envie d'exécuter cette tâche. N'essayez pas non plus de changer directement vos sentiments ; vous ne pouvez pas le faire. Faites ce que vous savez que Dieu veut que vous fassiez, *que cela vous plaise ou non*, et avec le temps un changement de sentiment suivra. Tel est le secret pour renverser la vague de dépression lorsqu'elle commence à vous submerger[4].

Dieu demande donc à Caïn de s'examiner et de reconnaître que l'état de son cœur n'est pas justifié. Il l'invite non seulement à confesser son péché, mais à s'en repentir en faisant ce qui est bien, en pratiquant la volonté de Dieu. Comment répondra-t-il ?

La réponse de l'homme

J'ai intitulé ce dernier point *la réponse de l'homme* plutôt que *la réponse de Caïn*, car sa réponse est le modèle à ne pas suivre, mais nous verrons également un modèle à imiter, celui de David. Caïn, au lieu d'écouter la Parole de Dieu, décida de suivre son mauvais cœur. Il empira très sérieusement son état spirituel. Nous pensons parfois erronément que nous pouvons pécher sans que les conséquences en soient trop dramatiques, qu'il ne sera jamais trop tard pour demander pardon, et que la grâce de Dieu réparera tout péché. Sans amoindrir de quelque façon que ce soit la grâce de Dieu, l'Écriture nous révèle que le péché a des conséquences et que si nous ne prenons pas les avertissements du Seigneur au sérieux, nous infligerons à nos âmes et à nos vies des

---

4. Jay E. Adams, *What Do You Do When You Become Depressed ?*, trad. libre, Phillipsburg, N.J., P&R Publishing, 1975. Dans ce petit dépliant, l'auteur présente très succinctement l'approche nouthétique. Je n'endosse pas nécessairement tous les éléments de cette approche du fait que je cite Jay Adams. Cependant, je reconnais la valeur de plusieurs grands principes mis de l'avant par l'approche nouthétique et j'apprécie l'effort de cette approche d'être premièrement dirigée par la Parole de Dieu.

conséquences beaucoup plus tragiques que ce que nous imaginons. Le péché n'est pas banal, c'est une puissance extrêmement destructrice. Si nous suivons la voie de Caïn, il y aura assurément des conséquences, même si nous nous repentons plus tard. De plus, chaque pas que nous prenons dans une direction opposée à Dieu, rend plus incertains et plus souffrants les pas que nous pourrions faire vers lui par la suite. Voici comment Caïn a définitivement emprunté la direction opposée à Dieu :

> Cependant, Caïn adressa la parole à son frère Abel ; mais, comme ils étaient dans les champs, Caïn se jeta sur son frère Abel, et le tua. L'Éternel dit à Caïn : Où est ton frère Abel ? Il répondit : Je ne sais pas ; suis-je le gardien de mon frère ? Et Dieu dit : Qu'as-tu fait ? La voix du sang de ton frère crie de la terre jusqu'à moi. Maintenant, tu seras maudit de la terre qui a ouvert sa bouche pour recevoir de ta main le sang de ton frère. Quand tu cultiveras le sol, il ne te donnera plus sa richesse. Tu seras errant et vagabond sur la terre. Caïn dit à l'Éternel : Mon châtiment est trop grand pour être supporté. Voici, tu me chasses aujourd'hui de cette terre ; je serai caché loin de ta face, je serai errant et vagabond sur la terre, et quiconque me trouvera me tuera. L'Éternel lui dit : Si quelqu'un tuait Caïn, Caïn serait vengé sept fois. Et l'Éternel mit un signe sur Caïn pour que quiconque le trouverait ne le tuât point. Puis, Caïn s'éloigna de la face de l'Éternel, et habita dans la terre de Nod, à l'orient d'Éden (Ge 4.8-16).

Remarquez comme le cœur de Caïn s'endurcit : il est incapable de voir sa méchanceté. Le seul regret qu'il exprime est pour lui-même, il n'a aucune compassion pour son frère : « *Suis-je le gardien de mon frère ?* » Plutôt que de prendre conscience de la gravité de son péché, il considère que le châtiment de Dieu est trop sévère : « *Mon châtiment est trop grand pour être supporté.* » Lorsque le cœur d'un pécheur s'endurcit, il devient antipathique envers le reste du monde et envers Dieu. Il se persuade qu'il est une victime et ne peut plus voir sa culpabilité. Il est tellement centré sur lui-même qu'il perd la sensibilité envers les autres ; il ne ressent que sa propre misère, sa propre tristesse et il ne comprend pas pourquoi le reste du monde ne pleure pas sur son âme. Il ne peut voir qu'il est coupable de sa propre misère.

Lorsque des gens atteignent ce genre de dépression de l'âme, ils deviennent réfractaires à toute exhortation et n'acceptent que ceux qui les plaignent et les flattent, mais ils sont hostiles à ceux qui les mettent devant leur responsabilité et les appellent à la repentance. Il faut avoir de la *compassion* pour de telles âmes, mais il faut à tout prix éviter d'avoir pour elles de la *complaisance*, autrement elles s'enfonceront encore plus dans leur fausse perspective dépressive.

Le plus tragique dans l'état de Caïn, c'est son aliénation de Dieu (v. 11,12,16) : «*Maintenant, tu seras maudit de la terre. [...] Tu seras errant et vagabond sur la terre. [...] Caïn s'éloigna de la face de l'Éternel.*» Si Caïn s'était repenti en cherchant le secours de l'Éternel, il aurait relevé son visage, il aurait retrouvé la joie. «Mais les méchants sont comme la mer agitée, qui ne peut se calmer, et dont les eaux soulèvent la vase et le limon. Il n'y a point de paix pour les méchants, dit mon Dieu» (És 57.20,21). Caïn est condamné à errer loin de la face de Dieu sous sa malédiction : «[...] *tu seras maudit.*»

Plus loin dans la Bible, le peuple de Dieu est placé devant la même situation que Caïn : faire le bien et relever la tête ou choisir le mal et sombrer sous la malédiction divine. Le chapitre 28 du Deutéronome présente les bénédictions et les malédictions annoncées au peuple de l'ancienne alliance s'il garde ou rejette la Parole de l'Éternel. Dans les malédictions, nous retrouvons également des conséquences psychologiques :

Ta vie sera comme en suspens devant toi, tu trembleras la nuit et le jour, tu douteras de ton existence. Dans l'effroi qui remplira ton cœur et en présence de ce que tes yeux verront, tu diras le matin : Puisse le soir être là ! Et tu diras le soir : Puisse le matin être là ! (De 28.66,67.)

Je ne voudrais pas accabler l'âme de ceux qui souffrent d'anxiété et de dépression en leur disant qu'ils sont maudits par Dieu; nous verrons qu'il existe d'autres raisons qui expliquent ces effets psychologiques. Cependant, une conscience qui résiste à Dieu et une âme qui s'obstine dans son péché s'exposent à de grands troubles et à des détresses mentales. Je me souviens d'un homme, du temps où j'étais aumônier de prison, qui était emprisonné pour meurtre. À la chapelle, il m'a raconté combien son sommeil était troublé et qu'on lui refusait des médicaments pour l'aider à se reposer. Lorsque je l'ai interrogé sur ce qui le troublait, il m'a avoué qu'il avait plusieurs crimes sur la conscience pour lesquels il n'avait pas été condamné. Il m'a dit qu'il avait souvent demandé à Dieu de lui pardonner et de lui donner la tranquillité d'esprit. Cependant, cet homme n'était pas repentant, il ne voyait pas la gravité de son péché, mais comme Caïn il se plaignait : « Mon châtiment est trop grand pour être supporté. » Je l'ai appelé à la vraie repentance pour retrouver la paix, mais il m'a dit que les médicaments feraient l'affaire. David Murray, dans son petit livre sur la dépression, écrit : « Tristement, plusieurs incroyants déprimés sont traités avec des médicaments alors que ce dont ils ont besoin est une conversion[5]. »

Certains trouveront peut-être un soulagement temporaire et superficiel avec certains médicaments ou des thérapies, mais ils seront plongés dans « une ruine éternelle loin de la face du Seigneur » (2 Th 1.9) s'ils refusent de se repentir et persistent dans leur rébellion. Les maux *actuels* sont des avertissements pour se détourner des maux *éternels*. C'est ainsi que David concevait ce qui lui arrivait :

> Heureux celui à qui la transgression est remise, à qui le péché est pardonné! Heureux l'homme à qui l'Éternel n'impute pas d'iniquité, et dans l'esprit duquel il n'y a point de fraude! Tant que je me suis

---

5. David Murray, *Christians Get Depressed Too*, *op. cit.*, p. 58.

tu, mes os se consumaient, je gémissais toute la journée ; car nuit et jour ta main s'appesantissait sur moi, ma vigueur n'était plus que sécheresse, comme celle de l'été. -Pause. Je t'ai fait connaître mon péché, je n'ai pas caché mon iniquité ; j'ai dit : J'avouerai mes transgressions à l'Éternel ! Et tu as effacé la peine de mon péché. -Pause. Qu'ainsi tout homme pieux te prie au temps convenable ! Si de grandes eaux débordent, elles ne l'atteindront nullement. Tu es un asile pour moi, tu me garantis de la détresse, tu m'entoures de chants de délivrance (Ps 32.1-7).

David ressentait les mêmes symptômes de détresse, d'anxiété et de profonde tristesse que Caïn. La main de Dieu s'appesantissait sur lui afin de troubler sa conscience pour le mener à la repentance. Tant que David refusait de se repentir, il était misérable et il n'avait plus de vigueur. À partir du verset 5, les choses changent radicalement : «Je t'ai fait connaître mon péché, je n'ai pas caché mon iniquité ; j'ai dit : J'avouerai mes transgressions à l'Éternel ! Et tu as effacé la peine de mon péché.» La détresse prit dès lors fin, la délivrance, la joie et le réconfort envahirent l'âme de David. L'Éternel console ainsi toutes les âmes qui reviennent à lui dans la repentance et la pratique du bien.

Il peut arriver que le soulagement ne soit pas instantané, en particulier pour celui qui s'est longuement moqué de Dieu en lui résistant. Sa conscience prendra un certain temps à guérir et sera peut-être pour un temps ultrasensible. Mais que celui qui se repent réellement de son péché sache que peu importe ce qu'il ressent, Dieu lui pardonne et il entreprend la réparation de son âme et de son intelligence. Que celui qui a abandonné sa volonté pour pratiquer la volonté de Dieu sache que son cœur sera rempli de joie et de paix selon la promesse même de Dieu : «Certainement, si tu agis bien, tu relèveras ton visage.»

À méditer

Au chef des chantres. Psaume de David. Lorsque Nathan, le prophète, vint à lui, après que David fut allé vers Bath-Schéba. Ô Dieu ! Aie pitié de moi dans ta bonté ; selon ta grande miséricorde, efface mes transgressions ; lave-moi complètement de mon iniquité, et purifie-moi de mon péché. Car je reconnais mes transgressions, et mon péché est constamment devant moi. J'ai péché contre toi seul, et j'ai fait ce qui est mal à tes yeux, en sorte que tu seras juste dans ta sentence, sans reproche dans ton jugement. Voici, je suis né dans l'iniquité, et ma mère m'a conçu dans le péché. Mais tu veux que la vérité soit au fond du cœur : fais donc pénétrer la sagesse au-dedans de moi ! Purifie-moi avec l'hysope, et je serai pur ; lave-moi, et je serai plus blanc que la neige. Annonce-moi l'allégresse et la joie, et les os que tu as brisés se réjouiront. Détourne ton regard de mes péchés, efface toutes mes iniquités. Ô Dieu ! Crée en moi un cœur pur, renouvelle en moi un esprit bien disposé. Ne me rejette pas loin de ta face, ne me retire pas ton Esprit saint. Rends-moi la joie de ton salut, et qu'un esprit de bonne volonté me soutienne ! J'enseignerai tes voies à ceux qui les transgressent, et les pécheurs reviendront à toi. Ô Dieu, Dieu de mon salut ! Délivre-moi du sang versé, et ma langue célébrera ta miséricorde. Seigneur ! Ouvre mes lèvres, et ma bouche publiera ta louange. Si tu eusses voulu des sacrifices, je t'en aurais offert ; mais tu ne prends point plaisir aux holocaustes. Les sacrifices qui sont agréables à Dieu, c'est un esprit brisé : Ô Dieu ! Tu ne dédaignes pas un cœur brisé et contrit (Ps 51.1-19).

Chapitre 8

Les souffrances d'une âme traumatisée

La guérison de la grâce

Lamentations 3.1-26

Vous connaissez peut-être l'histoire de l'homme qui avait mal partout. La souffrance n'épargnait aucune partie de son corps. Lorsqu'il rencontra le médecin, il lui expliqua son problème : « Docteur, j'ai mal partout ! Si je touche mon épaule avec mon index comme cela... Aïe ! Aïe ! C'est très douloureux. Si je touche mon front... Ouille ! C'est insupportable. Regardez, lorsque je touche mon genou avec le même doigt... Aïe ! Ça fait mal ! Docteur, il n'y a pas une seule partie de mon corps que je peux toucher sans ressentir une douleur vive. Je dois avoir une maladie très grave, un cancer généralisé ou quelque chose de ce genre. Après lui avoir fait passer un scanneur de la tête aux pieds, le médecin l'informa qu'il avait une fracture de l'index.

Cette petite histoire est amusante, mais ceux qui ont subi une grave blessure locale ressentent réellement une douleur généralisée. De plus, il est vrai que lorsqu'un seul membre souffre, tous les membres souffrent avec lui (1 Co 12.26). Dans le contexte original, l'apôtre Paul parle des membres du corps qu'est l'Église en s'inspirant de la réalité de notre corps physique. Nous pouvons reprendre cette même image et l'appliquer aux événements de notre vie. Si un événement entraîne de la souffrance, c'est toute notre vie qui souffre.

L'âme forme un tout et il est impossible que les grandes souffrances de l'âme n'affectent qu'un aspect de notre vie. Ainsi, après avoir connu de profondes blessures dans une relation, il sera difficile de conserver le sourire et de prétendre qu'aucun domaine de notre vie n'a été perturbé, sinon cette relation. Certaines souffrances sont relativement supportables, d'autres placent notre vie entière sous un nuage noir.

Dans le dernier chapitre, il a été question du rapport entre le péché et la dépression de l'âme. Nous considérerons de nouveau ce thème, mais cette fois, en examinant les souffrances dont nous sommes victimes alors qu'au chapitre précédent il était question des souffrances dont nous sommes coupables.

Bien que nous soyons tous responsables du péché, nous sommes tous, à des degrés différents, victimes de la puissance destructrice du péché dans le monde. Lorsque j'étais aumônier de prison, j'ai souvent pu constater le lien entre la petite enfance et la délinquance chez les détenus. Une majorité de la population carcérale a été victime de mauvais traitements très tôt dans la vie avant de commettre des délits plus tard. Très souvent, être victime du péché peut empirer notre état de pécheur, mais le péché que l'on commet ne peut jamais être justifié par le péché que l'on subit.

Les abus, les traumatismes, les souffrances aiguës dont nous sommes victimes ne nous laissent pas indemnes. Tout comme il est impossible de ne pas ressentir de douleur et de n'avoir aucune cicatrice au contact de la peau avec du métal brûlant, il est impossible de ne pas souffrir et de ne pas être marqués lorsque nous sommes victimes de traumatisme.

Dans le langage psychologique d'aujourd'hui, nous appelons cette souffrance un choc post-traumatique. Les traumatismes sont des blessures qui causent généralement un état dépressif de léger à sévère et qui empêchent le bon fonctionnement des pensées, des capacités et des relations. Certaines blessures font mal sur le coup, mais elles guérissent vite et ne laissent que peu de séquelles. D'autres blessures sont profondes et prennent du temps à guérir. Parfois, elles demeurent douloureuses pour le reste de notre vie : il faut alors réapprendre à vivre afin que les blessures ne nous empêchent pas de mener une vie heureuse, d'avoir des relations saines et de continuer d'avancer malgré la difficulté constante.

Pour nous aider à comprendre les souffrances d'une âme traumatisée, nous lirons le chapitre 3 des Lamentations de Jérémie où il décrit les souffrances qui causent la dépression de son âme.

Je suis l'homme qui a vu la misère

Je suis l'homme qui a vu la misère sous la verge de sa fureur. Il m'a conduit, mené dans les ténèbres, et non dans la lumière. Contre moi il tourne et retourne sa main tout le jour. Il a fait dépérir ma chair et ma peau, il a brisé mes os. Il a bâti autour de moi, il m'a environné de poison et de douleur. Il me fait habiter dans les ténèbres, comme ceux qui sont morts dès longtemps. Il m'a entouré d'un mur, pour que je ne sorte pas : il m'a donné de pesantes chaînes. J'ai beau crier et implorer du secours, il ne laisse pas accès à ma prière. Il a fermé mon chemin avec des pierres de taille, il a détruit mes sentiers. Il a été pour moi un ours en embuscade, un lion dans un lieu caché. Il a détourné mes voies, il m'a déchiré, il m'a jeté dans la désolation. Il a tendu son arc, et il m'a placé comme un but pour sa flèche. Il a fait entrer dans mes reins les traits de son carquois. Je suis pour tout mon peuple un objet de raillerie, chaque jour l'objet de leurs chansons. Il m'a rassasié d'amertume, il m'a enivré d'absinthe. Il a brisé mes dents avec des cailloux, il m'a couvert de cendre. Tu m'as enlevé la paix : je ne connais plus le bonheur. Et j'ai dit : ma force est perdue, je n'ai plus d'espérance en l'Éternel ! Quand je pense à ma détresse et à ma

Le côté obscur de la vie chrétienne

misère, à l'absinthe et au poison : quand mon âme s'en souvient, elle est abattue au dedans de moi (La 3.1-20).

Jérémie est dans un état de désolation et il souffre une effroyable détresse. Keith Throop écrit : « Aujourd'hui, on dirait à tout le moins que Jérémie souffre d'un syndrome de stress post-traumatique[1]. » Sans faire une analyse psychiatrique du prophète, je crois que l'on peut dire sans risquer de se tromper que Jérémie était dans un état dépressif sévère. « Quand je pense à ma détresse et à ma misère, à l'absinthe et au poison : quand mon âme s'en souvient, elle est abattue au dedans de moi. »

Jérémie est connu comme étant le prophète qui pleure. Le peintre Rembrandt a réalisé une peinture intitulée *Lamentations de Jérémie sur la destruction de Jérusalem* qui montre le vieux prophète assis, triste et confus. Pourquoi Jérémie se lamente-t-il ainsi ? Qu'est-ce qui cause sa souffrance ?

Dans les deux chapitres qui précèdent ce texte, il nous parle des causes de sa souffrance. Il a vu son peuple refuser de se repentir devant les oracles du jugement dont il était chargé. Il a été persécuté moralement et physiquement par les habitants de Jérusalem et par les autorités. Puis, il a vu la guerre. Il a vu sa ville être investie par les armées babyloniennes. Sous ses yeux, le Temple a été détruit et la ville fut mise à feu et à sang. Il a vu des parents être tués devant leurs enfants épouvantés et les enfants être emportés en captivité. Il a vu des familles pleurer alors qu'elles étaient séparées pour toujours et emportées de force loin de chez elles. Il a entendu le cri de femmes violées et de personnes terrorisées et massacrées. Ceux qui furent laissés derrière par les Babyloniens, Jérémie les a vus languissants et mourants de faim et de soif dans une ville remplie de cadavres où l'on entendait que des gémissements.

---

1. Keith Throop, *Toward a Biblical Perspective on Depression: Jeremiah*, op. cit., trad. libre.

Il existe peu de chocs aussi traumatisants que ceux causés par la guerre, tant pour les combattants que pour les victimes civiles. Il est certain qu'en lisant ce genre de description nous avons tendance à trouver nos maux plutôt banals en comparaison. Cependant, il n'est pas nécessaire d'avoir connu la guerre pour être sévèrement blessé dans son âme. S'il faut se fier aux chiffres que nous entendons, une importante partie de ceux qui liront ces lignes a été victime d'abus sexuels. Les séquelles de l'abus sexuel, en particulier s'il s'est déroulé sur une période prolongée, sont généralement sévères. Les personnes abusées sexuellement auront souvent l'âme déchirée par un sentiment de honte et un problème aigu de confiance envers les autres, en elles-mêmes et, comme Jérémie, elles auront peine à se reposer paisiblement en Dieu et à voir en lui un Père bienveillant et aimant :

> Il m'a entouré d'un mur, pour que je ne sorte pas : il m'a donné de pesantes chaînes. J'ai beau crier et implorer du secours, il ne laisse pas accès à ma prière. Il a fermé mon chemin avec des pierres de taille, il a détruit mes sentiers. [...] Tu m'as enlevé la paix : je ne connais plus le bonheur. Et j'ai dit : ma force est perdue, je n'ai plus d'espérance en l'Éternel ! (La 3.7-9,17,18.)

Souvent ces personnes seront en proie à l'anxiété et auront une perception déformée de la réalité. Elles devront fréquemment lutter avec la dépression de l'âme.

D'autres ont été violentés physiquement et verbalement. Au lieu de parents tendres et aimants, certains ont eu des parents qui les ont maltraités et leur ont brisé le cœur. Au lieu d'un grand frère protecteur, ils ont eu un bourreau qui les terrorisait. Certains n'ont pas subi ces violences ouvertement, mais ils ont été rejetés. Leur âme d'enfant fut blessée par un père absent, une mère indifférente, une famille où la seule préoccupation consistait à survivre. Ce qui a été brisé dans l'enfance est toujours douloureux dans la vie adulte. C'est en raison de cette grande vulnérabilité chez les enfants que le Seigneur déclare :

> Il est impossible qu'il n'arrive pas des scandales ; mais malheur à celui par qui ils arrivent ! Il vaudrait mieux pour lui qu'on mît à son cou une pierre de moulin et qu'on le jetât dans la mer, que s'il scandalisait un de ces petits (Lu 17.1,2).

Tous les scandales qui traumatisent l'âme ne se produisent pas nécessairement pendant la petite enfance. Certains sont victimes d'intimidation et de harcèlement à l'école ou au travail. D'autres ont vécu des abus d'autorité dans une Église et ont beaucoup souffert d'un faux enseignement et des torts causés à leur conscience. D'autres encore vivent sous la tyrannie de la manipulation et sont étouffés par une relation qui mine toute leur énergie et leur joie de vivre. Certains parents ont le cœur brisé par la conduite de leurs enfants qui leur suscite bien des larmes. Des hommes et des femmes ont été humiliés et dévastés par l'infidélité ou l'abandon de la personne à laquelle ils avaient donné leur cœur et toute leur confiance.

Les blessures qui marquent notre âme et la jettent dans un abîme de dépression ne proviennent pas toujours de la méchanceté des hommes. Parfois ce sont des tragédies qui surviennent et laissent nos cœurs en lambeaux. Chaque fois que j'entends l'histoire de parents qui ont perdu un enfant, j'ai la gorge serrée et mes yeux se remplissent de larmes. Qu'en est-il de ces parents qui doivent continuer à vivre après le décès de leur enfant ? Il arrive à l'inverse qu'un enfant doive apprendre à survivre après la disparition d'un papa ou d'une maman. Pensez aux époux qui ont été séparés par la mort bien avant d'avoir atteint ensemble la vieillesse.

La liste des tragédies que nous pourrions énumérer est infinie. Et nous n'avons pas à passer nous-mêmes par ces chocs traumatisants pour que notre âme en soit troublée. Rappelez-vous que Jérémie entame sa plainte ainsi : «Je suis l'homme qui a vu la misère.» Nous ne faisons que voir la misère autour de nous et une inquiétude dépressive s'empare aussitôt de nous. Nous avons peur d'avoir le cancer, peur d'échouer dans le mariage ou comme parents, peur qu'il arrive du mal à nos petits, peur de mourir, peur de la manière dont nous mourrons, peur de la guerre, peur des catastrophes naturelles, peur d'avoir un accident, peur d'être attaqués lorsqu'il fait noir, peur d'être abandonnés, nous avons peur d'avoir peur...

La peur est une caractéristique prédominante de la dépression de l'âme. Edward Welch note que nous séparons souvent à tort « anxiété et dépression » parce que :

> Les gens qui ont peur paraissent inquiets et agités, alors qu'habituellement les dépressifs sont passifs et résignés. Soyez donc particulièrement attentif à votre cœur. Découvrez vos craintes. Elles pourraient, d'une manière ou d'une autre, contribuer à votre dépression. Sachez qu'il y a bien des moyens de les apaiser.

> Quelle que soit la crainte qui vous habite, la peur pose toujours la même question : « À qui allez-vous faire confiance ? Vers qui vous tournerez-vous quand vous serez effrayé et angoissé ? » Dans toutes les Écritures, Dieu prouve qu'il est digne de confiance, puis il invite les indécis à se confier en lui. Est-ce vraiment possible de refuser une invitation aussi attrayante ? Ne trouvons-nous pas souvent plus judicieux de mettre notre confiance dans ce qui est visible[2] ?

L'espoir renouvelé

Tout n'est pas sombre dans le chapitre 3 des Lamentations. De même, tout ne devrait pas être sombre dans l'âme qui a été blessée ou qui craint de l'être. Jérémie interrompt ses lamentations pour s'écrier :

---

2. Edward T. Welch, *La dépression, op. cit.*, p. 152, 154.

Voici ce que je veux repasser en mon cœur, ce qui me donnera de l'espérance. Les bontés de l'Éternel ne sont pas épuisées, ses compassions ne sont pas à leur terme : elles se renouvellent chaque matin. Oh ! Que ta fidélité est grande ! L'Éternel est mon partage, dit mon âme : c'est pourquoi je veux espérer en lui. L'Éternel a de la bonté pour qui espère en lui, pour l'âme qui le cherche. Il est bon d'attendre en silence le secours de l'Éternel (La 3.21-26).

La consolation de Jérémie n'est pas simplement une grâce passagère qui soulage momentanément le cœur par des émotions apaisantes. Sa consolation, c'est l'Évangile ! La grâce de l'Éternel n'est pas anéantie par le désastre qui s'abat sur Jérusalem. En fait, chaque matin sa grâce et les promesses de sa grâce sont maintenues, même lorsque tout s'écroule. Dieu a promis le renouvellement de toute chose, la fin de la souffrance et du mal, et chaque jour qui passe atteste que cette promesse n'a pas été mise aux oubliettes, mais qu'elle est sans cesse renouvelée et toujours plus proche.

L'histoire n'est pas terminée et malgré la souffrance et la mort, il y a encore de la vie et de l'espoir. Ce que Dieu a promis, il l'accomplira. Tous ceux qui espèrent en l'Éternel et qui attendent son secours ne seront pas confus ni trompés : sa fidélité est grande et il viendra en personne nous secourir. Environ un siècle avant Jérémie, le prophète Ésaïe avait annoncé de quelle manière l'Éternel guérirait tous ceux qui espèrent en son salut :

De même qu'il a été pour plusieurs un sujet d'effroi, – tant son visage était défiguré, tant son aspect différait de celui des fils de l'homme, – de même il sera pour beaucoup de peuples un sujet de joie : devant lui des rois fermeront la bouche : car ils verront ce qui ne leur avait point été raconté, ils apprendront ce qu'ils n'avaient point entendu. Qui a cru à ce qui nous était annoncé ? Qui a reconnu le bras de l'Éternel ? Il s'est élevé devant lui comme une faible plante, comme un rejeton qui sort d'une terre desséchée : il n'avait ni beauté, ni éclat pour attirer nos regards, et son aspect n'avait rien pour nous plaire. Méprisé et abandonné des hommes, homme de douleur et habitué à la souffrance, semblable à celui dont on détourne le visage, nous l'avons dédaigné, nous n'avons fait de lui aucun cas. Cependant, ce sont nos souffrances qu'il a portées, c'est de nos douleurs qu'il s'est chargé : et nous l'avons considéré comme puni, frappé de Dieu, et humilié. Mais il était blessé pour nos péchés, brisé pour nos iniquités : le châtiment qui nous donne la paix est tombé sur lui, et c'est par ses meurtrissures que nous sommes guéris (És 52.14 – 53.5).

Nous insistons souvent et avec raison sur le fait que Christ a porté nos péchés et qu'il a été puni à notre place. Cependant, la Bible enseigne également qu'il a porté nos souffrances et que la guérison de toutes nos blessures se trouve en lui, dans ses meurtrissures. Le Seigneur proclame : « Heureux les affligés, car ils seront consolés ! » (Mt 5.4.) L'apôtre Paul décrit le chrétien comme une personne consolée et guérie qui apporte autour d'elle la consolation (2 Co 1.3-7). Pierre de même que Jean présentent le salut comme étant la guérison complète et finale de l'homme (1 Pi 2.24 ; Ap 22.2).

L'amour de Dieu manifesté en Jésus-Christ répare tout ce qui est brisé chez l'homme lorsque ce dernier reçoit cet amour. Jérémie avait raison d'espérer et de se réjouir en repassant les promesses de Dieu dans son âme languissante.

Une guérison progressive

Bien qu'il n'y ait que l'Évangile qui apporte une guérison parfaite, cette dernière ne sera pas instantanée. Dès l'instant où l'Esprit Saint, le Consolateur, entre dans une âme pour en faire sa demeure, une guérison s'amorce. Il est vrai que nous pouvons connaître un degré très élevé de restauration dans cette vie, mais la guérison finale est pour la vie à venir dans la gloire :

> Et j'entendis du trône une forte voix qui disait : Voici le tabernacle de Dieu avec les hommes ! Il habitera avec eux, et ils seront son peuple, et Dieu lui-même sera avec eux. Il essuiera toute larme de

leurs yeux, et la mort ne sera plus, et il n'y aura plus ni deuil, ni cri, ni douleur, car les premières choses ont disparu (Ap 21.3,4).

La guérison se produit donc de manière progressive jusqu'à ce qu'elle soit achevée dans la gloire finale. Un des effets que produit la grâce de l'Évangile, c'est la transformation du cœur. La grâce prend un cœur amer et rigide et le rend doux et tendre. Elle prend une âme rancunière et hostile et la rend indulgente et aimante. Elle prend une personne craintive et la rend confiante. Elle prend une personne blessée et lui enseigne la compassion. *Tel est le fruit de l'Évangile : reproduire la grâce dont nous avons été l'objet.* La grâce est le fruit par excellence d'une vie graciée. Un chrétien est un pécheur pardonné, mais également un pécheur qui pardonne. Non seulement le pardon est-il une évidence de la guérison, mais il est absolument nécessaire à la guérison. Les personnes qui vivent avec de l'amertume de la rancune et du ressentiment se nuisent à elles-mêmes et s'enfoncent souvent dans un état dépressif.

Y a-t-il des gens à qui vous devez pardonner ? Certaines personnes vous ont-elles déjà porté préjudice ? Vous ont-elles fait souffrir et ne s'en sont jamais excusées ? Peut-être certains sont-ils si insensibles qu'ils ne constatent même pas qu'ils vous ont blessés ! En pensant à leur indifférence à l'égard de votre souffrance vous doublez de colère envers elles : « En plus de m'avoir fait souffrir, cette personne n'a même pas la décence d'éprouver du regret ! » Y a-t-il des péchés qui vous semblent impardonnables ? Y a-t-il des personnes à qui vous n'arriveriez pas à pardonner leurs fautes, même si vous le vouliez ?

Qu'est-ce que le pardon et comment doit-il s'appliquer ? L'une des meilleures explications que j'ai entendues concernant le pardon distingue trois sortes de pardon. Le pardon prendra des formes différentes selon les circonstances[3].

---

3. J'emprunte cette présentation au docteur Stephen Marmer qui enseigne la psychiatrie à l'Université de Californie à Los Angeles. Cette présentation tripartite du pardon peut être visionnée à l'adresse suivante : < http://youtu.be/6xsVM_gd0Tc >.

Exonérer

Exonérer signifie que nous oublions entièrement l'offense et rétablissons la relation comme s'il n'y avait jamais eu de faute. Nous exonérons une personne lorsque le dommage était accidentel et qu'aucun blâme ne peut être réellement porté. Nous exonérons aussi une personne lorsqu'elle n'a pas la maturité pour comprendre ce qu'elle fait ou dit : par exemple un commentaire désobligeant ou l'acte irréfléchi d'un enfant.

Devons-nous aussi exonérer une personne qui nous a fait du mal de manière coupable ? Nous devons pardonner à une personne si elle regrette sincèrement ce qu'elle a fait, si elle s'avoue coupable sans chercher de fausses excuses, si elle demande notre pardon en promettant de ne plus recommencer. Dans ce cas, nous devons pardonner et rétablir la relation. Le pardon nous libérera et libérera la personne coupable : refuser de pardonner dans de telles circonstances est un péché et entraînera encore plus de dommages pour notre âme.

Qu'arrive-t-il lorsque la personne s'excuse à moitié ? Lorsqu'elle reconnaît qu'elle a mal agi, mais vous accuse en retour ? Autrement dit, que faire lorsque les excuses ne sont pas sincères ?

Supporter

Il est important de s'évaluer et de reconnaître que dans un conflit, nous avons souvent notre part de responsabilité et avons souvent besoin d'être pardonnés nous-mêmes. Nous devons également accepter que nous sommes en rapport avec des êtres imparfaits qui non seulement peuvent nous traiter injustement, mais aussi qui se repentiront imparfaitement. Dans ce cas, nous devons les supporter. Les excuses ne seront peut-être pas parfaites, mais si cette relation est importante pour nous, nous passerons par-dessus l'offense et accepterons des excuses imparfaites.

Supporter signifie que nous renonçons aux sentiments de vengeance et que nous ne reviendrons pas sans cesse sur cette affaire. Cependant, nous serons prudents à l'avenir. Il n'est pas question de devenir méfiant ou de faire semblant de pardonner, mais de supporter l'offense, de préserver la relation autant que possible sans pour autant devenir naïfs et risquer d'être trompés à nouveau.

Ce genre de pardon doit s'appliquer à des personnes qui vous sont importantes malgré leurs fautes envers vous ou des personnes que vous devrez continuer à voir. Il est possible qu'après certain temps où la personne aura prouvé une bonne conduite, vous lui accordiez à nouveau votre pleine confiance.

Que faire maintenant dans une situation où la personne ne reconnaît pas sa culpabilité ou vous fait des excuses qui sont presque une insulte, tellement elles manquent de compassion ? Comment agir avec des agresseurs qui n'ont jamais imploré notre pardon ? Comment agir avec des personnes qui nous ont trahis ou menti ou abandonnés ? Comment agir avec une personne qui n'arrive pas à voir le mal qu'elle fait ? Dans ce cas, il faut lâcher prise.

Lâcher prise

Lâcher prise est un type de pardon où nous n'exonérons pas le coupable, nous ne faisons pas que le supporter non plus. Il n'est même pas nécessaire de continuer à entretenir une relation avec cette personne. Cependant, lâcher prise exige de ne plus entretenir de mauvais sentiments et de la colère envers cette personne. Il faut abandonner le pesant fardeau de l'offense passée et continuer à avancer.

Ce type de pardon est plus facile à expliquer qu'à faire, mais en y appliquant tout notre cœur nous y parviendrons par la grâce de Dieu. Concrètement, la prière sera le meilleur outil pour délivrer nos cœurs. Nous devons nous en remettre à Dieu et lui laisser le jugement. Nous devons demander au Seigneur de libérer notre cœur de toutes les traces du mal et prier pour notre ennemi (Mt 5.44). Dieu changera alors notre ressentiment en compassion et peut-être cette personne en viendra-t-elle à une véritable repentance.

Une chose est certaine cependant : la grâce de Dieu est efficace pour guérir tout cœur aussi blessé ou méchant soit-il. Cette grâce est offerte à tous les hommes aussi blessés ou méchants soient-ils. Pour recevoir cette grâce, il faut reconnaître que nous en avons besoin parce que le péché, le nôtre et celui des autres, a ruiné notre existence. Lorsque nous venons à Dieu avec un tel cœur repentant et suppliant, il nous accorde sa grâce inconditionnellement et en totalité.

À méditer

Ainsi donc, comme des élus de Dieu, saints et bien-aimés, revêtez-vous d'entrailles de miséricorde, de bonté, d'humilité, de douceur, de patience. Supportez-vous les uns les autres, et, si l'un a sujet de se plaindre de l'autre, pardonnez-vous réciproquement. De même que Christ vous a pardonné, pardonnez-vous aussi. Mais par-dessus toutes ces choses, revêtez-vous de la charité, qui est le lien de la perfection. Et que la paix de Christ, à laquelle vous avez été appelés pour former un seul corps, règne dans vos cœurs. Et soyez reconnaissants (Col 3.12-15).

Chapitre 9

L'épuisement et le stress

Recharger l'âme épuisée

Nombres 11.10-17

Certains plaisirs peuvent devenir extrêmement désagréables lorsqu'on y est surexposé. C'était le cas du peuple au d'Israël qui pleurait au désert pour avoir de la viande à manger, étant lassé de la manne. Dieu accorda au peuple ce qu'il demandait seulement, la bénédiction devint une malédiction après quelque temps :

> Tu diras au peuple : Sanctifiez-vous pour demain, et vous mangerez de la viande, puisque vous avez pleuré aux oreilles de l'Éternel, en disant : Qui nous fera manger de la viande ? Car nous étions bien en Égypte. L'Éternel vous donnera de la viande, et vous en mangerez. Vous en mangerez non pas un jour, ni deux jours, ni cinq jours, ni dix jours, ni vingt jours, mais un mois entier, jusqu'à ce qu'elle vous sorte par les narines et que vous en ayez du dégoût, parce que vous avez rejeté l'Éternel qui est au milieu de vous, et parce que vous avez pleuré devant lui, en disant : Pourquoi donc sommes-nous sortis d'Égypte ? (No 11.18-20.)

En plus de nous mettre en contexte pour le présent chapitre, cette histoire illustre une réalité par rapport à la dépression de l'âme : quelque chose de doux devient mauvais lorsque nous en abusons ou que nous y sommes surexposés. Dans cet exemple, il s'agit de la nourriture ; manger constamment le même aliment pendant un mois devient insupportable. De même, lorsque notre âme est trop exposée à certains stress, elle n'arrive plus à les supporter. Le travail est agréable et bénéfique pour l'homme (Ge 2.15), mais le stress des occupations et des obligations peut finir par épuiser notre âme et créer en elle un dégoût généralisé vis-à-vis de l'effort. Ce qui est doux devient alors amer.

Être à la maison avec les enfants est une idylle de bonheur, mais les exigences incessantes et les frustrations perpétuelles de la vie de famille peuvent créer un stress qui change l'harmonie bucolique en soucis mélancoliques.

Être le chef d'un peuple est une position enviable et extrêmement privilégiée. Combien de chefs diront cependant qu'ils sont las d'occuper une position qui ne leur donne que des soucis ? C'était le cas de Moïse au cours de cet épisode de la vie du peuple d'Israël. Moïse occupait la première place parmi le peuple. Il jouissait du statut de héros national pour avoir libéré Israël de l'Égypte. Il recevait les ordres divins par des révélations directes de l'Éternel et avait un accès à Dieu que nul autre ne partageait. La vie de Moïse était hors du commun et elle était à tous égards remplie de bénédictions qu'aucun autre homme n'a reçues avant ou après lui. Pourtant, voici ce que nous lisons à propos de l'âme de ce grand prophète :

> Moïse entendit le peuple qui pleurait, chacun dans sa famille et à l'entrée de sa tente. La colère de l'Éternel s'enflamma fortement. Moïse fut attristé, et il dit à l'Éternel : Pourquoi affliges-tu ton serviteur, et pourquoi n'ai-je pas trouvé grâce à tes yeux, que tu aies mis sur moi la charge de tout ce peuple ? Est-ce moi qui ai conçu ce peuple ? Est-ce moi qui l'ai enfanté, pour que tu me dises : Porte-le

sur ton sein, comme le nourricier porte un enfant, jusqu'au pays que tu as juré à ses pères de lui donner ? [13] Où prendrai-je de la viande pour donner à tout ce peuple ? Car ils pleurent auprès de moi, en disant : Donne-nous de la viande à manger ! Je ne puis pas, à moi seul, porter tout ce peuple, car il est trop pesant pour moi. Plutôt que de me traiter ainsi, tue-moi, je te prie, si j'ai trouvé grâce à tes yeux, et que je ne voie pas mon malheur. L'Éternel dit à Moïse : Assemble auprès de moi soixante-dix hommes des anciens d'Israël, de ceux que tu connais comme anciens du peuple et ayant autorité sur lui ; amène-les à la tente d'assignation, et qu'ils s'y présentent avec toi. Je descendrai, et là je te parlerai ; je prendrai de l'esprit qui est sur toi, et je le mettrai sur eux, afin qu'ils portent avec toi la charge du peuple, et que tu ne la portes pas à toi seul (No 11.10-17).

L'épuisement

Moïse était à la tête d'un peuple de plus de 600 000 personnes (No 11.21). Ce peuple ne se trouvait pas installé confortablement dans un pays où il pouvait développer normalement son économie, mais il était nomade dans le désert et dépendait entièrement de la providence miraculeuse de l'Éternel pour sa survie. Cette providence n'avait jamais fait défaut et le peuple n'avait manqué de rien depuis sa sortie d'Égypte. Malgré ces soins continuels, Israël était toujours incrédule. Gordon Wenham fait remarquer que le problème n'était pas simplement l'incrédulité d'Israël, mais son incrédulité répétée et persistante malgré le secours divin. C'est cette incrédulité qui finit par l'exclure de la Terre promise[1].

Israël se plaignait de sa condition alors qu'il ne manquait de rien. Ceux qui se plaignent ressemblent généralement à ce peuple aux doléances ingrates. Dans nos sociétés occidentales, les gens protestent avec violence, comme si de grandes injustices leur

---

1. Gordon J. Wenham, *Numbers: Tyndale Old Testament Commentaries*, Downers Grove, Ill., Inter-Varsity Press, 1981, p. 107.

étaient causées, lorsque des sacrifices leur sont imposés. Il y a un dangereux problème avec une société où tout semble toujours être dû et où la gratitude ne fait plus partie de l'éthos. Nous avons un problème si nous nous plaignons plus que nous bénissons, car manifestement Dieu prend soin de nous et il nous dit : « Soyez reconnaissants » (Col 3.15).

Quoiqu'il y ait un lien entre l'ingratitude et la dépression, revenons à Moïse puisque ce chapitre n'est pas consacré à la reconnaissance, mais au découragement. La pression que Moïse portait sur ses épaules était telle qu'il finit par craquer :

> Moïse fut attristé, et il dit à l'Éternel : Pourquoi affliges-tu ton serviteur, et pourquoi n'ai-je pas trouvé grâce à tes yeux, que tu aies mis sur moi la charge de tout ce peuple ? [...] Je ne puis pas, à moi seul, porter tout ce peuple, car il est trop pesant pour moi. Plutôt que de me traiter ainsi, tue-moi, je te prie, si j'ai trouvé grâce à tes yeux, et que je ne voie pas mon malheur (No 11.10-15).

Que Moïse soit découragé est une chose, mais sa manière de se plaindre à l'Éternel est-elle légitime ? Certains commentateurs bibliques sont favorables à Moïse en insistant sur le fait qu'il partage l'irritation de l'Éternel vis-à-vis d'Israël et que, n'étant pas blâmé par Dieu, il ne peut pas être blâmé par nous. D'autres commentateurs considèrent que Moïse est aussi répréhensible qu'Israël dans sa plainte envers l'Éternel. Calvin interprète même l'attribution de l'Esprit qui était sur Moïse aux 70 anciens comme une diminution de la grâce accordée à Moïse[2].

Je suis plutôt d'avis qu'il y a quelque chose de répréhensible dans la plainte de Moïse, tout en reconnaissant qu'il souffre d'un épuisement. L'exemple de Moïse met en évidence qu'un stress

---

2. D'autres commentateurs considèrent aussi que Moïse est coupable d'un péché semblable à celui d'Israël, mais ne voient pas l'attribution de l'Esprit qui était sur lui comme une privation de la plénitude de l'Esprit. Par exemple, Iain Duguid et Kent

auquel l'âme est constamment exposée devient insupportable et conduit à un état de dépression spirituelle.

Notre âme est capable d'endurer un certain degré de stress, de stimulations et de perturbations qui créent une tension sur notre état nerveux. Certains tempéraments supportent très mal le stress et n'arrivent pas à fonctionner sous pression. D'autres le gèrent assez bien, mais chacun arrive à un point où s'il est poussé plus que de raison, il s'épuise et se décourage, car personne n'est surhumain. En vieillissant, le stress est de plus en plus difficile à supporter et ce que nous accomplissions jusqu'alors facilement nous apparaît désormais impossible. Le stress nous prive souvent de sommeil et nous aspire dans une spirale où la fatigue amplifie le découragement qui empire à son tour les effets du stress et ainsi de suite.

Les gens d'affaires ou ceux qui ont des responsabilités professionnelles connaissent ce sentiment : une stimulation motivante devient une sollicitation étourdissante, les objectifs deviennent des fardeaux et le sentiment d'accomplissement se change en écœurement.

Le ministère pastoral et les responsabilités dans la vie d'une Église comportent aussi leur lot de découragements. Les tensions et les situations difficiles perturbent notre paix. Parfois la charge de travail paraît infinie et la culpabilité de ne pas bien faire les choses ou de ne pas en faire suffisamment ainsi que le poids des âmes perdues constituent un fardeau qui est tout sauf léger. Il n'est pas nécessaire d'être dans le ministère pastoral pour

---

Hughes considèrent que seule la grâce élective explique pourquoi Dieu a été favorable à Moïse et défavorable à Israël alors qu'ils avaient commis un péché semblable (voir *Numbers: God's Presence in the Wilderness*, Preaching the Word, Wheaton, Ill., Crossway Books, 2006, p.153). Pour leur part, Keil et Delitzsch rejettent l'interprétation de Calvin en déclarant que : «L'Esprit de Dieu n'est pas quelque chose de matériel qui est diminué en étant divisé, mais ressemble plutôt à la flamme de feu qui ne diminue pas en intensité, mais augmente par extension» (*Commentary on the Old Testament*, vol. 1, trad. libre, Peabody, Mass., Hendrickson, 1996, p.697).

se sentir responsable et coupable pour tout : pour les pauvres, pour les chrétiens persécutés, pour la tiédeur de notre piété. Ce sentiment habite assez souvent les chrétiens qui courent sans arrêt ; ils se lèvent tôt pour travailler, ils ont peu de temps pour se reposer, ils passent leur semaine à droite et à gauche et ils ont toujours l'impression de courir et d'être essoufflés. Ce mode de vie frénétique peut être maintenu pendant des mois, mais il finit par causer des dommages en provoquant de l'anxiété ou des détresses psychologiques semblables. Une fatigue devenue un épuisement nécessitera plus qu'une bonne nuit de sommeil pour recharger notre âme.

Les symptômes d'une âme épuisée

En plus du découragement qui est le résultat le plus manifeste de l'épuisement et du stress, quels sont les autres symptômes d'une âme épuisée ? Remarquez à quel point Moïse est *centré sur lui-même*, tout est à propos de lui dans les versets 10 à 15. Il trouve que Dieu l'afflige injustement, il remet en question sa responsabilité en disant : « Ce n'est pas à moi de porter ce peuple ! » Il n'est question que de lui. Bien que nous puissions compatir avec Moïse, il semble que lorsque l'âme s'épuise, elle ne voit plus que sa misère. Lorsque l'âme devient accablée au point où elle ne cherche qu'à être libérée sans penser aux conséquences, c'est qu'elle a *perdu sa rationalité* et qu'elle cède au gouffre de la folie : « Tue-moi, je te prie, si j'ai trouvé grâce à tes yeux, et que je ne voie pas mon malheur » (v. 15).

Certains résisteront mieux mentalement et spirituellement à l'épuisement. Ils ne se laisseront pas absorber par leur état au point de ne plus voir qu'eux-mêmes, et ils n'auront pas de pensées suicidaires et morbides. Cependant, leur *corps ne les supportera plus*. Parfois, ils auront besoin de dormir pendant des semaines. D'autres minent tellement leur condition physique qu'ils tombent malades et certains même en meurent. Une des dernières paroles de l'évangéliste Robert Murray M'Cheyne a produit un grand effet sur moi il y a quelques années et m'accompagne depuis. M'Cheyne était un jeune pasteur écossais du xixe siècle dont la courte vie fut extrêmement productive. Il est décédé alors qu'il n'avait pas encore 30 ans et il aurait dit : « *Dieu m'avait donné un cheval et un message. J'ai tué le cheval, et maintenant je ne peux plus livrer le message.* »

Cette pensée me garde du piège qui nous amène parfois à agir comme si notre mission était si importante que nous ne pouvons pas même nous arrêter pour nous reposer. *C'est précisément parce que notre mission est si importante que nous devons nous arrêter pour nous reposer.* Notre famille, notre Église et le monde ont trop besoin de serviteurs fidèles de Dieu pour que nous gaspillions notre âme dans l'épuisement. Comment faire alors pour recharger une âme exténuée ou pour éviter l'épuisement ? Moïse aurait-il pu faire quoi que ce soit pour ne pas sombrer dans cet état ?

Recharger l'âme épuisée

Lorsque la pression monte, nous nous disons en nous-mêmes qu'elle finira par redescendre et qu'il faut simplement se montrer patient. Il y a une certaine sagesse à adopter cet état d'esprit, mais nous ne pouvons pas uniquement miser sur la passivité en pensant qu'elle sera suffisante pour nous permettre de tenir bon d'une crise à l'autre jusqu'à la fin de notre vie. Nous sommes appelés à plus que simplement tenir bon, mais à vivre dans un équilibre qui glorifie Dieu en reflétant sa grâce dans nos corps et notre esprit :

> Ne savez-vous pas que votre corps est le temple du Saint-Esprit qui est en vous, que vous avez reçu de Dieu, et que vous ne vous appartenez point à vous-mêmes ? Car vous avez été rachetés à un grand

prix. Glorifiez donc Dieu dans votre corps et dans votre esprit, qui appartiennent à Dieu (1 Co 6.19,20).

Voici trois applications que nous trouvons dans l'exemple de Moïse pour restaurer et maintenir notre âme en bon état.

Décharger quotidiennement notre âme sur Dieu de tous nos soucis

Humiliez-vous donc sous la puissante main de Dieu, afin qu'il vous élève au temps convenable ; et déchargez-vous sur lui de tous vos soucis, car lui-même prend soin de vous (1 Pi 5.6,7).

Il s'agit probablement du point principal que Moïse a négligé et qui aurait pu prévenir la situation extrême dans laquelle il s'est retrouvé. J'imagine aisément que l'état de Moïse ne s'est pas manifesté du jour au lendemain, mais qu'il s'agissait d'une accumulation de contrariétés étalée sur une assez longue période.

Je suis conscient que nous invoquons presque toujours notre négligence de la prière comme étant la cause de tout ce qui ne va pas dans notre vie. Tu es triste et tu manques de joie, c'est parce que tu ne pries pas assez. Tes enfants sont rebelles parce que tu ne pries pas assez. Tu n'as pas d'emploi, tu es malade, tu souffres d'obésité, tu as mauvaise haleine... *prie* ! Sans tomber dans cette caricature, reconnaissons que la négligence de la prière n'est pas sans conséquence.

Il est vrai, comme l'écrit David Murray, que la négligence de la prière est aussi souvent la conséquence que la cause de la dépression de l'âme[3]. Cependant, il s'agit d'une conséquence qui entraîne un cercle vicieux. Le découragement nous enlève même le goût de prier et d'entretenir une discipline spirituelle. L'absence d'une communion avec Dieu nous prive du rafraîchissement nécessaire et nous prive de l'aide divine dont nous avons

---

3. David Murray, *Christians Get Depressed Too*, *op. cit.*, p. 27.

besoin. Nous continuons à faire des pas, mais en nous appuyant sur nous-mêmes en pensant que lorsque tout ira mieux nous aurons le temps de prier.

Confie-toi en l'Éternel de tout ton cœur, et ne t'appuie pas sur ta sagesse; reconnais-le dans toutes tes voies, et il aplanira tes sentiers (Pr 3.5,6).

Le fait de ne pas prier montre notre implacable incrédulité envers le moyen de grâce que Dieu nous a donné pour dépendre de lui. Nous pensons que la prière est inutile, qu'elle ne constitue pas un moyen concret pour nous aider et nous avons presque l'impression de perdre du temps précieux lorsque nous prions, alors nous nous débarrassons rapidement de ce devoir afin d'avancer concrètement nos tâches.

La prière en tant que telle est effectivement inutile. Ceux qui prient en pratiquant une activité religieuse et qui croient à l'efficacité de ce rituel perdent effectivement leur temps. La prière est efficace dans la mesure où nous l'utilisons pour ce qu'elle est : le moyen de nous approcher du Dieu vivant pour être entendus et secourus par lui. Que se produit-il de différent lorsque nous prions ? Nos cœurs sont gardés dans la paix de Dieu de manière à ce que nous ne soyons pas submergés par nos inquiétudes ou entraînés dans un flot déraisonnable d'activités jusqu'à l'épuisement :

Ne vous inquiétez de rien; mais en toute chose faites connaître vos besoins à Dieu par des prières et des supplications, avec des actions de grâces. Et la paix de Dieu, qui surpasse toute intelligence, gardera vos cœurs et vos pensées en Jésus-Christ (Ph 4.6,7).

Paul ne plaide pas pour que nous menions une vie de moine où nous passerions tous nos temps libres à prier. Cependant, il plaide pour que nous rencontrions vraiment le Seigneur lorsque nous le prions et que nous apprenions à dépendre de lui en invoquant son nom aussi souvent que cela sera nécessaire pour demeurer dans sa paix. Chaque fois que nous sommes en proie aux inquiétudes, au découragement et à toutes sortes de tentations, crions immédiatement au Seigneur, implorons son secours et réclamons sa paix et toutes les ressources de sa grâce. Une telle dépendance du Seigneur est réellement efficace pour assurer la sérénité de notre âme au milieu de toute l'agitation autour de nous.

Il n'est jamais trop tard pour crier à Dieu de cette manière. Moïse a peut-être négligé de le faire quotidiennement, mais nous le voyons ici vider son cœur. Peut-être que ce qui en sort n'est pas entièrement juste, mais je ne crois pas que le Seigneur s'attende à ce que tout soit beau et juste lorsque des cœurs pécheurs se déchargent sur lui de tous leurs soucis. Nous aurons probablement souvent besoin de demander pardon à Dieu pour ce qui sortira de notre cœur, mais ne nous privons pas de l'épancher devant lui.

S'avouer faible et demander de l'aide

Nous sommes orgueilleux de nature. Certains sont complètement épuisés, mais, parce qu'ils ne veulent pas montrer leur faiblesse, ils font semblant que tout va bien et essaient de garder le sourire extérieurement. Nous valorisons les gens sur la base de leurs réalisations, et nous pensons qu'en avouant notre échec et notre incapacité à gérer toute notre vie nous perdrons de notre valeur et serons vus comme des natures faibles. Ces pensées sont orgueilleuses et ceux qui les entretiennent seront brisés par le Seigneur. La Confession de foi baptiste de Londres de 1689 fait un bel énoncé à cet effet :

> Dans sa très grande sagesse, sa justice et sa grâce, Dieu, souvent, expose, pour un temps, ses propres enfants à de multiples tentations

et aux corruptions de leurs propres cœurs, afin de les châtier pour leurs péchés antérieurs, ou pour leur révéler la force cachée de la corruption et de la tromperie de leur cœur, afin qu'ils en soient humiliés. Son but est de les amener à une dépendance plus étroite et constante de lui et de son appui; il les rend plus vigilants face à toutes occasions futures de péché, et pour d'autres objectifs justes et saints. Ainsi, tout ce qui arrive à ses élus leur arrive selon son dessein, pour sa gloire et leur bien[4].

Généralement, une personne découragée s'isolera. L'impression que personne ne peut l'aider l'amènera dans une solitude qui aura pour effet d'exacerber son découragement. S'isoler est un piège contre lequel nous devons lutter lorsque notre âme est en proie à la dépression. Nous voyons par la réponse de l'Éternel à Moïse, que le soutien des autres est un des moyens les plus importants pour encourager un cœur triste et fortifier une personne épuisée: «Je prendrai de l'esprit qui est sur toi, et je le mettrai sur eux, afin qu'ils portent avec toi la charge du peuple, et que tu ne la portes pas à toi seul» (v. 17).

Rappelez-vous ce que notre Seigneur fit lorsque son âme fut triste jusqu'à la mort. Il demanda à ses amis de veiller avec lui: «Il leur dit alors: Mon âme est triste jusqu'à la mort; restez ici, et veillez avec moi» (Mt 26.38). Bien sûr, à ce moment les disciples furent de biens piètres consolateurs, mais quel réconfort que la présence d'amis et leur soutien dans les temps difficiles. Ne nous empêchons pas d'exprimer aux autres notre découragement par peur d'être un fardeau pour eux. Il se peut que les frères et sœurs ne sachent pas comment nous aider, mais leur sollicitude et leur intercession peuvent faire toute la différence. N'hésitons pas non plus à porter les fardeaux les uns des autres, car c'est ainsi que nous accomplirons la loi de Christ (Ga 6.2). Il ne faut pas craindre d'exprimer notre faiblesse et nous ne devons pas craindre non plus d'aller au-devant du prochain pour lui offrir notre appui.

---

4. *La Confession de foi baptiste de Londres de 1689, op. cit.*, 5.5.

Ralentir et changer notre mode de vie

L'effet immédiat pour Moïse d'avoir 70 nouveaux assistants fut une diminution de sa charge. Notre mode de vie est l'aspect sur lequel nous avons le plus de contrôle, mais qui est sans doute l'élément le plus difficile à changer. Il y a différentes choses que nous pouvons faire pour améliorer le flot quotidien d'activités. Il existe de la documentation très utile pour nous aider à améliorer notre organisation, que ce soit sur le plan domestique ou professionnel. L'apprentissage de quelques principes importants pour m'aider à organiser mon temps et mes tâches m'a été très bénéfique pour maintenir une paix d'esprit tout en augmentant ma productivité. Cependant, tous les trucs au monde ne peuvent remplacer la nécessité du repos et d'un rythme de vie paisible et tranquille (1 Ti 2.2).

Dieu sait combien l'agitation humaine s'empare de nous et que nos activités, nos ambitions, nos projets et notre travail se transforment rapidement en idoles dans notre vie. C'est pourquoi, il nous a donné des commandements clairs sur l'organisation de notre temps en nous commandant un travail et un repos ordonnés (Ex 20.8-11). Le Seigneur nous a donné des préceptes pour que nous comprenions la vanité de notre agitation afin que nous apprenions à vivre avec modération (Ec 4.6) : « *Mieux vaut une main pleine avec repos, que les deux mains pleines avec travail et poursuite du vent.* »

Ce n'est pas si facile de ralentir notre rythme et d'instaurer des aires de repos dans notre agenda pour décrocher de notre travail. Cela est difficile d'une part parce que nous ne voulons pas ralentir, mais aussi parce que nos tâches ne disparaîtront pas comme par magie, simplement parce que nous désirons avoir une vie plus équilibrée. Kevin DeYoung, dans son petit livre *Vie de fou*, exprime ainsi la difficulté de réduire nos activités :

Ce chapitre nous rappelle que planifier des temps de repos constitue une tâche colossale. Il est difficile de faire confiance à Dieu, de lâcher prise et de s'arrêter. [...]

Nous savons tous que nous avons besoin de nous reposer après une longue journée de travail, mais nous ne réalisons pas que nous devons déployer de grands efforts pour le faire. Nous devons planifier nos pauses. Nous devons prévoir dans notre emploi du temps un moment où nous n'emploierons pas notre temps[5].

L'objectif n'est pas d'organiser notre temps de manière à avoir le moins de contraintes possible en ne vivant que pour son propre bonheur. Cela serait contraire à l'amour qui doit diriger la vie des croyants. Nous devons organiser notre vie de manière équilibrée entre le travail, le repos, la famille, l'Église, les activités, les obligations et tout ce qui peut remplir notre existence. Au lieu de laisser nos vies dériver dans un tourbillon incessant, nous devons en prendre le contrôle en maîtrisant notre horaire pour la gloire de Dieu. Il faudra beaucoup de sagesse et de discipline personnelle pour y arriver, mais surtout une étroite dépendance envers le Seigneur et le Maître de nos vies.

À méditer

Ne le sais-tu pas ? Ne l'as-tu pas appris ? C'est le Dieu d'éternité, l'Éternel, qui a créé les extrémités de la terre ; il ne se fatigue point, il ne se lasse point ; on ne peut sonder son intelligence. Il donne de la force à celui qui est fatigué, et il augmente la vigueur de celui qui tombe en défaillance. Les adolescents se fatiguent et se lassent, et les jeunes hommes chancellent ; mais ceux qui se confient en l'Éternel renouvellent leur force. Ils prennent le vol comme les aigles ; ils courent, et ne se lassent point, ils marchent, et ne se fatiguent point (És 40.28-31).

---

5. Kevin DeYoung, *Vie de fou*, Trois-Rivières, Éditions Impact, 2014, p. 94.

Chapitre 10

Posologie pour une vie heureuse

Sept préceptes à appliquer

Proverbes 3.1-35

Naaman était le chef de l'armée syrienne et avait reçu des faveurs de l'Éternel (2 R 5.1). Cependant, cet homme fort et vaillant était lépreux. Il entendit parler d'un prophète en Israël qui avait le pouvoir de le guérir de sa lèpre. Lorsque Naaman arriva enfin devant le prophète Élisée, ce dernier lui dit: «Va, et lave-toi sept fois dans le Jourdain; ta chair redeviendra saine, et tu seras pur» (2 R 5.10). Rien de plus simple à comprendre et de plus facile à faire. Quelle fut la réaction de Naaman en entendant cette prescription? :

> Naaman fut irrité, et il s'en alla, en disant: Voici, je me disais: il sortira vers moi, il se présentera lui-même, il invoquera le nom de l'Éternel, son Dieu, il agitera sa main sur la place et guérira le lépreux. Les fleuves de Damas, l'Abana et le Parpar, ne valent-ils pas mieux que toutes les eaux d'Israël? Ne pourrais-je pas m'y laver et devenir pur? Et il s'en retournait et partait avec fureur (2 R 5.11,12).

Naaman espérait un traitement un peu plus élaboré, quelque chose de moins ordinaire, de plus spirituel, de plus subtil. Il trouvait la prescription d'Élisée si banale qu'il en fut insulté et refusa le traitement. Heureusement, le récit ne se termine pas là :

> Mais ses serviteurs s'approchèrent pour lui parler, et ils dirent : Mon père, si le prophète t'eût demandé quelque chose de difficile, ne l'aurais-tu pas fait ? Combien plus dois-tu faire ce qu'il t'a dit : Lave-toi, et tu seras pur ! Il descendit alors et se plongea sept fois dans le Jourdain, selon la parole de l'homme de Dieu ; et sa chair redevint comme la chair d'un jeune enfant, et il fut pur (2 R 5.13,14).

Naaman revient ensuite vers Élisée etF offre son hommage et son adoration à l'Éternel. Cette histoire illustre bien l'attitude de certains à l'égard des moyens ordinaires que Dieu nous a donnés pour mener une vie heureuse : ils les méprisent et veulent quelque chose de plus « spirituel ». Certains ne veulent même pas considérer ces préceptes tellement ils leur paraissent n'avoir aucun lien avec leur état d'âme. Concernant le traitement de la dépression, le pasteur et médecin Martyn Lloyd-Jones écrit :

> Avant d'aborder le traitement spécifique et biblique de ce problème selon l'Écriture, considérons certains principes de bon sens. Certains pensent à tort que le chrétien ne devrait pas utiliser son bon sens. La Bible, elle, ne présente pas une spiritualité dénuée d'intelligence. Le croyant peut agir de façon tout aussi intelligente que l'incroyant, davantage même. Il lui faut donc appliquer son bon sens à toutes les situations[1].

La solution pour ne pas sombrer dans un état dépressif ne passe pas uniquement par une intervention du Saint-Esprit et par des moyens spirituels comme la prière et les bénéfices qui découlent du salut. Jusqu'à présent nous nous sommes concentrés

---

1. Martyn Lloyd-Jones, *La dépression spirituelle, op. cit.*, p. 71.

sur ces grâces spirituelles, mais avant de clore le sujet de la dépression de l'âme, nous devons voir les moyens ordinaires que Dieu a donnés aux hommes pour mener une vie saine et connaître la joie. Ces moyens ne sont pas donnés exclusivement aux chrétiens, mais ils appartiennent à toute l'humanité et font partie de la grâce commune de Dieu. Lorsqu'ils annoncent la bonne nouvelle aux habitants de Lystre, Paul et Barnabas déclarent :

> Ce Dieu, dans les âges passés, a laissé toutes les nations suivre leurs propres voies, quoiqu'il n'ait cessé de rendre témoignage de ce qu'il est, en faisant du bien, en vous dispensant du ciel les pluies et les saisons fertiles, en vous donnant la nourriture avec abondance et en remplissant vos cœurs de joie (Ac 14.16,17).

Dieu utilise le travail, la nature, la nourriture et l'abondance de bienfaits pour remplir les cœurs de joie, même ceux des hommes qui ne le connaissent pas. En utilisant bien la posologie divine, nous mènerons une vie heureuse. Examinons les préceptes de Dieu qui nous sont nécessaires pour vaincre la dépression de l'âme et pour être remplis d'une joie paisible. Nous tirerons ces préceptes du chapitre 3 du livre des Proverbes :

> Mon fils, n'oublie pas mes enseignements, et que ton cœur garde mes préceptes ; car ils prolongeront les jours et les années de ta vie, et ils augmenteront ta paix. Que la bonté et la fidélité ne t'abandonnent pas ; lie-les à ton cou, écris-les sur la table de ton cœur. Tu acquerras ainsi de la grâce et une raison saine, aux yeux de Dieu et des hommes.

> Confie-toi en l'Éternel de tout ton cœur, et ne t'appuie pas sur ta sagesse ; reconnais-le dans toutes tes voies, et il aplanira tes sentiers. Ne sois point sage à tes propres yeux, crains l'Éternel, et détourne-toi du mal : ce sera la santé pour tes muscles, et un rafraîchissement pour tes os.

Honore l'Éternel avec tes biens, et avec les prémices de tout ton revenu : alors tes greniers seront remplis d'abondance, et tes cuves regorgeront de moût. Mon fils, ne méprise pas la correction de l'Éternel, et ne t'effraie point de ses châtiments ; car l'Éternel châtie celui qu'il aime, comme un père l'enfant qu'il chérit. Heureux l'homme qui a trouvé la sagesse, et l'homme qui possède l'intelligence ! Car le gain qu'elle procure est préférable à celui de l'argent, et le profit qu'on en tire vaut mieux que l'or ; elle est plus précieuse que les perles, elle a plus de valeur que tous les objets de prix. Dans sa droite est une longue vie ; dans sa gauche, la richesse et la gloire. Ses voies sont des voies agréables, et tous ses sentiers sont paisibles. Elle est un arbre de vie pour ceux qui la saisissent, et ceux qui la possèdent sont heureux. C'est par la sagesse que l'Éternel a fondé la terre, c'est par l'intelligence qu'il a affermi les cieux ; c'est par sa science que les abîmes se sont ouverts, et que les nuages distillent la rosée.

Mon fils, que ces enseignements ne s'éloignent pas de tes yeux, garde la sagesse et la réflexion : elles seront la vie de ton âme, et l'ornement de ton cou. Alors tu marcheras avec assurance dans ton chemin, et ton pied ne heurtera pas. Si tu te couches, tu seras sans crainte ; et quand tu seras couché, ton sommeil sera doux. Ne redoute ni une terreur soudaine, ni une attaque de la part des méchants ; car l'Éternel sera ton assurance, et il préservera ton pied de toute embûche. Ne refuse pas un bienfait à celui qui y a droit, quand tu as le pouvoir de l'accorder. Ne dis pas à ton prochain : Va et reviens, demain je donnerai ! Quand tu as de quoi donner. Ne médite pas le mal contre ton prochain, lorsqu'il demeure tranquillement près de toi. Ne conteste pas sans motif avec quelqu'un, lorsqu'il ne t'a point fait de mal. Ne porte pas envie à l'homme violent, et ne choisis aucune de ses voies. Car l'Éternel a en horreur les hommes pervers, mais il est un ami pour les hommes droits ; la malédiction de l'Éternel est dans la maison du méchant, mais il bénit la demeure des justes ; il se moque des moqueurs, mais il fait grâce aux humbles ; les sages hériteront la gloire, mais les insensés ont la honte en partage (Pr 3.1-35).

Nous ne commenterons pas chacun de ces versets. Nous regrouperons plutôt par catégorie certains thèmes qui sont répandus tout au long de ce passage. Nous pourrions élaborer sur plusieurs chapitres des préceptes généraux qui doivent guider notre vie. Le point à reconnaître est simplement que nous ne devons pas mener notre vie selon la sagesse du monde ou selon notre propre pensée. Nous devons suivre l'enseignement de la Bible puisque la Parole de Dieu doit diriger notre vie (Jos 1.8 ; Jn 8.31). L'Écriture est un livre rempli d'applications concrètes qui touchent tous les aspects de l'existence et que nous devons mettre en pratique. C'est pourquoi Jacques écrit :

> Mettez en pratique la parole, et ne vous bornez pas à l'écouter, en vous trompant vous-mêmes par de faux raisonnements. [...] Mais celui qui aura plongé les regards dans la loi parfaite, la loi de la liberté, et qui aura persévéré, n'étant pas un auditeur oublieux, mais se mettant à l'œuvre, celui-là sera heureux dans son activité (Ja 1.22,25).

Nous serons heureux dans la mesure où nous mettrons en pratique la Parole de Dieu. Pour des raisons de concision, concentrons-nous sur sept préceptes qui touchent directement à la question de la dépression de l'âme dans le chapitre 3 des Proverbes.

Garder les commandements de Dieu

Il y a un lien irréductible entre la droiture et le bonheur, car notre conduite morale agit directement sur l'état de notre âme. Ce principe est présent partout dans le livre des Proverbes qui nous montre que le commencement de la sagesse, c'est la crainte de l'Éternel. Ce principe est également présent dans toute la Bible. L'apôtre Pierre déclare :

> Si quelqu'un, en effet, veut aimer la vie et voir des jours heureux, qu'il préserve sa langue du mal et ses lèvres des paroles trompeuses,

qu'il s'éloigne du mal et fasse le bien, qu'il recherche la paix et la poursuive; car les yeux du Seigneur sont sur les justes et ses oreilles sont attentives à leur prière, mais la face du Seigneur est contre ceux qui font le mal (1 Pi 3.10-12).

Dieu nous châtie parce qu'il nous aime et parce qu'il veut que nous marchions dans ses voies (Pr 3.12). Il y aurait beaucoup à dire sur ce point, mais passons au point suivant.

Cesser de vivre pour soi-même

Penser à soi, chercher son avantage, passer son temps à s'écouter soi-même, ne pas donner sa vie pour les autres, refuser de se sacrifier et d'être généreux est la recette parfaite pour être déprimé. La sagesse nous amène à nous détourner de nous-mêmes et à pratiquer l'amour en vivant pour Dieu et en servant notre prochain.

Une des raisons de l'inefficacité des thérapies de l'âme est justement cette emphase sur le moi, le fait de se plonger dans son propre cœur, le leitmotiv : « Il est temps que je pense à moi ! » et l'évangile de l'estime de soi. Les gens qui paraissent ressortir zen et sereins d'une telle thérapie n'ont que l'apparence du bonheur et de la paix. Le vrai bonheur, nous dit Jésus, consiste à donner sa vie (Ac 20.35) et non pas à essayer de la préserver (Mt 16.25). Jonathan Edwards, le théologien de la joie spirituelle, écrit à ce propos :

Si tu es égoïste, et que tu fais de toi-même et de tes propres intérêts ton idole, Dieu te livrera à toi-même et te laissera rechercher ton propre intérêt autant que tu le peux.

Mais si tu ne cherches pas égoïstement ce qui te plaît, et que tu cherches l'avantage de Jésus-Christ et l'avantage des êtres humains autour de toi, alors Dieu se chargera lui-même de ton intérêt et de ton bonheur, et il est infiniment plus apte que toi pour y pourvoir

[...] Ainsi, ne pas vivre pour soi d'une manière égoïste est la meilleure façon de chercher son propre bonheur d'une meilleure manière. Il s'agit du chemin le plus direct que tu puisses emprunter vers un bonheur assuré[2].

Lorsque nous cherchons les intérêts de Jésus-Christ, donc ceux de son Église et de nos prochains (Ph 2.20,21), nous nous oublions nous-mêmes et nous sommes délivrés de cette préoccupation malsaine de soi.

Entretenir de bonnes relations et s'entourer de croyants

La sagesse nous met en garde contre la médisance et les relations néfastes : « Ne médite pas le mal contre ton prochain, lorsqu'il demeure tranquillement près de toi. Ne conteste pas sans motif avec quelqu'un, lorsqu'il ne t'a point fait de mal. Ne porte pas envie à l'homme violent, et ne choisis aucune de ses voies » (v. 29-31).

Les relations humaines ne sont pas faciles et peuvent être la source de beaucoup de déceptions et de tristesses. La conduite des autres nous affecte et peut nous déprimer. Cependant, lorsque nous entretenons de l'amertume et que nous critiquons inutilement quelqu'un qui ne nous a rien fait, nous cultivons nous-mêmes l'irritation de notre âme.

Nous devons être en paix avec tous dans la mesure où cela est possible (Ro 12.18). Nous ne devons pas nous entourer de pécheurs qui vivent en s'opposant à Dieu (2 Co 6.14-18). Nous devons nous entourer de personnes qui aiment le Seigneur : « [...] recherche la justice, la foi, la charité, la paix, avec ceux qui invoquent le Seigneur d'un cœur pur » (2 Ti 2.22). Les chrétiens ne sont pas parfaits, mais nous devons les aimer et vivre

---

2. Jonathan Edwards, *Charity and Its Fruits*, trad. libre, Carlisle, Penns., Banner of Truth, 2005, p. 184.

à leurs côtés sans médire contre eux (Ja 4.11). Notre entourage et notre attitude envers lui auront un grand impact sur la joie de nos cœurs.

Apprendre la maîtrise de soi

La sagesse nous invite à mener une vie retenue et modérée. Le monde après Genèse 3 est un monde où nous sommes poussés vers l'excès et la folie. Si nous n'apprenons pas à contrôler nos désirs, nous serons contrôlés par des passions qui sont nocives pour le corps et l'âme.

Le monde enseigne que l'épanouissement consiste à ôter la bride de notre sexualité et à se livrer à souhait aux plaisirs de la chair puisqu'ils sont inoffensifs et bénéfiques. Il s'agit d'un mensonge diabolique qui non seulement entraîne le corps dans la corruption, mais encore l'âme dans la destruction. Que ce soit dans le domaine de la sexualité, du manger et du boire, des achats, de la gestion du temps, de nos pensées ou de quoi que ce soit d'autre, si nous ne nous maîtrisons pas nous-mêmes, nous serons malheureux. Les convoitises charnelles et toute obsession qui s'emparent de nous : pensées sombres, désirs soudains, troubles obsessifs et compulsifs font la guerre à notre âme (1 Pi 2.11 ; 1 Th 4.3-5).

L'âme paisible est celle qui est maîtrisée et qui reste sous notre contrôle. La maîtrise de soi est un fruit de l'Esprit (Ga 5.22,23) et une grâce de la sagesse : « Tu acquerras ainsi de la grâce et une raison saine, aux yeux de Dieu et des hommes » (v. 4).

La maîtrise de soi inclut également une saine gestion de nos finances. Les dettes peuvent rapidement devenir un poids qui attache notre âme à l'inquiétude et la tristesse. L'Écriture nous commande d'éviter l'endettement : « Ne sois pas parmi ceux qui prennent des engagements, parmi ceux qui cautionnent pour des dettes ; si tu n'as pas de quoi payer, pourquoi voudrais-tu qu'on enlève ton lit de dessous toi ? » (Pr 22.26.) Ce précepte ne signifie pas que nous ne devons pas contracter d'hypothèque et que nous devons toujours payer comptant, mais bien que nous devons vivre dans la mesure de nos moyens.

Cultiver notre âme

Notre texte présente la sagesse comme quelque chose qui s'acquiert, qui exige des efforts et qui se compare à un trésor précieux lentement accumulé :

> Mon fils, n'oublie pas mes enseignements, et que ton cœur garde mes préceptes (v. 1).

> Que la bonté et la fidélité ne t'abandonnent pas ; lie-les à ton cou, écris-les sur la table de ton cœur (v. 3).

> Mon fils, que ces enseignements ne s'éloignent pas de tes yeux, garde la sagesse et la réflexion (v. 21).

Il est bien de divertir notre âme par moment, mais si nous voulons qu'elle soit en bonne santé, nous devons aussi la nourrir, la cultiver et la faire travailler. Pour ce faire, nous devons lire, nous devons apprendre et mettre en pratique les bonnes instructions.

La paresse est gratifiante sur le moment, mais à la longue, elle prive l'âme des exercices qui lui sont nécessaires pour demeurer vigoureuse et ne pas sombrer dans l'apathie. Les personnes qui occupent leurs journées à se divertir ne tirent que peu de satisfaction de tout cela et elles ont l'âme ankylosée.

Veiller au bien-être du corps

La voie de la sagesse mène à « la santé des muscles, et un rafraîchissement pour des os » (v. 8). Un médecin raconte que dès qu'un patient présentait un état dépressif, il lui prescrivait immédiatement trois pilules avant d'aller plus loin : une alimentation saine, le repos et l'activité physique.

Notre corps et notre âme sont liés pour le meilleur et pour le pire. Même si les soins du corps ne règlent pas nécessairement tout, ils sont un élément non négligeable au bien-être de l'âme. Manger trop et manger de la nourriture pauvre en nutriments, en plus d'empoisonner le corps, est néfaste pour l'âme. Plusieurs gagneraient à recueillir un minimum d'information sur de saines habitudes alimentaires.

Un cycle de sommeil stable est également nécessaire au corps et à l'âme. Le manque de repos et l'insomnie sont des causes importantes de dépression. Il est possible que nous ayons besoin d'aide médicale sur ce plan, mais avant tout nous devons développer de saines habitudes. Il serait sage de fermer les écrans quelques heures avant d'aller au lit. Il semble que les écrans stimulent le cerveau comme le café stimule notre système nerveux. Nous devrions prendre l'habitude de nous coucher et de nous lever à des heures fixes et ne pas suivre un horaire aléatoire. Notre corps a besoin de régularité et de rythmes sains.

Ce qui nous manque peut-être pour améliorer notre repos est l'activité physique. Jusqu'à récemment, je croyais que l'apôtre Paul déclarait que l'exercice corporel était inutile : « *l'exercice corporel est utile à peu de chose, tandis que la piété est utile à tout* » (1 Ti 4.8). Cependant, la comparaison de Paul n'est pas entre l'inutile et l'utile, mais entre l'utile et le très utile. Paul reconnaît que l'exercice corporel a une utilité ; une utilité limitée certes, mais une utilité néanmoins.

Cependant, insistons sur le fait que l'Écriture ne reconnaît qu'une utilité limitée aux soins du corps et que ce dernier ne doit jamais devenir le centre de nos vies. Il y a un danger réel de faire de notre corps et de notre apparence une idole. Lorsque nous sommes obsédés par notre poids, notre physique ou notre santé, nous ne sommes pas remplis de la sagesse de Dieu, mais nous nous asservissons à la folie du monde.

Être actif et productif en accomplissant notre mission

La sagesse parle d'une vie active et productive lorsque le texte dit : «Honore l'Éternel avec tes biens, et avec les prémices de tout ton revenu : alors tes greniers seront remplis d'abondance, et tes cuves regorgeront de moût» (v. 9,10). Il est question ici d'une vie qui produit du fruit par son activité et qui honore Dieu par ce fruit.

Peu de sentiments sont aussi gratifiants que la joie de porter des fruits et d'accomplir sa mission. Le travail glorifie Dieu ; l'homme a été créé pour être actif et Dieu désire recueillir du fruit de nos vies (Jn 15.8). Ne pas avoir de but, ne pas être engagé dans une activité qui suscite un sens d'accomplissement est extrêmement déprimant. Une personne qui se lève chaque matin sans aucune mission, sans aucune façon concrète de glorifier Dieu par son activité sera malheureuse. L'homme a besoin d'une vocation et d'une raison de vivre. Spurgeon écrit :

> Avoir quelque chose à faire pour Jésus et aller de l'avant dans ce sens est une des meilleures façons de surmonter le sens du vide, ou une dépression mentale sévère. Si vous pouvez poursuivre un objectif important, vous ne sentirez pas que vous vivez pour rien[3].

Aucune raison fondamentale ne peut empêcher une personne d'avoir une vie active et productive. Même une personne qui serait inapte au travail, ou même tétraplégique peut mener une vie active et productive puisqu'il existe des milliers de façons de porter du fruit. Nos circonstances, quelles qu'elles soient, font partie du plan souverain de Dieu pour nos vies et il veut que

---

3. Stephen McCaskell, éd., *Through The Eyes Of C.H. Spurgeon*, trad. libre, Brenham, Tex., Lucid Books, 2012, p. 44.

nous le glorifiions et le servions, peu importe l'endroit et les conditions où nous nous trouvons. L'apôtre Paul ne pouvait pas dire : « Malheur à moi, je suis en prison, je ne peux plus servir Jésus-Christ ! » Au contraire, il se voyait comme le prisonnier du Seigneur envoyé par Dieu lui-même dans les chaînes pour rendre témoignage de son nom (Ph 1.12-14 ; Ac 23.11 ; 2 Ti 1.8).

Que faire si l'on n'a pas de but dans la vie ou si l'on ignore sa mission ? Peut-être êtes-vous au commencement de votre vie et vous ignorez quoi faire dans la vie. Peut-être êtes-vous à la retraite et depuis, vous avez l'impression que votre vie ne sert plus à rien. Peut-être vous trouvez-vous quelque part entre ces deux réalités et vous vous demandez sérieusement comment votre existence pourrait être utile. Il y a plusieurs choses à faire dans un tel cas, mais surtout une à ne pas faire. Je laisse Matt Perman expliquer :

> Lorsque vous ne savez pas quels sont vos buts ou quelle est votre vision dans la vie, la dernière chose qu'il faut faire est de ne rien faire. Comme Spurgeon l'a dit : « Si tu arrêtes et ne fais rien jusqu'à ce que tu puisses tout faire, tu demeureras inutile. »
>
> Plutôt, faites ce qui est devant vous et faites-le avec excellence. Il s'agit souvent du chemin à suivre pour identifier ce que vous devriez faire, ou au moins pour vous offrir des opportunités qui vous aideront à trouver plus de clarté[4].

Conclusion

Ces sept préceptes sont nécessaires à notre équilibre psychologique et à notre joie. Ils sont peut-être des moyens ordinaires, mais ils produisent un effet extraordinaire. Voici comment Salomon décrit l'effet de ces préceptes dans nos vies :

---

4. Matt Perman, *What's Best Next: How the Gospel Transforms the Way You Get Things Done*, trad. libre, Grand Rapids, Mich., Zondervan, 2014, p. 175.

Ils prolongeront les jours et les années de ta vie, et ils augmenteront ta paix. [...] Heureux l'homme qui a trouvé la sagesse [...] Ses voies sont des voies agréables, et tous ses sentiers sont paisibles. Elle est un arbre de vie pour ceux qui la saisissent, et ceux qui la possèdent sont heureux. [...] Alors tu marcheras avec assurance dans ton chemin, et ton pied ne heurtera pas. Si tu te couches, tu seras sans crainte ; et quand tu seras couché, ton sommeil sera doux (Pr 3.2,13,17,18,23,24).

À méditer

Au reste, frères, puisque vous avez appris de nous comment vous devez vous conduire et plaire à Dieu, et que c'est là ce que vous faites, nous vous prions et nous vous conjurons au nom du Seigneur Jésus de marcher à cet égard de progrès en progrès. Vous savez, en effet, quels préceptes nous vous avons donnés de la part du Seigneur Jésus. Ce que Dieu veut, c'est votre sanctification ; c'est que vous vous absteniez de l'impudicité ; c'est que chacun de vous sache posséder son corps dans la sainteté et l'honnêteté, sans vous livrer à une convoitise passionnée, comme font les païens qui ne connaissent pas Dieu ; c'est que personne n'use envers son frère de fraude et de cupidité dans les affaires, parce que le Seigneur tire vengeance de toutes ces choses, comme nous vous l'avons déjà dit et attesté. Car Dieu ne nous a pas appelés à l'impureté, mais à la sanctification. Celui donc qui rejette ces préceptes ne rejette pas un homme, mais Dieu, qui vous a aussi donné son Saint-Esprit. Pour ce qui est de l'amour fraternel, vous n'avez pas besoin qu'on vous en écrive ; car vous avez vous-mêmes appris de Dieu à vous aimer les uns les autres, et c'est aussi ce que vous faites envers tous les frères dans la Macédoine entière. Mais nous vous exhortons, frères, à abonder toujours plus dans cet amour, et à mettre votre honneur à vivre tranquilles, à vous occuper de vos propres affaires, et à travailler de vos mains, comme nous vous l'avons recommandé, en sorte que vous vous conduisiez honnêtement envers ceux du dehors, et que vous n'ayez besoin de personne (1 Th 4.1-12).

Troisième partie

La croissance spirituelle

————————

« Je ne porte pas beaucoup de fruits »

Chapitre 11

Le péché dans la vie du chrétien

« Je pèche encore »

Romains 7.9-25

Ma mère exerçait la physiothérapie. Je me souviens qu'elle m'a déjà parlé de ce qu'on appelle l'effet de rémanence : l'effet persistant d'une sensation après la disparition de sa cause. Par exemple, une personne amputée de la jambe droite peut ressentir une vive démangeaison ou une douleur à cette jambe pourtant amputée. Les théologiens parlent aussi de l'effet de rémanence : le péché rémanent. Le péché du croyant a été expié, le chrétien est mort au péché, pourtant le péché produit encore des effets dans son existence. Comment devons-nous comprendre cet état de fait ?

Au chapitre 1, en examinant le Psaume 13, nous avons énoncé les trois thèmes abordés dans notre étude sur le côté obscur de la vie chrétienne : *les doutes de la foi, la dépression de l'âme* et *le péché*. Nous examinerons maintenant le péché dans la vie du chrétien, ou plus précisément, le péché rémanent. Dans cette section, il ne sera pas uniquement question du péché, mais aussi de la croissance normale du chrétien, de sa piété, de ses fruits et de la sanctification. Nous tenterons de définir la vie chrétienne normale par rapport à ces différents aspects.

À moins de croire à la doctrine du perfectionnisme comme l'enseignaient John Wesley et certains de ses successeurs, nous croyons que le chrétien continuera à pécher jusqu'à la fin de sa vie. Cependant, le péché n'est pas banal pour autant, et lorsque le croyant le retrouve encore dans ses propos, ses actions, ses pensées, ses intentions, il peut en être sérieusement troublé. « Je croyais en avoir fini avec le péché, mais me voilà revenu à la case départ ! Je ne peux être véritablement un chrétien et pécher de la sorte ! Malheur à moi ! » N'avez-vous jamais eu de telles pensées ? N'avez-vous jamais été découragés de votre propre condition spirituelle ?

Martin Luther se plaignait du vieil homme de péché qui habite en chacun de nous. Il disait que ce vieux bougre était censé avoir été noyé dans le baptême, mais voilà que ce sacré nageur refait surface. Un chrétien normal sera à tout le moins perplexe sinon troublé devant son propre péché. Thomas Adams écrit à propos du péché dans la vie du chrétien :

> La conviction de péché peut parfois être plus grande et laisser plus d'impressions que la grâce ; cependant elle n'est pas plus grande que la grâce. Un homme ressent la douleur de son doigt plus intensément qu'il ne ressent le bien-être de son corps entier ; pourtant il sait que la douleur à un doigt n'est rien en comparaison du bien-être du corps entier[1].

Est-il normal de pécher encore après avoir été sauvé ? Si, par « normal », nous entendons « acceptable », la réponse est non ; le péché n'est jamais acceptable pour qui que ce soit, chrétien ou non. En revanche, il est *inévitable* de pécher... même pour un chrétien. L'apôtre Jean écrit ceci :

---

1. I. D. E. Thomas, *A Puritan Golden Treasury*, trad. libre, Carlisle, Penns., Banner of Truth Trust, 1977, p. 23.

Si nous disons que nous sommes en communion avec lui, et que nous marchions dans les ténèbres, nous mentons, et nous ne pratiquons pas la vérité. Mais si nous marchons dans la lumière, comme il est lui-même dans la lumière, nous sommes mutuellement en communion, et le sang de Jésus son Fils nous purifie de tout péché. Si nous disons que nous n'avons pas de péché, nous nous séduisons nous-mêmes, et la vérité n'est point en nous. Si nous confessons nos péchés, il est fidèle et juste pour nous les pardonner, et pour nous purifier de toute iniquité. Si nous disons que nous n'avons pas péché, nous le faisons menteur, et sa parole n'est point en nous (1 Jn 1.6-10).

L'apôtre Jean, après avoir exclu les faux croyants (v. 6) qui contredisent leur profession de foi par une vie de péché, s'adresse aux vrais croyants (v. 7) qui sont en communion avec le Seigneur. Les chrétiens n'ont pas seulement été purifiés au passé, mais par le sang de Christ, ils sont purifiés au présent de tout péché qu'ils commettent. Lorsqu'ils pèchent, ils le confessent (*si nous confessons nos péchés...*) et sont gardés en communion avec Christ et son Église (*nous sommes mutuellement en communion...*). Ceux qui ne marchent pas dans cette repentance continuelle ne sont pas des chrétiens (*si nous disons que nous n'avons pas péché...*). Tels sont les vrais enfants de Dieu : *encore pécheurs, mais toujours repentants*[2].

Nous limitons parfois erronément la repentance au moment initial du salut, mais comme Martin Luther l'écrivit dans la toute première de ses 95 thèses qui lancèrent la Réforme en réaffirmant l'Évangile de Christ : « En disant *"Faites pénitence"* (Mt 4.17), notre Seigneur et Maître Jésus-Christ a voulu que toute la vie des fidèles soit une pénitence[3]. »

---

2. Il ne faut pas interpréter 1 Jn 3.6-10 de manière à lui faire contredire 1 Jn 1.6-10. Les deux passages disent la même chose : les faux croyants pratiquent le péché sans s'en repentir, tandis que les vrais croyants, bien qu'ils pèchent encore, sont sans cesse repentants. On peut alors dire des croyants qu'ils ne pèchent plus, car ils sont sans cesse purifiés par le sang de Christ et maintenus en communion avec le Dieu saint.
3. Jean Bosc (traduction du latin), « Les Quatre-vingt-quinze Thèses », *Luther, Œuvres*, Paris, Gallimard, coll. La Pléiade, 1999, p. 135.

Luther dénonçait l'usage sacramentel de la pénitence sans véritable repentance dans la vie du croyant. Les milieux évangéliques font aussi mauvais usage de la repentance en la limitant à la conversion et aux appels à s'avancer pour recevoir Christ. La repentance doit caractériser toute la vie chrétienne et non seulement son commencement puisque nous continuons à pécher après avoir été régénérés.

La preuve qu'une personne est née de nouveau n'est pas l'absence de péché dans sa vie, mais une repentance continuelle pour le péché qui subsiste encore en elle. Telle est la différence entre le péché d'un non-chrétien et celui d'un enfant de Dieu : *la repentance*. Ce n'est pas premièrement *la fréquence* ou *la gravité* du péché qui démontrent la différence entre les deux, mais *l'attitude envers Dieu* par rapport à ce péché. Kevin DeYoung écrit une vérité fondamentale en ce qui concerne le péché et la sanctification dans son livre sur la sainteté : « [...] en ce qui concerne la sanctification, la destination est plus importante que l'endroit où nous sommes. La direction est plus importante que la position actuelle[4]. »

Il peut arriver qu'un non-chrétien commette moins de péchés et des péchés moins scandaleux qu'un individu nouvellement converti à Christ qui sort à peine d'une vie de débauche. Ce qui différencie l'un de l'autre cependant, c'est que l'un demeure dans son péché, tandis que l'autre s'en repent ; l'un est tourné vers l'enfer, tandis que l'autre est tourné vers Christ. Extérieurement le non-chrétien qui mène une « bonne vie » semble plus saint, mais seul le pécheur repentant est saint :

> Le publicain, se tenant à distance, n'osait même pas lever les yeux au ciel ; mais il se frappait la poitrine, en disant : Ô Dieu, sois apaisé envers moi, qui suis un pécheur. Je vous le dis, celui-ci descendit dans sa maison justifié, plutôt que l'autre (Lu 18.13,14).

---

4. Kevin DeYoung, *La faille dans notre sainteté*, Trois-Rivières, Éditions Impact, 2014, p. 150.

Pourtant l'autre, le pharisien, menait manifestement une meilleure vie. Cependant, ce ne sont pas uniquement les nouveaux croyants qui luttent avec le péché et qui se sentent misérables par moment. Il s'agit de l'état d'un chrétien ordinaire qui pèche encore ; même celui d'un apôtre aussi grand que Paul :

> Pour moi, étant autrefois sans loi, je vivais ; mais quand le commandement vint, le péché reprit vie, et moi je mourus. Ainsi, le commandement qui conduit à la vie se trouva pour moi conduire à la mort. Car le péché saisissant l'occasion, me séduisit par le commandement, et par lui me fit mourir. La loi donc est sainte, et le commandement est saint, juste et bon. Ce qui est bon a-t-il donc été pour moi une cause de mort ? Loin de là ! Mais c'est le péché, afin qu'il se manifestât comme péché en me donnant la mort par ce qui est bon, et que, par le commandement, il devînt condamnable au plus haut point. Nous savons, en effet, que la loi est spirituelle ; mais moi, je suis charnel, vendu au péché. Car je ne sais pas ce que je fais : je ne fais point ce que je veux, et je fais ce que je hais. Or, si je fais ce que je ne veux pas, je reconnais par là que la loi est bonne. Et maintenant ce n'est plus moi qui le fais, mais c'est le péché qui habite en moi. Ce qui est bon, je le sais, n'habite pas en moi, c'est-à-dire dans ma chair : j'ai la volonté, mais non le pouvoir de faire le bien. Car je ne fais pas le bien que je veux, et je fais le mal que je ne veux pas. Et si je fais ce que je ne veux pas, ce n'est plus moi qui le fais, c'est le péché qui habite en moi. Je trouve donc en moi cette loi : quand je veux faire le bien, le mal est attaché à moi. Car je prends plaisir à la loi de Dieu, selon l'homme intérieur ; mais je vois dans mes membres une autre loi, qui lutte contre la loi de mon entendement, et qui me rend captif de la loi du péché, qui est dans mes membres. Misérable que je suis ! Qui me délivrera du corps de cette mort ?... Grâces soient rendues à Dieu par Jésus-Christ notre Seigneur !... Ainsi donc, moi-même, je suis par l'entendement esclave de la loi de Dieu, et je suis par la chair esclave de la loi du péché (Ro 7.9-25).

Ce passage est l'objet d'une controverse entre deux compréhensions que l'on retrouve chez les chrétiens évangéliques. Certains considèrent que Paul ne peut pas parler d'un chrétien en décrivant celui-ci comme étant « *charnel, vendu au péché* ». L'apôtre décrirait plutôt l'état spirituel d'un non-croyant qui essaierait par lui-même d'obéir à Dieu. D'autres, dont je suis, considèrent que cette description ne correspond aucunement à l'expérience d'un non-croyant puisque le non-croyant ne se met pas en peine pour son péché et ses transgressions de la loi (Ro 1.26-32) et qu'il ne prend pas « *plaisir à la loi de Dieu, selon l'homme intérieur* ». Seul le chrétien éprouve une tristesse selon Dieu (2 Co 7.9-11) et connaît ce combat intérieur et ces douleurs de conscience que l'apôtre décrit dans Romains 7. Le chrétien aime la loi de Dieu et désire y obéir malgré son incapacité à le faire parfaitement.

Nous concentrerons notre attention sur trois thèmes : *la loi dans la vie du chrétien, le péché dans la vie du chrétien* et *la grâce dans la vie du chrétien*. Ce sont essentiellement les trois réalités théologiques qui sont traitées dans ce passage.

La loi dans la vie du chrétien

Ce n'est pas par hasard ou pour des raisons stylistiques que Paul écrit cette section de son épître à la première personne du singulier. Il s'agit d'une description autobiographique qui doit être comprise comme étant la propre expérience de Paul. Son expérience n'est pas unique puisqu'elle décrit la réalité de tous les chrétiens nés de l'Esprit.

Autre fait à noter, Paul utilise deux temps de verbe : le passé et le présent. Des versets 9 à 13, il parle d'un état passé et à partir du verset 14, il décrit son état présent. Il décrit d'abord sa conversion : « Pour moi, étant autrefois sans loi, je vivais ; mais quand le commandement vint, le péché reprit vie, et moi je mourus » (v. 9).

Avant de rencontrer Christ, Paul, à l'époque Saul de Tarse, était sans loi. Bien qu'il fût pharisien et qu'il se décrit ailleurs comme étant à cette époque «irréprochable à l'égard de la justice de la loi» (Ph 3.6), il ne connaissait pas véritablement la loi de Dieu et surtout, il ignorait à quel point il était transgresseur de cette loi, idolâtre, blasphémateur et même meurtrier. Lorsqu'il a rencontré Jésus, Paul a été frappé par la loi qui a mis en évidence son péché; il décrit cette expérience en disant «*je mourus*». Autrement dit, Paul reconnut son état de *mort spirituelle* et il fut convaincu de mériter la mort, alors qu'il avait vécu jusqu'alors en toute quiétude, pensant qu'il méritait la vie éternelle.

Ce revirement provoqué par la loi de Dieu dans la vie de Paul n'a pas produit une conviction *temporaire*, mais *permanente*. En effet, l'apôtre décrit ensuite au présent son expérience de la vie chrétienne; il constate qu'il lui est encore radicalement impossible d'obéir parfaitement à Dieu, puisqu'il demeure un pécheur. Il est alors déchiré entre une nature renouvelée qui désire marcher dans les voies du Seigneur et une vieille nature corrompue qui ne peut se conformer. Il est déchiré au point de s'écrier au verset 24: «Misérable que je suis! Qui me délivrera du corps de cette mort?»

Que s'est-il passé vis-à-vis de la loi entre l'expérience de Saul de Tarse et celle de l'apôtre Paul? Saul connaissait les mêmes commandements sans pourtant être troublé à leur égard, alors que Paul, le même homme, exprime une conviction de péché et un douloureux combat de conscience à cause de la loi. La différence entre l'expérience de Saul et celle de Paul à l'égard de la loi s'explique par l'intervention du Saint-Esprit dans le cœur de cet homme.

Un peu plus loin, Paul explique que la loi est sans force chez ceux qui n'ont pas le Saint-Esprit: «En effet, la loi de l'Esprit de vie en Jésus-Christ m'a affranchi de la loi du péché et de la mort. Car chose impossible à la loi, parce que la chair la rendait sans force...» (Ro 8.2,3.) La loi à elle seule n'a la puissance ni de convaincre le pécheur de son péché ni de l'en éloigner. Cependant, lorsque l'Esprit-Saint convainc un pécheur de justice et de jugement (Jn 16.8), la loi de Dieu produit alors un puissant effet.

Le pécheur jusqu'alors tranquille est convaincu de péché et il s'écrit : « Malheur à moi pécheur ! » La même loi qui laissait le pécheur indifférent et rebelle dans son péché produit par l'Esprit une profonde conviction de péché qui amène une repentance perpétuelle chez le pécheur. Il ne s'agit pas d'une loi différente, mais de la seule et unique loi de Dieu opérée sous deux régimes différents : celui de l'Alliance des œuvres qui ne peut que condamner et conduire à la mort et celui de l'Alliance de grâce qui mène à la conversion et à la vie éternelle.

C'est pour cette raison que Paul s'empresse de dire que malgré l'effet négatif que la loi produit sur un pécheur, elle est sainte, juste et bonne. La loi met en évidence le péché et révèle l'abondance du mal dans le cœur de l'homme (Ro 3.20). Ceux qui vivent sans la loi de Dieu n'ont pas cette conscience d'eux-mêmes, mais ceux qui ont été saisis par l'Esprit de Dieu ont la conviction d'être le premier d'entre les pécheurs et s'écrient : « Ô Dieu, sois apaisé envers moi, qui suis un pécheur ! » (Lu 18.13.)

Cette fonction de la loi sera permanente dans la vie du croyant. Autrement dit, la loi ne le convaincra pas de péché uniquement au moment de sa conversion, mais toute sa vie elle lui rappellera qu'il ne vit que par la grâce de Dieu car, pour le reste de sa vie, la loi divine révélera le péché en lui. La loi dans la vie du chrétien révèle le péché dans la vie du chrétien, ce qui nous mène logiquement à notre deuxième point.

Le péché dans la vie du chrétien

La loi représente la volonté parfaite de Dieu. La loi est le standard de la justice du Créateur ; rien ne peut y être ajouté et rien ne peut y être retranché. Un chrétien né de l'Esprit cherche à atteindre cette perfection. Jésus déclare les exigences de la vie dans son royaume dans les termes suivants: «Soyez donc parfaits, comme votre Père céleste est parfait» (Mt 5.48).

Je ne connais aucun chrétien né de l'Esprit qui se dirait en lui-même: «Je ne veux pas obéir à Dieu à 100 %, mais une obéissance à 90 % me satisferait amplement!» Bien sûr, je ne connais aucun chrétien qui obéit à Dieu 100 % du temps, peut-être même aucun qui obéit 90 % du temps! La question n'est pas là, mais plutôt dans l'aspiration créée par le Saint-Esprit dans le cœur d'un pécheur.

L'Esprit crée en nous une disposition qui aspire à ne plus pécher du tout, à être semblable à Jésus-Christ en tout point. Notre nouvelle nature ne sera jamais entièrement satisfaite aussi longtemps que le péché n'aura pas entièrement disparu et elle continuera à s'écrier: «Qui me délivrera du corps de cette mort?» Un peu plus loin, en parlant de l'œuvre de l'Esprit en nous et des soupirs qu'il suscite dans nos cœurs en vue du renouvellement complet et final dans la gloire, l'apôtre nous rappelle aussi que notre salut se manifeste encore sous la forme d'une espérance:

> [...] nous aussi, qui avons les prémices de l'Esprit, nous aussi nous soupirons en nous-mêmes, en attendant l'adoption, la rédemption de notre corps. Car c'est en espérance que nous sommes sauvés (Ro 8.23,24).

Le salut en espérance signifie, entre autres choses, la rémanence du péché dans notre corps après que l'Esprit Saint soit venu y résider. Cette rémanence fait en sorte que le chrétien, malgré son aspiration à être parfait comme son Père céleste, est incapable de ne jamais pécher. C'est pour cette raison que Paul décrit son combat des versets 14 à 23:

> Nous savons, en effet, que la loi est spirituelle; mais moi, je suis charnel, vendu au péché. Car je ne sais pas ce que je fais: je ne fais

point ce que je veux, et je fais ce que je hais. Or, si je fais ce que je ne veux pas, je reconnais par là que la loi est bonne. Et maintenant ce n'est plus moi qui le fais, mais c'est le péché qui habite en moi. Ce qui est bon, je le sais, n'habite pas en moi, c'est-à-dire dans ma chair : j'ai la volonté, mais non le pouvoir de faire le bien. Car je ne fais pas le bien que je veux, et je fais le mal que je ne veux pas. Et si je fais ce que je ne veux pas, ce n'est plus moi qui le fais, c'est le péché qui habite en moi. Je trouve donc en moi cette loi : quand je veux faire le bien, le mal est attaché à moi. Car je prends plaisir à la loi de Dieu, selon l'homme intérieur ; mais je vois dans mes membres une autre loi, qui lutte contre la loi de mon entendement, et qui me rend captif de la loi du péché, qui est dans mes membres.

Voici quelques remarques fondamentales pour bien comprendre ce texte. Tout d'abord, en disant qu'il est charnel et vendu au péché, Paul ne veut pas dire qu'il est dans la même captivité que le sont les pécheurs non régénérés. Paul ne veut pas dire non plus qu'il n'y a aucune puissance dans sa vie contre la puissance du péché et qu'il ne connaît aucune victoire ni aucun progrès spirituel. Paul veut simplement dire que jusqu'à la résurrection finale, son corps sera irréductiblement lié au péché. En principe, le péché a été anéanti de sa vie par Jésus-Christ, mais ce salut est en espérance et il devra attendre encore avant de le voir disparaître définitivement. En attendant, il sera incapable de ne pas pécher ; tôt ou tard, malgré ses plus fermes résolutions, il péchera. N'avez-vous jamais résolu de ne pas vous mettre en colère pour vous repentir de votre colère quelques instants plus tard ? Ou de garder votre bouche fermée pour ensuite vous repentir d'avoir trop parlé ? N'avez-vous jamais décidé que vous ne commettriez plus un péché particulier et avant longtemps êtes retombés dans ce même péché ? C'est ce que signifie être vendu au péché et faire le mal qu'on ne veut pas faire.

Deuxièmement, Paul ne se déresponsabilise pas en disant au verset 17 : « ce n'est plus moi qui le fais, mais c'est le péché qui habite en moi ». Paul reconnait entièrement sa culpabilité pour ses propres péchés qu'il continue de commettre. Cependant, il constate que son péché ne procède pas de sa nouvelle nature en Jésus-Christ qui constitue maintenant sa véritable identité : une identité nouvelle et finale. Son péché procède de son ancienne nature qui a été crucifiée avec Christ et qui doit être maintenue dans le tombeau par un renoncement perpétuel. Ce qu'il décrit ailleurs comme la crucifixion de la chair (Ro 8.13 ; Ga 2.20). Autrement dit, le moi pécheur est mort, le vrai moi en Jésus-Christ ne pèche plus et il vit éternellement. Vivons uniquement selon l'homme nouveau en Christ-Jésus !

Troisièmement, Paul n'est pas « platonicien », c'est-à-dire qu'il n'oppose pas le corps et l'esprit comme s'il opposait le mal et le bien. En parlant du péché qui est dans sa chair et qui lutte dans ses membres, Paul veut simplement dire que notre être actuel est encore habité par le péché. Dieu a mis en nous une nature nouvelle en régénérant notre esprit, mais ce n'est qu'à la résurrection finale que notre être entier sera débarrassé du péché. En ce moment, et jusqu'à notre mort, le péché se manifestera en nous en même temps que notre nouvelle nature. Cette dernière se manifeste principalement sur le plan de notre entendement puisque le renouvellement est « selon l'homme intérieur » (voir Ro 7.22,23 ; 12.2), mais ne conquerra tout notre être qu'à la glorification (1 Co 15.42-58).

Quatrièmement, l'Écriture ne présente jamais le péché rémanent comme un état de fait acceptable. Nulle part, nous ne retrouvons l'idée que le péché est une fatalité contre laquelle nous ne pouvons rien faire et que nous devons accepter. Paul ne présente pas le portrait d'un homme qui a constaté que le péché fait partie de sa vie et qui attend passivement que la glorification se produise puisqu'il ne peut rien y faire pour l'instant. Il nous présente le portrait d'un homme qui lutte contre la puissance du péché qui est dans ses membres et qu'il ne peut accepter. Il sait que le péché sera en lui jusqu'à la fin de sa vie, mais il le combattra jusqu'à sa mort et il sera sans cesse repentant pour son péché. *Jamais il ne croira que la rémanence du péché est une licence qui le dispense de la repentance.* En plus d'avoir une belle assonance, cette phrase nous rappelle que le refrain de la vie du chrétien est : « Pardonne-moi Seigneur ! » La grâce seule permettra au croyant d'avancer, de livrer ce combat et d'être préservé.

La grâce dans la vie du chrétien

En lisant Romains 7 et mon explication ci-dessus, nous pourrions avoir l'impression qu'un chrétien est une personne qui vit avec un sentiment continuel de culpabilité et d'échec et qu'il est malheureux comme les pierres. S'il est vrai que Paul s'écrie : « Misérable que je suis ! Qui me délivrera du corps de cette mort ? », il termine cependant sur une note d'espérance en ajoutant au verset suivant : « Grâces soient rendues à Dieu par Jésus-Christ notre Seigneur ! »

Le chrétien n'est pas malheureux, car il n'est pas abandonné seul avec son péché, mais il est secouru par Jésus-Christ. Premièrement, bien qu'il pèche, le chrétien n'est pas condamné pour ses péchés. Il n'accumule d'aucune façon la colère de Dieu contrairement aux autres pécheurs qui s'amassent « un trésor de colère pour le jour de la colère » (Ro 2.5). Il en est ainsi, car Dieu est fidèle et juste :

> Si nous confessons nos péchés, il est fidèle et juste pour nous les pardonner, et pour nous purifier de toute iniquité. [...] Mes petits enfants, je vous écris ces choses, afin que vous ne péchiez point. Et si quelqu'un a péché, nous avons un avocat auprès du Père, Jésus-Christ le juste (1 Jn 1.9 ; 2.1).

Parce que Dieu est juste, il ne peut pas condamner celui qui invoque la justice de Christ pour être justifié. Or, ce n'est pas tout. Jésus, en tant que souverain sacrificateur vivant et compatissant, nous secourt du péché qui nous enveloppe si facilement lorsque nous crions à lui (Hé 12.1-4). Non seulement nous assure-t-il du pardon, mais encore de la grâce nécessaire pour résister au péché, pour discerner les pièges du malin et pour connaître une croissance réelle dans notre obéissance à Dieu.

Bien que nous ne soyons pas encore devenus sans péché, reconnaissons que la puissance de Christ nous a secourus du péché. Non seulement sa puissance agit-elle d'une manière générale et constante dans notre sanctification, mais son secours se manifeste ponctuellement auprès de ceux qui l'invoquent lorsqu'ils sont dans la tentation. « Seigneur Jésus ! Viens à mon secours afin que je ne pèche pas contre mon Dieu ! » N'avez-vous jamais été exaucés à l'instant où vous avez ainsi prié ?

Finalement, Jésus nous délivrera totalement du corps de cette mort à la glorification finale :

> Mais notre cité à nous est dans les cieux, d'où nous attendons aussi comme Sauveur le Seigneur Jésus-Christ, qui transformera le corps de notre humiliation, en le rendant semblable au corps de sa gloire, par le pouvoir qu'il a de s'assujettir toutes choses (Ph 3.20,21).

Cette vérité produit immédiatement un effet sur nous dans notre lutte contre le péché rémanent : « Quiconque a cette espérance en lui se purifie, comme lui-même est pur » (1 Jn 3.3). Tel est l'effet de la grâce dans la vie du chrétien.

Nous pourrions résumer l'enseignement de ce chapitre de la manière suivante. La rémanence du péché dans la vie du chrétien est mise en lumière par la loi de Dieu que l'Esprit utilise pour nous rendre totalement dépendants de la grâce afin de triompher dès à présent et éternellement du péché dans notre vie. À Dieu seul la gloire !

À méditer

Il n'y a donc maintenant aucune condamnation pour ceux qui sont en Jésus-Christ. En effet, la loi de l'Esprit de vie en Jésus-Christ m'a affranchi de la loi du péché et de la mort. Car chose impossible à la loi, parce que la chair la rendait sans force, – Dieu a condamné le péché dans la chair, en envoyant, à cause du péché, son propre Fils dans une chair semblable à celle du péché, et cela afin que la justice de la loi fût accomplie en nous, qui marchons, non selon la chair, mais selon l'Esprit (Ro 8.1-4).

Chapitre 12

L'erreur du piétisme

Tout ne repose pas sur notre piété

Colossiens 2.1-23

Le sujet que nous traiterons dans ce chapitre s'inscrit en continuité avec le précédent. En réponse au péché rémanent, certains chrétiens adoptent une attitude piétiste où leur sanctification semble dépendre exclusivement de leur propre piété. Le mot piété est une traduction du mot grec *eusebeia* qui est employé 15 fois dans le Nouveau Testament. Ce mot est synonyme de sainteté et de consécration à Dieu.

La piété est une excellente chose qui nous est commandée par Dieu lui-même dans sa Parole. Le piétisme, cependant, est une déformation de la piété biblique; il accentue certains aspects de la vie chrétienne au détriment d'autres aspects. Le piétisme, c'est lorsqu'on conçoit que la vie chrétienne, la croissance de l'Église et même l'avenir du christianisme reposent sur notre piété.

Je peux aisément témoigner de cette tendance ayant moi-même été un piétiste pendant une période de ma vie chrétienne. J'ai vécu une conversion radicale qui m'a amené à considérer que toutes les conversions devaient être radicales. Je ne comprenais pas que l'Écriture présente à la fois le modèle de conversion «*sur le chemin de Damas*», comme ce fut le cas pour Paul, et celui qui vient d'une éducation chrétienne «*reçue dès l'enfance*», comme dans le cas de Timothée. Mes premiers maîtres dans la foi furent Rebecca Brown, qui m'a appris à chasser les démons en prenant autorité sur tout «au Nom de Jésus» et à rechercher les «effets spéciaux» de la foi chrétienne, Watchman Nee, qui m'a appris comment écouter les intuitions du Saint-Esprit en mortifiant la chair et en fortifiant mon esprit, et Charles G. Finney qui m'a appris la piété radicale et le zèle sans compromis.

J'ai rapidement développé un mépris pour la vie ordinaire qui m'apparaissait contraire et incompatible à la «vraie» vie spirituelle dans le royaume de Dieu. Le travail ordinaire, la vie d'Église ordinaire, les occupations ordinaires de la vie, ce n'était pas pour moi. Je voulais vivre une expérience extraordinaire avec Dieu. Je ne voulais pas étudier la Bible avec des moyens ordinaires d'apprentissage, mais je voulais être enseigné directement par le Saint-Esprit. Je ne voulais pas visiter les malades, mais je voulais guérir les malades et être un canal de la puissance de Dieu. Je ne voulais pas rester pour m'établir et servir Dieu où il m'avait placé, mais je voulais partir comme un apôtre, vivre par la foi et aller de lieu en lieu où l'Esprit me conduirait. J'avais même acheté mon équipement de voyage et je me préparais à tout quitter.

À cette époque, je considérais que l'Église conventionnelle était trop tiède pour moi, sans prendre conscience que, manifestement, mon propre amour pour mes frères et sœurs était plus que tiède. J'étais lié avec un frère qui partageait le même zèle que moi ; nous pensions «humblement» que nous étions peut-être les deux témoins d'Apocalypse 11. Ensemble nous allions évangéliser dans la rue, nous avions même déjà utilisé un porte-voix pour prêcher la fin du monde à des centaines d'étudiants d'une polyvalente. Nous organisions des réunions de prières spéciales où les plus « zélés » se déchaînaient tous en même temps pour intercéder avec force. Nous pensions que notre cacophonie était « la prière fervente et efficace » dont Jacques parle. Nous pensions que plus longtemps et intensément nous priions, plus Dieu manifesterait sa puissance.

Avec le recul, je dois admettre que même si j'étais dans l'erreur sur beaucoup de points, mon cœur était sincère. Je crois que la description suivante me correspondait bien (Ro 10.2) : « Je leur rends le témoignage qu'ils ont du zèle pour Dieu, mais sans intelligence. » La traduction de la Bible de Jérusalem dit : « un zèle mal éclairé ». Le piétisme est une démarche sincère, mais qui reflète une compréhension erronée de l'enseignement biblique sur la vie chrétienne. Le piétisme est principalement un problème de prépondérance : certains points sont exagérément accentués tandis que d'autres sont grossièrement négligés. Poursuivons notre réflexion à partir de Colossiens 2.1-23[1] :

Je veux, en effet, que vous sachiez combien est grand le combat que je soutiens pour vous, et pour ceux qui sont à Laodicée, et pour tous ceux qui n'ont pas vu mon visage en la chair, afin qu'ils aient le cœur rempli de consolation, qu'ils soient unis dans la charité, et enrichis d'une pleine intelligence pour connaître le mystère de Dieu, savoir Christ, mystère dans lequel sont cachés tous les trésors de la sagesse et de la science. Je dis cela afin que personne ne vous trompe par des discours séduisants. [...] Prenez garde que personne ne fasse de vous sa proie par la philosophie et par une vaine tromperie, s'appuyant sur la tradition des hommes, sur les rudiments du monde, et non sur Christ. Car en lui habite corporellement toute la plénitude de la divinité. Vous avez tout pleinement en lui, qui est le chef de toute domination et de toute autorité. [...] Que personne donc ne vous juge au sujet du manger

1. Plusieurs textes bibliques auraient pu être utilisés pour répondre à une caractéristique ou à une autre du piétisme. Ce passage m'apparaissait couvrir plus d'éléments même si certaines questions relatives au piétisme n'y sont pas directement abordées. Pour des raisons d'espace, je n'ai pas mis le texte biblique en entier.

ou du boire, ou au sujet d'une fête, d'une nouvelle lune, ou des sabbats : c'était l'ombre des choses à venir, mais le corps est en Christ. Qu'aucun homme, sous une apparence d'humilité et par un culte des anges, ne vous ravisse à son gré le prix de la course, tandis qu'il s'abandonne à ses visions et qu'il est enflé d'un vain orgueil par ses pensées charnelles, sans s'attacher au chef, dont tout le corps, assisté et solidement assemblé par des jointures et des liens, tire l'accroissement que Dieu donne. Si vous êtes morts avec Christ aux rudiments du monde, pourquoi, comme si vous viviez dans le monde, vous impose-t-on ces préceptes : Ne prends pas ! Ne goûte pas ! Ne touche pas ! préceptes qui tous deviennent pernicieux par l'abus, et qui ne sont fondés que sur les ordonnances et les doctrines des hommes ? Ils ont, à la vérité, une apparence de sagesse, en ce qu'ils indiquent un culte volontaire, de l'humilité, et le mépris du corps, mais ils sont sans aucun mérite et contribuent à la satisfaction de la chair.

Qu'est-ce que le piétisme ?

Au début de ce passage, Paul nous met en garde contre une fausse sagesse qui vient des hommes et non de Dieu : « Prenez garde que personne ne fasse de vous sa proie par la philosophie et par une vaine tromperie, s'appuyant sur la tradition des hommes, sur les rudiments du monde, et non sur Christ » (v. 8). Bien entendu, l'apôtre ne parle pas ici du piétisme, mais d'une hérésie radicalement contraire à l'Évangile. Cependant, le piétisme vient non pas de Christ, mais de la tradition des hommes. Aussi convaincus qu'ils le sont d'être dirigés par Dieu seul, les piétistes sont en fait influencés par une tradition humaine bien connue comme courant historique. Une tradition humaine n'est pas mauvaise en soi, en fait elle est une excellente chose si elle est en harmonie avec Christ, mais elle est une mauvaise chose si elle repose « sur les rudiments du monde » tout en altérant l'enseignement biblique.

Il serait trop long de faire un survol historique du piétisme pour comprendre comment nous avons hérité de cette tendance[2]. Rappelons simplement que le piétisme est né en Allemagne dans l'Église luthérienne durant la deuxième moitié du xviie siècle. Il était une réponse à ce que l'on pourrait appeler une orthodoxie stérile qui régnait dans cette Église ; une doctrine juste et vraie, mais qui n'engendrait aucune ferveur religieuse et qui cohabitait avec des mœurs corrompues[3]. Ce piétisme influença grandement le réveil méthodiste qui eut un impact sismique sur le monde chrétien anglo-saxon au cours du siècle suivant.

Le message fondamental du méthodisme, avec lequel nous pouvons être en accord, était qu'il n'est pas suffisant d'adhérer à la bonne religion, encore faut-il naître de nouveau et marcher en communion personnelle avec Dieu. Le réveil méthodiste donna essor au mouvement évangélique. George Whitefield, l'un des principaux prédicateurs de ce réveil, prêchait la doctrine du salut à partir d'une compréhension calviniste, tandis que John Wesley était de conviction arminienne. La branche wesleyenne du méthodisme a éventuellement engendré le mouvement de sanctification, le perfectionnisme et plus tard le pentecôtisme. Toute cette mouvance était résolument piétiste et elle fit sentir son influence dans tout le protestantisme.

Le piétisme est bien établi dans les milieux évangéliques. Souvent, les expressions « le Seigneur m'a dit... » ou encore « le Seigneur m'a montré... » révèlent une approche subjective et

---

2. Il existe plusieurs ouvrages complets sur cette question. Pour une présentation fort utile de l'origine historique de ce mouvement évangélique, je recommande vivement cet exposé audio du pasteur et historien Ronald Baines : *The Roots and Rise of Pietism in American Evangelicalism*, disponible à cette adresse : < http://confessingbaptist.com/ the-roots-and-rise-of-pietism-in-american-evangelicalism-ron-baines > (page consultée le 2 mars 2018). Pour une analyse plus théologique du piétisme, je recommande cette entrevue avec les pasteurs Ronald Baines et Micah Renihan : < http://confessingbaptist. com/podcast047 >.

3. Voir D. W. Brown, « Pietism », *New Dictionary of Theology*, Downers Grove, Ill., InterVarsity Press, 2000, p. 515-517.

mystique pour connaître la volonté de Dieu. Nous cherchons une parole cachée que le Seigneur a pour nous individuellement et nous interprétons la Bible de manière privée en rejetant l'interprétation commune et historique de l'Église. Nous pensons que « connaître la volonté de Dieu » ne signifie pas être mature dans la compréhension du conseil divin révélé dans les Écritures, mais qu'il s'agit plutôt d'être sensible aux intuitions et aux signes de confirmation que le Seigneur nous donne pour nous diriger dans sa volonté. Les maximes suivantes, que nous entendons dans nos milieux, sont de tendance piétiste : « La doctrine divise, mais l'amour unit. » « Ce qui compte ce n'est pas la tête, mais le cœur. » « Écoute ce que Dieu te dit dans ton cœur. » « Il y a des chrétiens charnels et des chrétiens spirituels. »

Les piétistes considèrent que ce que nous *vivons* est plus important que ce que nous *croyons*. Ils cherchent l'assurance du salut non dans l'œuvre achevée du Christ, mais dans l'intensité d'une expérience spirituelle. À l'intérieur du piétisme, le légalisme et l'antinomisme[4] font parfois bon ménage. Certains insistent sur le rigorisme et la conformité à une culture très conservatrice, tandis que d'autres sont libéraux et opposent l'amour à la vérité en versant dans le subjectivisme moral où personne ne doit juger, car chacun détermine avec Dieu ce qui est bon pour lui. Nous sommes tous, à des degrés différents, influencés par une forme ou une autre de piétisme.

Que devons-nous faire du piétisme ?

Je tenterai maintenant d'expliquer pourquoi il faut rejeter le piétisme. Je crois bien humblement que malgré des intentions sincères, le piétisme cause beaucoup de difficultés aux croyants. Il rend la vie chrétienne complexe alors qu'elle est simple. Il

---

4. « Antinomisme » vient de deux mots grecs : *anti* (au lieu de) et *nomos* (loi). L'antinomisme est une doctrine ou une attitude qui tend à s'opposer à la loi de Dieu, à nier la nécessité de l'obéissance et à minimiser l'importance de la sanctification.

crée bien des inquiétudes et des remises en question inutiles et contraires à l'assurance qui devrait caractériser la marche des enfants de Dieu. Il culpabilise alors qu'il n'y a pas de culpabilité. D'autres fois, le piétisme fait exactement l'inverse : il crée une confiance qui s'appuie sur l'homme croyant faussement s'appuyer sur Dieu. Il donne la paix, alors qu'il devrait y avoir des inquiétudes. Il conduit dans l'erreur tout en créant la conviction d'être dans la vérité.

Si nous voulons vivre une vie chrétienne normale et avoir une foi biblique, il est nécessaire d'examiner les principales caractéristiques du piétisme à la lumière des Écritures et de laisser ces dernières réformer notre compréhension. Nous analyserons le piétisme sous trois aspects qui sont interreliés.

1. La connaissance objective et subjective de Dieu

Dans notre texte biblique, l'apôtre parle de la connaissance de Dieu. Sa prière pour les chrétiens (Col 2.2,3) est qu'ils soient « enrichis d'une pleine intelligence pour connaître le mystère de Dieu, savoir Christ, mystère dans lequel sont cachés tous les trésors de la sagesse et de la science ». Que signifie « connaître le mystère de Dieu » ?

Bien entendu, il ne s'agit pas simplement de connaître des choses à propos de Dieu, mais de connaître Dieu lui-même. Il est possible de connaître beaucoup de choses au sujet d'une personne, sans connaître cette personne elle-même, ou sans être connu de cette personne. Plusieurs théologiens ont fait de Dieu un sujet à étudier sans jamais voir qu'il est avant tout une personne à adorer.

Cependant, en présentant la connaissance objective et subjective de Dieu, je ne désire pas opposer la connaissance *sur Dieu* et la connaissance *de Dieu*, mais plutôt expliquer comment nous connaissons Dieu *subjectivement* par une révélation *objective*. La connaissance personnelle et subjective de Dieu vient de l'onction du Saint-Esprit qui est donnée à tous ceux qui ont une foi à salut dans le Christ. Voici comment l'apôtre Paul décrit cette expérience spirituelle :

> Mais, comme il est écrit, ce sont des choses que l'œil n'a point vues, que l'oreille n'a point entendues, et qui ne sont point montées au cœur de l'homme, des choses que Dieu a préparées pour ceux qui l'aiment. Dieu nous les a révélées par l'Esprit. Car l'Esprit sonde tout, même les profondeurs de Dieu. Lequel des hommes, en effet, connaît les choses de l'homme, si ce n'est l'esprit de l'homme qui est en lui ? De même, personne ne connaît les choses de Dieu, si ce n'est l'Esprit de Dieu. Or nous, nous n'avons pas reçu l'esprit du monde, mais l'Esprit qui vient de Dieu, afin que nous connaissions les choses que Dieu nous a données par sa grâce (1 Co 2.9-12).

Connaître Dieu, c'est le connaître en Esprit et en vérité (Jn 4.24). Sans l'Esprit Saint, nous ne connaissons pas Dieu (Ro 8.9) ; nous apprenons peut-être des choses à son sujet, mais cela ne produira pas une connaissance vivante et à salut. C'est l'Esprit qui nous permet de reconnaître la voix de notre berger et de savoir qu'il est le véritable Seigneur. C'est l'Esprit qui produit en nous la conviction de la vérité et tous les fruits qui en découlent (Ép 4.24).

L'erreur du piétisme, c'est de penser que l'Esprit suscite une connaissance directe de Dieu sans nécessairement passer par la révélation écrite. La révélation écrite repose sur la révélation historique de Dieu en Christ et est le révélateur du mystère divin (Col 2.2). Mais d'après l'approche piétiste, l'Esprit révélerait Dieu directement à nos pensées sans que nous ayons besoin de recevoir l'enseignement de la Bible. « L'Esprit m'a dit que... » et, apparemment, ce qu'il aurait dit ne se trouve pas dans la Bible. Ce qui n'est pas dans la Bible, c'est surtout une telle conception de la direction de l'Esprit !

L'Écriture enseigne que l'Esprit ne communique la connaissance de Dieu que par la révélation de Dieu, c'est-à-dire l'Écriture sainte. Paul déclare, sous l'inspiration du Saint-Esprit, qu'il « a plu à Dieu de sauver les croyants par la folie de la prédication » (1 Co 1.18). L'Esprit ne suscite pas la foi là où la vérité n'est pas prêchée et il ne conduit personne à la connaissance de Dieu sans utiliser la Parole. C'est pour cette raison que l'apôtre déclare : « Ainsi la foi vient de ce qu'on entend, et ce qu'on entend vient de la parole de Christ » (Ro 10.17). De même, Pierre affirme que « vous avez été régénérés, non par une semence corruptible, mais par une semence incorruptible, par la parole vivante et permanente de Dieu » (1 Pi 1.23). Si l'œuvre de l'Esprit débute toujours avec la Bible, elle se poursuit également toujours de la même façon.

L'illumination intérieure du Saint-Esprit se produit principalement et généralement par des moyens ordinaires : la prédication dominicale, l'enseignement, la lecture et la méditation de la Parole de Dieu, la communion fraternelle, la prière individuelle et en groupe, etc. Ce que l'Esprit nous enseigne grâce à ces moyens n'est pas simplement une connaissance sur Dieu, mais une connaissance de Dieu. Cette connaissance ne consiste pas seulement dans l'acquisition d'informations théoriques, mais dans une vie de communion et d'obéissance au Seigneur. Ce n'est pas simplement la connaissance intellectuelle qui grandit par ces moyens, mais la foi.

Vous désirez grandir dans votre connaissance de Dieu et recevoir encore plus de lumière du Saint-Esprit ? Ouvrez sa Parole ! Lisez des livres de théologie. Partagez la Parole avec d'autres croyants. Écoutez des sermons et des enseignements solidement fondés dans la vérité. Apprenez à interpréter correctement la Bible. Pratiquez ce que vous apprenez et mettez votre vie au service de Dieu. « Car si ces choses sont en vous, et y sont avec abondance, elles ne vous laisseront point oisifs ni stériles pour la connaissance de notre Seigneur Jésus-Christ » (2 Pi 1.8).

Ajoutons un dernier élément avant de passer au point suivant. L'idée que Dieu voudrait nous révéler sa volonté pour notre vie au moyen d'une quête mystérieuse en nous montrant la personne que nous devons marier, l'endroit où nous devons vivre, l'Église que nous devons fréquenter, le travail que nous devons faire, etc. ne me semble pas être une idée que nous trouvons dans l'Écriture. La volonté que Dieu nous a pleinement révélée et que nous devons garder à tout prix est sa volonté morale et exercer notre liberté chrétienne à l'intérieur de cette dernière. La Parole de Dieu nous donne suffisamment de lumière pour que nous puissions discerner quelle personne marier, l'endroit où vivre, l'Église où servir, le travail à exécuter, etc.

Dieu ne veut pas que nous soyons des mystiques dirigés par autre chose que les Écritures. Il ne veut pas non plus prendre toutes les décisions à notre place. Autrement, nous risquons de rejeter l'entière suffisance des Écritures puisqu'il nous manquera quelque chose pour connaître pleinement la volonté du Seigneur qui ne serait pas révélé dans la Bible. Dieu veut simplement que toute notre vie soit dirigée par sa Parole. Il veut que nous devenions matures et que nous soyons en mesure de vivre en prenant des décisions libres et pleines de sagesse, des décisions qui mettent constamment sa Parole en action[5]. « Ce que Dieu veut, c'est votre sanctification... » (1 Th 4.3.)

2. *La communion individuelle et ecclésiale avec Dieu*

Généralement, le piétisme vient avec une déconsidération de l'Église en tant qu'institution. Assez souvent, les piétistes considèrent que se soumettre aux hommes est incompatible avec la soumission à Dieu. Pourtant, la Parole affirme que c'est en nous « soumettant les uns aux autres dans la crainte de Christ » (Ép 5.21) que nous serons remplis de l'Esprit (v. 18). Dans une perspective

---

5. Pour approfondir davantage ce dernier point, je recommande deux livres extrêmement utiles pour la compréhension de la volonté de Dieu : Gary Friesen, *Decision Making and the Will of God*, Sisters, Oreg., Multnomah, 1984, 526 p. ; Kevin DeYoung, *Et si Dieu voulait autre chose pour moi...*, Romanel-sur-Lausanne, La Maison de la Bible, 2018, 156 p.

piétiste, l'Église locale devient bien secondaire; elle peut être utile par moment, mais elle n'est certainement pas essentielle pour grandir dans notre communion avec Dieu. Les piétistes tendent à l'autarcie spirituelle: «J'ai Jésus, cela me suffit, je n'ai pas besoin de l'Église!» Examinons à nouveau notre texte biblique:

> Qu'aucun homme, sous une apparence d'humilité et par un culte des anges, ne vous ravisse à son gré le prix de la course, tandis qu'il s'abandonne à ses visions et qu'il est enflé d'un vain orgueil par ses pensées charnelles, sans s'attacher au chef, dont tout le corps, assisté et solidement assemblé par des jointures et des liens, tire l'accroissement que Dieu donne (Col 2.18,19).

L'attachement au chef (littéralement à la tête) se fait toujours dans le contexte du corps. Chaque partie de notre corps est attachée à notre tête par notre corps. La plupart des images qui symbolisent notre communion avec Dieu dans la Bible sont celles d'une communauté: les membres de son corps, les pierres de son édifice, les brebis de son troupeau, les enfants de sa famille, les gens de son peuple, les sarments de sa vigne, les branches de son olivier. Notre communion avec Christ se fait principalement au travers de la communion de Christ avec l'Église. Séparer de l'Église notre communion avec Christ est un concept étranger aux Écritures.

C'est également dans le contexte ecclésial que le Seigneur a voulu que sa Parole soit comprise. Le piétisme a introduit la regrettable manie d'interpréter la Bible chacun pour soi en tenant l'Esprit responsable de nos élucubrations contradictoires. Cependant, l'Écriture dit bien qu'elle ne peut pas être interprétée de manière privée (2 Pi 1.20)[6], mais que puisque l'Église est «la colonne et l'appui de la vérité» (1 Ti 3.15), notre interprétation doit

---

6. Ce verset exclut à la fois l'autonomie des prophètes et celles des interprètes. Dieu est l'auteur et l'interprète de sa Parole et non l'homme qui ne fait que recevoir la révélation et penser les pensées de Dieu après lui.

être en harmonie avec celle de l'Église. L'Église n'est manifestement pas infaillible, cependant elle a été gardée et éclairée par l'Esprit-Saint depuis bientôt 2000 ans. Les confessions de foi et les catéchismes qu'elle a produits lorsqu'elle s'est soumise à la Parole écrite sont les guides les plus fiables pour diriger notre compréhension de la Bible. Non seulement le piétisme s'appauvrit-il en rejetant tous ces trésors de la foi, mais il est également très prétentieux de penser qu'il n'a pas besoin des saints qui sont venus avant nous.

3. La vraie sainteté

Le piétisme va souvent de pair avec le légalisme. Il conçoit la sainteté comme étant la conformité à une série de règles extérieures : ne pas fumer, avoir un langage propre, lire la Bible tous les jours, ne pas s'entretenir de mondanités, ne pas fréquenter des gens de mauvaise vie. Quand on y pense, il n'est même pas nécessaire d'être chrétien pour être « saint ». Adopter un certain comportement extérieur, n'importe qui peut le faire, mais transformer un cœur méchant et le rendre bon, seul Dieu peut le faire.

La conception piétiste de la sainteté se concentre principalement sur la séparation d'avec le mal, elle tend à oublier la consécration au bien et place toute la responsabilité sur l'homme. L'apôtre Paul nous indique quel est le problème avec une telle vision de la sainteté :

> Si vous êtes morts avec Christ aux rudiments du monde, pourquoi, comme si vous viviez dans le monde, vous impose-t-on ces préceptes : Ne prends pas ! Ne goûte pas ! Ne touche pas ! préceptes qui tous deviennent pernicieux par l'abus, et qui ne sont fondés que sur les ordonnances et les doctrines des hommes ? Ils ont, à la vérité, une apparence de sagesse, en ce qu'ils indiquent un culte volontaire, de l'humilité, et le mépris du corps, mais ils sont sans aucun mérite et contribuent à la satisfaction de la chair (Col 2.20-23).

Le problème avec une sanctification orientée vers l'homme et qui ajoute des règles qui ne viennent pas de Dieu, c'est que malgré les apparences elle ne sanctifie pas. Cette approche contribue à l'orgueil de la chair et oriente la confiance vers l'homme plutôt que vers Dieu. L'assurance des piétistes réside en eux-mêmes, elle se trouve dans le nombre d'heures qu'ils passent à prier, dans le nombre de versets de la Bible qu'ils connaissent par cœur, dans la discipline sous laquelle ils maintiennent leur vie. Ils ne comprennent pas que leur ascétisme ne fait pas mourir la chair en eux, mais la nourrit. Le théologien Rousas John Rushdoony explique l'erreur de cette approche :

> Il faut en outre ajouter que le piétisme n'est pas la sainteté. La doctrine de la sanctification ou de la sainteté est fondée sur la justification et la régénération. La sainteté repose sur l'œuvre objective de Dieu, alors que le piétisme repose sur l'expérience subjective de l'homme. Dès son origine, le piétisme a minimisé la justification et a mis l'accent sur le rôle de l'homme dans le don de la vie nouvelle[7].

Remarquez comment l'apôtre Paul, dans Colossiens 2, associe notre sainteté non pas à ce que nous faisons pour Dieu, mais à ce que Dieu a fait pour nous. Le fondement de notre sainteté, c'est notre justification par la foi sans nos œuvres. La sanctification qui s'ensuit n'est pas premièrement quelque chose que nous faisons, mais quelque chose qui nous est fait : Dieu nous sanctifie lui-même (voir 1 Th 5.23).

Pour être saints, nous n'avons pas besoin de faire des choses extraordinaires pour Dieu : devenir missionnaire, aller prêcher dans la rue, passer tout notre temps libre à prier et à lire la Bible. Gloire à Dieu pour tout cela ! Cependant, ce que Dieu nous demande c'est de garder ses commandements et de le servir là où nous nous trouvons : dans notre rôle à la maison, dans notre

---

7. Rousas John Rushdoony, *Systematic Theology in Two Volumes*, vol. 1, trad. libre, Vallecito, Calif., Ross House Books, 1994, p. 538.

Le côté obscur de la vie chrétienne

rôle en dehors de la maison, dans notre marche avec les frères et les sœurs. La sainteté n'est pas un fardeau pénible nous dit Jean, mais une grâce libératrice :

> Car l'amour de Dieu consiste à garder ses commandements. Et ses commandements ne sont pas pénibles, parce que tout ce qui est né de Dieu triomphe du monde ; et la victoire qui triomphe du monde, c'est notre foi (1 Jn 5.3,4).

La sainteté des enfants de Dieu procède de l'amour. De l'amour de Dieu pour eux et de l'amour qu'ils ont pour Dieu. La sainteté est premièrement l'œuvre de Dieu et non la nôtre. C'est lui qui « s'est donné lui-même pour nous, afin de nous racheter de toute iniquité, et de se faire un peuple qui lui appartienne, purifié par lui et zélé pour les bonnes œuvres » (Tit 2.14). Nous sommes son ouvrage (Ép 2.10).

Conclusion

Il est difficile de cerner définitivement le problème du piétisme puisqu'il prend des formes différentes. Dans ce chapitre, trois éléments ont été proposés comme antidote à cette déformation de la piété : un recentrage sur les Écritures saintes, un recentrage sur la communauté chrétienne et un recentrage de la piété chrétienne elle-même.

Le danger qui guette les croyants abusés par les excès du piétisme est de surréagir et de finir par rejeter la piété même en voulant se libérer des erreurs qu'ils ont reconnues. Il n'est pas toujours facile de tracer la ligne directrice pour la conscience en ne confondant pas l'influence de l'homme et celle de l'Esprit Saint dans le domaine de la sainteté. Malheureusement, il n'existe pas de raccourci pour atteindre la maturité chrétienne qui est nécessaire pour pouvoir faire les bonnes distinctions entre ce qui est à retenir et ce qui est à rejeter (Ép 4.14 ; Col 2.8 ; 1 Th 5.20,21). Nous poursuivrons donc la réflexion au prochain chapitre en tentant de définir la sainteté biblique.

À méditer

Et il a donné les uns comme apôtres, les autres comme prophètes, les autres comme évangélistes, les autres comme pasteurs et docteurs, pour le perfectionnement des saints en vue de l'œuvre du ministère et de l'édification du corps de Christ, jusqu'à ce que nous soyons tous parvenus à l'unité de la foi et de la connaissance du Fils de Dieu, à l'état d'homme fait, à la mesure de la stature parfaite de Christ, afin que nous ne soyons plus des enfants, flottants et emportés à tout vent de doctrine, par la tromperie des hommes, par leur ruse dans les moyens de séduction, mais que, professant la vérité dans la charité, nous croissions à tous égards en celui qui est le chef, Christ. C'est de lui, et grâce à tous les liens de son assistance, que tout le corps, bien coordonné et formant un solide assemblage, tire son accroissement selon la force qui convient à chacune de ses parties, et s'édifie lui-même dans la charité. Voici donc ce que je dis et ce que je déclare dans le Seigneur, c'est que vous ne devez plus marcher comme les païens, qui marchent selon la vanité de leurs pensées (Ép 4.11-17).

Chapitre 13

L'erreur de l'antinomisme évangélique

Dieu aime notre sainteté

Hébreux 12.4-17

Quelle est la place des œuvres de la loi dans la vie du chrétien ?
Tous les chrétiens évangéliques s'entendent pour dire que : « Nul
ne sera justifié devant lui par les œuvres de la loi » (Ro 3.20), mais
peut-on être justifié sans les œuvres ? À cette question s'ajoute
celle-ci : avons-nous un quelconque rôle à jouer dans notre sanctification ou demeurons-nous totalement passifs pendant que
l'Esprit-Saint produit la sanctification en nous ? Autrement dit,
qu'est-ce que la sanctification et qui fait le travail ? Troisième
enjeu : pouvons-nous plaire à Dieu ? Ne nous est-il pas radicalement impossible de lui plaire par nos œuvres et n'avons-nous que
la foi pour lui être agréables ? Est-il possible de déplaire à Dieu
lorsque nous sommes ses enfants bien-aimés en Jésus-Christ ?

Dieu pourrait-il nous aimer plus ou nous aimer moins qu'il ne nous aime déjà ? Son amour n'est-il pas fixé une fois pour toutes dans l'Évangile, sans que nous puissions y changer quoi que ce soit par notre conduite ?

Ces questions sont essentielles à une juste compréhension de la vie chrétienne et de la sanctification voulue par Dieu (1 Th 4.3). Nous répondrons à chacune de ces questions dans ce chapitre en examinant une autre tendance parmi les chrétiens : *l'antinomisme évangélique*[1]. Cette tendance est souvent une réaction au légalisme du piétisme et à la propension de l'homme d'ajouter des commandements à ceux de Dieu.

L'antinomisme évangélique est une compréhension particulière de la vie chrétienne que nous retrouvons dans nos milieux. Il s'agit fondamentalement d'une approche qui accentue la grâce en l'opposant à la loi. Elle affirme que la sanctification consiste à se reposer entièrement sur notre justification et que tout changement en nous est uniquement l'œuvre de Dieu ; nos efforts les plus pieux pour essayer d'obéir à Dieu seraient charnels. Enfin, elle est accompagnée de l'idée que nous ne pouvons pas être agréables à Dieu par nos œuvres et notre obéissance ; il serait même contraire à la grâce de chercher à lui plaire.

À mon humble avis, l'antinomisme évangélique est aussi erroné que la conception légaliste de la vie chrétienne propre au piétisme dans sa conception de la vie chrétienne, de la grâce et de la sanctification. Nous ne chercherons pas un équilibre entre ces deux modèles erronés, mais une troisième voie. Nous définirons la doctrine biblique de la vie chrétienne à partir des Écritures. Commençons par lire un texte nécessaire à notre compréhension de la marche de l'enfant de Dieu avec son Père :

> Vous n'avez pas encore résisté jusqu'au sang, en luttant contre le péché. Et vous avez oublié l'exhortation qui vous est adressée

---

1. Voir le chapitre 12, note 4, pour une définition de l'antinomisme.

comme à des fils : Mon fils, ne méprise pas le châtiment du Seigneur, et ne perds pas courage lorsqu'il te reprend ; car le Seigneur châtie celui qu'il aime, et il frappe de la verge tous ceux qu'il reconnaît pour ses fils. Supportez le châtiment : c'est comme des fils que Dieu vous traite ; car quel est le fils qu'un père ne châtie pas ? Mais si vous êtes exempts du châtiment auquel tous ont part, vous êtes donc des enfants illégitimes, et non des fils. D'ailleurs, puisque nos pères selon la chair nous ont châtiés, et que nous les avons respectés, ne devons-nous pas à bien plus forte raison nous soumettre au Père des esprits, pour avoir la vie ? Nos pères nous châtiaient pour peu de jours, comme ils le trouvaient bon ; mais Dieu nous châtie pour notre bien, afin que nous participions à sa sainteté. Il est vrai que tout châtiment semble d'abord un sujet de tristesse, et non de joie ; mais il produit plus tard pour ceux qui ont été ainsi exercés un fruit paisible de justice. Fortifiez donc vos mains languissantes et vos genoux affaiblis ; et suivez avec vos pieds des voies droites, afin que ce qui est boiteux ne dévie pas, mais plutôt se raffermisse. Recherchez la paix avec tous, et la sanctification, sans laquelle personne ne verra le Seigneur. Veillez à ce que nul ne se prive de la grâce de Dieu ; à ce qu'aucune racine d'amertume, poussant des rejetons, ne produise du trouble, et que plusieurs n'en soient infectés ; à ce qu'il n'y ait ni impudique, ni profane comme Ésaü, qui pour un mets vendit son droit d'aînesse. Vous savez que, plus tard, voulant obtenir la bénédiction, il fut rejeté, quoiqu'il la sollicitât avec larmes ; car son repentir ne put avoir aucun effet (Hé 12.4-17).

Ce texte indique que la grâce est le fondement de la vie chrétienne. La vie chrétienne ne consiste pas uniquement à être pardonné par Dieu, mais encore à être discipliné comme son enfant afin que nous participions à sa sainteté. *Il n'est pas uniquement question de croire à notre justification, mais encore de travailler à notre sanctification*, tout en sachant que nous ne traitons pas avec Dieu comme *juge* mais comme *Père*. Examinons trois angles de cette marche.

Sans la sanctification, personne ne verra le Seigneur

La justification et la sanctification sont deux grâces inséparables de notre salut. Nous les distinguons, mais nous ne pouvons les séparer. Les théologiens utilisent l'expression *duplex gratia* pour exprimer cette réalité de la grâce : elle nous pardonne et nous transforme, elle nous justifie et nous sanctifie, elle nous délivre de la punition ainsi que de la puissance du péché.

Le texte biblique déclare au verset 14 : « Recherchez la paix avec tous, et la sanctification, sans laquelle personne ne verra le Seigneur.» Le pasteur A. W. Tozer écrit : « La logique élémentaire devrait nous amener à conclure que si ce que nous croyons ne change rien à notre vie, cela ne fait aucune différence pour Dieu non plus[2].» Une foi qui ne change rien est une foi morte ! La Bible n'enseigne pas le salut par les œuvres, mais elle enseigne néanmoins la nécessité des œuvres de sanctification pour être sauvé. Ces œuvres ne sont pas méritoires, mais révélatrices : elles ne procurent pas le salut, mais elles le démontrent.

Les œuvres qui démontrent le salut ne sont pas n'importe lesquelles, mais en particulier l'observation des commandements de Dieu. Comme le souligne Kevin DeYoung dans son livre sur la sainteté, lorsque la Bible nous dit d'observer les commandements de Dieu, elle ne veut pas simplement dire d'en prendre connaissance, mais d'y obéir[3].

L'idée que la grâce nous dispense de la nécessité d'obéir aux commandements est anti-biblique. L'apôtre Jean fait même de l'obéissance aux commandements le standard pour déterminer l'authenticité d'une profession de foi :

---

2. A.W. Tozer, *The Best of A.W. Tozer*, vol. 1, trad. libre, Grand Rapids, Mich., Baker, 1978, p. 168.

3. Kevin DeYoung, *La faille dans notre sainteté*, *op. cit.*, p. 20.

Si nous gardons ses commandements, par là nous savons que nous l'avons connu. Celui qui dit : Je l'ai connu, et qui ne garde pas ses commandements, est un menteur, et la vérité n'est point en lui. Mais celui qui garde sa parole, l'amour de Dieu est véritablement parfait en lui : par là nous savons que nous sommes en lui. Celui qui dit qu'il demeure en lui doit marcher aussi comme il a marché lui-même (1 Jn 2.3-6).

Quels sont les commandements que nous devons garder ? Les mêmes commandements que Jésus a gardés : les commandements de son Père (Jn 15.10). Dans les milieux évangéliques, presque tous peuvent citer Jean 3.16 par cœur, rares sont ceux qui peuvent citer les dix commandements par cœur. Nos milieux ont hérité d'une tendance antinomienne qui considère que l'Évangile a mis fin à la loi de Dieu. L'Évangile a effectivement mis fin à la condamnation de la loi et a accompli pour nous l'obéissance à la loi, mais l'Évangile n'a jamais retiré l'exigence d'obéir à loi. De plus, l'Évangile nous a donné, par l'Esprit, la capacité d'aimer la loi et de la garder. Si quelqu'un n'est pas sanctifié, c'est-à-dire transformé dans son être pour refléter l'amour et la justice exigés par la loi, il ne connait pas le Seigneur et ne le verra pas. Le théologien Richard Gaffin nous aide à comprendre l'antithèse entre la loi et l'Évangile :

Cette antithèse [loi/*Évangile*] ne se produit pas en vertu de la création, mais comme une conséquence du péché, et l'Évangile a pour fonction de la surmonter. L'Évangile enlève l'antithèse absolue loi/Évangile dans la vie du croyant. Comment le fait-il ? Brièvement : sans l'Évangile et sans Christ, la loi est mon ennemie et me condamne. Pourquoi ? Parce que *Dieu* est mon ennemi et me condamne. Cependant, avec l'Évangile et en Christ, uni à lui par la foi, la loi n'est plus mon ennemie, mais mon amie. Pourquoi ? Parce que maintenant *Dieu* n'est plus mon ennemi, mais mon ami, et que la loi, *sa* volonté – la loi dans son essence morale, en tant que reflet de son caractère [...] – est maintenant mon bienveillant guide pour la vie en communion avec Dieu[4].

Les chrétiens antinomiens n'aiment pas cette conception, car elle leur paraît contraire à l'amour. Dieu ne veut pas une vie de règles, disent-ils, mais une relation d'amour. Il est bien vrai que Dieu ne veut pas que nous devenions des automates frigides qui ne font que se conformer à des règles sans avoir de réel intérêt pour lui. Cependant, il est faux de croire qu'une relation d'amour puisse se passer de règles. Par exemple, les règles dans le mariage ne sont pas contraires à la relation, mais elles assurent sa protection. En interdisant toute forme d'infidélité et en exigeant des actions, des sacrifices et des efforts, les règles qui encadrent le mariage garantissent l'amour. Les mariages qui échouent sont ceux où l'on ne s'efforce pas à garder les règles.

Qu'est-ce que la sanctification et qui fait le travail ?

Traditionnellement, la sanctification est définie comme étant le processus par lequel nous devenons de plus en plus saints en conduite et en pensée. L'antinomisme évangélique redéfinit la sanctification comme étant l'effort qui consiste à nous reposer uniquement en Jésus et sur son œuvre achevée. Il est vrai que notre sanctification repose d'abord sur la grâce de Dieu et l'œuvre de Christ et que l'Esprit a pour rôle d'affermir notre foi dans cette grâce, mais il est faux de prétendre que la sanctification se limite à croire en notre justification. L'antinomisme est une réponse au moralisme, mais il n'est pas la bonne solution à ce problème.

L'auteur de l'Épître aux Hébreux parle de la sanctification comme étant la résistance jusqu'à la mort contre le péché :

4. Richard B. Gaffin Jr., *By Faith, Not by Sight: Paul and the Order of Salvation*, 2ᵉ éd., trad. libre, Phillipsburg, N.J., P&R, 2013, p.117-118.

« Vous n'avez pas encore résisté jusqu'au sang, en luttant contre le péché » (v. 4). D'après le verset 13, elle consiste à suivre avec nos « pieds des voies droites, afin que ce qui est boiteux ne dévie pas, mais plutôt se raffermisse ». Cela doit être fait sans se priver de la grâce de Dieu (v. 15).

La sainteté n'est pas l'austérité. Être saint ne signifie pas simplement s'abstenir du mal, mais aussi pratiquer le bien. Être saint ne signifie pas se tenir loin des pécheurs, mais être rempli d'amour à la ressemblance de Christ. Être saint, c'est être consacré à Dieu, l'aimer de tout notre cœur, de toute notre pensée et de toute notre force. Être saint, c'est ne plus vivre pour soi-même et selon les standards de l'homme, mais vivre pour Christ selon sa Parole en donnant notre vie pour les autres. La sanctification n'est pas contraire à la grâce de Dieu. Plus nous avançons en sainteté, plus nous dépendons de la grâce, car ce n'est que par elle que nous progressons.

Maintenant, qui fait ce travail ? De toute évidence, Dieu a quelque chose à voir avec notre sanctification puisqu'il en est le principal auteur (Ph 1.6 ; 1 Th 5.23). Mais qu'en est-il de nous ? Avons-nous quelque chose à faire dans la sanctification ? Voici comment l'apôtre Paul répond à cette question : « travaillez à votre salut avec crainte et tremblement [...], car c'est Dieu qui produit en vous le vouloir et le faire, selon son bon plaisir » (Ph 2.12,13).

Les antinomiens comprennent que l'enseignement de Paul dans Philippiens 2.12,13 nous exhorte simplement à approfondir notre compréhension de l'Évangile afin d'en approfondir notre vision. La sanctification se limiterait à nous reposer dans tout ce que Dieu a accompli pour nous en Christ… Je crois qu'il s'agit d'une mauvaise interprétation de ce passage parce qu'on tente d'y lire une conception non biblique de la sanctification. Dans ces versets, l'apôtre explique que la façon dont Dieu s'y est pris pour nous rendre saints consiste à nous faire participer à notre sanctification en nous donnant une volonté nouvelle pour lui obéir.

Le vouloir et le faire que Dieu nous a donnés n'est pas ponctuel, mais continuel. Quelqu'un ne peut pas dire : « Ce matin, je ne suis pas venu à l'Église, car Dieu ne m'a pas donné le vouloir. » Ce genre de raisonnement déresponsabilise le croyant et il est contraire à l'enseignement biblique. Le vouloir et le faire sont la volonté renouvelée que nous recevons à la régénération et la capacité nouvelle par l'Esprit Saint d'obéir à la loi de Dieu et d'y prendre plaisir.

Nous ne sommes pas encore capables d'obéir parfaitement à Dieu, comme nous l'avons vu au chapitre 12, mais nous avons été délivrés de la rébellion de notre péché, afin que nous obéissions volontairement à Dieu. Le contexte de Philippiens 2 indique que Paul ne traite pas de notre difficulté à nous reposer sur l'œuvre de Christ, mais plutôt de notre difficulté à imiter cette œuvre : « Ne faites rien par esprit de parti ou par vaine gloire » (v. 3) ; « Ayez en vous les sentiments qui étaient en Jésus-Christ » (v. 5) ; « Faites toutes choses sans murmures ni hésitations » (v. 14).

Travailler à notre salut signifie déployer tous nos efforts pour aimer Dieu, chercher à le connaître, lui obéir, faire les œuvres qu'il a préparées d'avance pour nous (Ép 2.10) et aimer notre prochain, en particulier nos frères et nos sœurs. Dans la même pensée, l'apôtre Pierre nous dit de « faire tous nos efforts » (2 Pi 1.5). La Bible parle d'efforts, de volonté, de travail, de combat, de lutte, parce que la sanctification ne s'opère pas sans cela.

Il est vrai qu'une grande partie de notre sanctification consiste à nous rendre conscients de notre besoin de la grâce. L'Esprit Saint agira ensuite sur notre foi, pour que nous comprenions la perfection de l'Évangile et que nous le croyions plus fermement. Toutefois, il agira également sur notre volonté afin que nous nous prévalions de la puissance de Christ pour mettre en œuvre notre salut par l'obéissance. Nous ne trouverons pas les ressources en nous-mêmes, mais en Christ, cependant, elles ne nous rendront aucunement passifs, mais actifs et pleinement responsables : « C'est à quoi je travaille, en combattant avec sa force, qui agit puissamment en moi » (Col 1.29).

Nous pouvons donc dire que nous sommes sanctifiés, puisque Dieu est l'auteur de cette œuvre et que la force vient de lui. Cependant, la sanctification n'est pas une opération qui nous rend passifs. Dieu l'applique, en nous y faisant participer consciemment et volontairement. Plus nous nous prévaudrons de la puissance de Christ, plus nous la verrons dans nos vies. S'il est vrai que notre croissance spirituelle vient de Dieu, tout retard sur ce plan ne vient pas d'une défectuosité de la grâce, mais de notre résistance et de notre négligence.

Certains s'opposent à cette conception « synergiste » de la sanctification, par crainte de compromettre le monergisme[5] du salut. Dieu est effectivement le seul auteur du salut, mais en cours de route, il rend l'homme participant au salut. Il n'en fait jamais un agent indépendant et il demeure toujours le principal acteur de la sanctification. Herman Bavinck décrit ainsi cette doctrine :

> Certes, en tout premier lieu [la sanctification] est le travail et le don de Dieu (Ph 1.6 ; 1 Th 5.23), un processus dans lequel les hommes sont passifs comme ils le sont à la régénération, de laquelle elle est le prolongement. Mais sur la base de cette œuvre dans l'homme, elle acquiert, en second lieu, un sens actif où les hommes sont appelés et équipés pour se sanctifier eux-mêmes et consacrer leur vie entière à Dieu (Ro 12.1 ; 2 Co 7.1 ; 2 Th 4.2 ; Hé 12.14 ; et ainsi de suite)[6].

---

5. Les mots « synergisme » et « monergisme » sont tous deux formés avec le mot grec *ergon* qui signifie « œuvre, travail ou activité ». Le synergisme est l'idée que Dieu et l'homme travaillent ensemble dans le salut, tandis que le monergisme est l'idée que Dieu seul fait le travail. Certaines parties du salut sont manifestement monergiques tandis que d'autres sont synergiques.

6. Herman Bavinck, *Reformed Dogmatics*, vol. 4, trad. libre, Grand Rapids, Mich., Baker Academic, 2008, p. 253. Je recommande vivement un article de Kevin DeYoung où il répond à la question : la sanctification est-elle monergistique ou synergistique ? Les nuances qu'il apporte à partir des écrits des plus importants théologiens réformés depuis Calvin jusqu'à aujourd'hui sont d'une grande utilité : <https://www.thegospelcoalition.

Peut-on plaire au Seigneur ?

Derrière la conception antinomienne de la sanctification, on retrouve l'idée qu'il est impossible pour l'homme de plaire à Dieu. Nos plus grands efforts demeurent toujours imparfaits alors que Dieu est parfait et que sa loi n'exige pas moins que la perfection. Essayer de plaire à Dieu serait contraire à l'Évangile, susciterait la confiance en la chair et serait anti-biblique. Le verset préféré des antinomiens est le suivant : « Nous sommes tous comme des impurs, et toute notre justice est comme un vêtement souillé ; nous sommes tous flétris comme une feuille, et nos crimes nous emportent comme le vent » (És 64.6).

Même nos meilleures œuvres sont comme un vêtement souillé devant Dieu ! À quoi bon essayer de lui plaire ? Cela lui est hautement désagréable ! Les antinomiens aiment rappeler qu'il n'y a rien que nous puissions faire pour que Dieu nous aime plus, mais surtout qu'il n'y a rien que nous puissions faire pour qu'il nous aime moins.

Il est vrai qu'en dehors de la foi, nos œuvres ne peuvent d'aucune façon plaire à Dieu : « Or sans la foi il est impossible de lui être agréable » (Hé 11.6). La foi vient tout changer : avec la foi il est possible de lui être agréable. Ma compréhension est que nous lui plaisons non seulement lorsqu'il voit la justice de son Fils qui nous est imputée par la foi, mais encore par notre propre obéissance bien qu'elle soit encore imparfaite.

Ésaïe 64 ne décrit pas la réalité des enfants de Dieu, mais celle des non-croyants. Puisqu'ils sont sans Christ, ils demeurent ennemis de Dieu, et ainsi même ce qu'il y a de meilleur en eux est infect devant Dieu. Il n'en est pas ainsi de ceux qui sont en Christ, ayant été entièrement purifiés, leur obéissance est un parfum de bonne odeur pour Dieu. Ainsi, nous lisons que nous

org/blogs/kevin-deyoung/is-sanctification-monergistic-or-synergistic-a-reformed-survey/> (page consultée le 5 mars 2018).

devons « marcher d'une manière digne du Seigneur et lui être entièrement agréables » (Col 1.10). Paul nous exhorte « à offrir *[nos]* corps comme un sacrifice vivant, saint, agréable à Dieu, ce qui sera de *[notre]* part un culte raisonnable » (Ro 12.1). Il nous rappelle ailleurs « que nous nous efforçons de lui être agréables » (2 Co 5.9). Et il nous indique aussi qu'il est possible de faire l'inverse et de lui être désagréable : « N'attristez pas le Saint-Esprit de Dieu, par lequel vous avez été scellés pour le jour de la rédemption » (Ép 4.30). Jean, de son côté, va jusqu'à affirmer : « Quoi que ce soit que nous demandions, nous le recevons de lui, parce que nous gardons ses commandements et que nous faisons ce qui lui est agréable » (1 Jn 3.22). Les théologiens réunis à Westminster considéraient qu'il était possible pour une personne justifiée de plaire ou de déplaire à Dieu. Voici comment ils exprimèrent cette vérité au paraphage 5 du chapitre 11, sur la justification, dans la Confession de foi de Westminster :

Dieu continue à pardonner les péchés de ceux qui sont justifiés ; mais ceux-ci, bien qu'ils ne puissent jamais déchoir de l'état de justification, peuvent cependant, par leurs péchés, tomber sous le déplaisir paternel de Dieu ; et ils ne retrouvent la lumière de sa face qu'après s'être humiliés, avoir confessé leurs péchés, imploré le pardon et renouvelé leur foi et leur repentance[7].

Comment devons-nous comprendre cette réalité ? Comment notre obéissance imparfaite peut-elle être acceptée et même récompensée par un Dieu parfaitement saint ? Comment pourrions-nous être plus agréables ou moins agréables à Dieu lorsque nous sommes en Jésus-Christ ? L'explication est bien simple : une fois justifiés, Dieu nous adopte comme ses enfants ; notre rapport à lui est alors radicalement redéfini : il ne traite plus avec nous comme un *juge*, mais comme un *Père*. À cause de

---

7. *Confession de foi de Westminster*, < http://www.erq.qc.ca/francais/westminster_fr.html > (page consultée le 18 septembre 2018).

l'Évangile, Dieu accepte notre obéissance qu'il rejetterait si nous étions sous la loi. Notre obéissance sincère lui est agréable même si elle est imparfaite. Ce cadre *familial* plutôt que *légal* est l'élément central de la sanctification présentée dans Hébreux 12.5-10 :

> Mon fils, ne méprise pas le châtiment du Seigneur, et ne perds pas courage lorsqu'il te reprend ; car le Seigneur châtie celui qu'il aime, et il frappe de la verge tous ceux qu'il reconnaît pour ses fils. Supportez le châtiment : c'est comme des fils que Dieu vous traite ; car quel est le fils qu'un père ne châtie pas ? Mais si vous êtes exempts du châtiment auquel tous ont part, vous êtes donc des enfants illégitimes, et non des fils. D'ailleurs, puisque nos pères selon la chair nous ont châtiés, et que nous les avons respectés, ne devons-nous pas à bien plus forte raison nous soumettre au Père des esprits, pour avoir la vie ? Nos pères nous châtiaient pour peu de jours, comme ils le trouvaient bon ; mais Dieu nous châtie pour notre bien, afin que nous participions à sa sainteté.

Les théologiens réformés font une distinction entre deux aspects dans l'amour qui relie les enfants de Dieu à leur Père : *amor benevolentiae* et *amor complacentiae*[8]. D'un côté, Dieu aime ses enfants inconditionnellement sans que cet amour puisse augmenter ou diminuer (*amor benevolentiae*). De l'autre côté, Dieu trouve plus de plaisir en ses enfants lorsqu'ils lui obéissent et font ce qui lui est agréable (*amor complacentiae*). Il est vrai que d'une certaine façon notre conduite ne change rien pour Dieu, mais d'une autre façon, dans notre rapport filial à lui, Dieu agit comme un Père dont le plaisir et le déplaisir est provoqué par la conduite de ses enfants.

Dieu est notre Père, il nous aime inconditionnellement comme ses enfants et son amour est éternel. Parce qu'il nous aime ainsi, il entend nous corriger ou nous approuver comme un père aimant le fait pour ses enfants. De bons parents n'aiment pas moins leurs

---

8. Voir Mark Jones, *Antinomianism*, *op. cit.*, p. 81-96.

enfants lorsque ces derniers désobéissent et ils ne les aiment pas plus lorsqu'ils font ce qui leur est agréable, cependant leur âme n'est pas stoïque devant la conduite de leurs enfants. Dieu est divinement impassible et ne peut d'aucune façon être affecté par la conduite de ses créatures (Ja 1.17), néanmoins il agit avec nous en se plaçant à notre niveau comme un Père qui est réjoui ou attristé par ses enfants « *afin que nous participions à sa sainteté* ». Dieu ne change pas dans le processus, c'est nous qui changeons !

Est-ce que Dieu aime les efforts que nous faisons pour lui demeurer fidèles ? Absolument ! Est-ce que notre présence au culte ou à la réunion de prière réjouit le cœur de Dieu ? De même que celui de vos pasteurs et de vos frères et sœurs ! Dieu est-il un Père compréhensif qui n'a pas d'attitude légaliste à l'égard de nos manquements, mais un cœur bienveillant, rempli de douceur et de patience ? N'en doutez pas !

Rappelons-nous, en terminant, que notre relation avec notre Père repose sur sa grâce qui est entièrement inconditionnelle et gratuite. Lorsque nous péchons et que nous attristons son Esprit, n'imaginons pas pouvoir nous réhabiliter par une bonne œuvre. Notre Père désire simplement que nous lui confessions sincèrement notre faute et que nous comprenions que notre filiation ne repose pas sur notre obéissance, mais sur celle que Christ a offerte à notre place. Telle est la repentance continuelle qui nous rend agréables à notre Père en nous menant sur la voie de l'obéissance.

À méditer

Voyez quel amour le Père nous a témoigné, pour que nous soyons appelés enfants de Dieu ! Et nous le sommes. Si le monde ne nous connaît pas, c'est qu'il ne l'a pas connu. Bien-aimés, nous sommes maintenant enfants de Dieu, et ce que nous serons n'a pas encore été manifesté ; mais nous savons que, lorsque cela sera manifesté, nous serons semblables à lui, parce que nous le verrons tel qu'il est. Quiconque a cette espérance en lui se purifie, comme lui-même est pur. Quiconque pèche transgresse la loi, et le péché est la transgression de la loi. Or, vous le savez, Jésus a paru pour ôter les péchés, et il n'y a point en lui de péché. Quiconque demeure en lui ne pèche point ; quiconque pèche ne l'a pas vu, et ne l'a pas connu. Petits enfants, que personne ne vous séduise. Celui qui pratique la justice est juste, comme lui-même est juste. Celui qui pèche est du diable, car le diable pèche dès le commencement. Le Fils de Dieu a paru afin de détruire les œuvres du diable. Quiconque est né de Dieu ne pratique pas le péché, parce que la semence de Dieu demeure en lui ; et il ne peut pécher, parce qu'il est né de Dieu (1 Jn 3.1-9).

Chapitre 14

L'amour dans la vie du chrétien

« *Il me semble que je manque d'amour* »

1 Jean 4.7-21

Au problème du piétisme et de l'antinomisme, vient s'ajouter celui des relations et de l'amour fraternel. Un chrétien doit non seulement savoir comment la sainteté et la grâce s'harmonisent, mais il doit aussi comprendre fondamentalement ce qu'est l'amour.

Avez-vous l'impression de manquer d'amour ? Alors que nous devrions aimer notre prochain, nous en sommes souvent incapables. Alors que nous devrions écouter patiemment les autres, nous pensons en nous-mêmes : « Va-t-il enfin se taire ? » La présence des saints devrait être notre joie, mais combien elle nous agace par moment et nous remplit de mépris. Lorsque nous constatons la méchanceté de notre cœur, nous demandons pardon au Seigneur pour nos pensées et parfois pour la dureté de nos actions. Cependant, tôt ou tard, nous finissons par manquer d'amour de nouveau.

Pourquoi en est-il ainsi? L'amour de Dieu n'est-il pas censé être parfait en nous? Ce manque d'amour peut conduire à un sérieux questionnement par rapport à l'authenticité de notre foi puisqu'il est écrit: «Bien-aimés, aimons-nous les uns les autres; car l'amour est de Dieu, et quiconque aime est né de Dieu et connaît Dieu. Celui qui n'aime pas n'a pas connu Dieu, car Dieu est amour» (1Jn 4.7,8). Manifestement, nous n'aimons pas toujours. Cela signifie-t-il que nous ne connaissons pas Dieu? Comment expliquer ce problème?

Ce chapitre traitera d'abord de l'amour de manière générale, ensuite de l'amour de Dieu, puis finalement de l'amour du chrétien. Dans cette troisième section, nous aborderons spécifiquement le problème du manque d'amour dans la vie du chrétien. Nous utiliserons le texte de 1Jean 4.7 à 5.4 que nous lirons progressivement au cours de ce chapitre.

L'amour

L'amour est essentiel au bien-être de l'homme. Il est dans la nature de l'être humain d'aimer et d'avoir besoin d'être aimé. L'amour est aux humains ce que la lumière est aux plantes: un élément vital à leur existence. Sans amour l'homme dépérit, mais avec l'amour, il devient meilleur. N'avons-nous jamais entendu parler de ces enfants dépressifs, rebelles et malheureux qui vont d'un foyer d'accueil à un autre, jusqu'à ce qu'ils trouvent une famille qui les aime inconditionnellement et alors leur être est transformé? L'amour leur redonne confiance, ils apprennent à sourire et à aimer à leur tour.

L'amour détermine en grande partie ce que nous sommes. Comprenons-nous que la plupart des problèmes dans le monde sont reliés à l'amour? Comme chrétiens, nous examinons généralement les problèmes de la société sous l'angle de la moralité, mais comprenons-nous que la moralité repose en fait sur l'amour? D'après l'Écriture, le péché est un problème d'amour:

Ne devez rien à personne, si ce n'est de vous aimer les uns les autres ; car celui qui aime les autres a accompli la loi. En effet, les commandements : Tu ne commettras point d'adultère, tu ne tueras point, tu ne déroberas point, tu ne convoiteras point, et ceux qu'il peut encore y avoir, se résument dans cette parole : Tu aimeras ton prochain comme toi-même. L'amour ne fait point de mal au prochain : l'amour est donc l'accomplissement de la loi (Ro 13.8-10).

Jean aussi définit l'amour par les commandements de Dieu : « Nous connaissons que nous aimons les enfants de Dieu, lorsque nous aimons Dieu, et que nous pratiquons ses commandements. Car l'amour de Dieu consiste à garder ses commandements » (1 Jn 5.2,3). Le péché est le contraire de l'amour commandé par Dieu. Le péché divise, détruit et tue, il est égocentrique, il est insensible et indifférent, il ne cherche pas la vérité, il est complaisant, il est intolérant, il est trompeur, il tente de se faire passer pour l'amour, mais il n'est que haine.

Dieu est amour. Ainsi, plus l'homme est près de Dieu, plus il reflète son amour. Depuis la chute, l'homme rejette naturellement l'amour de Dieu (Ép 4.17-19) et se rend détestable :

> Car nous aussi, nous étions autrefois insensés, désobéissants, égarés, asservis à toute espèce de convoitises et de voluptés, vivant dans la méchanceté et dans l'envie, dignes d'être haïs, et nous haïssant les uns les autres (Tit 3.3).

Pour le monde d'aujourd'hui, cette affirmation de l'apôtre constitue un manque flagrant d'amour, elle est pratiquement un crime haineux. De nos jours, l'amour est défini comme étant l'acceptation de tous sans critique. Aimer c'est accepter l'opinion des autres, ne pas juger leur moralité ou leurs croyances ou leur façon de vivre. Aimer c'est vivre et laisser vivre dans la plus complaisante des attitudes.

La Bible nous dit effectivement que nous devons aimer tous les hommes quels qu'ils soient, mais elle nous dit aussi que nous devons les aimer suffisamment pour leur dire la vérité en distinguant entre le bien et le mal. Or, le monde est devenu totalement intolérant à une telle critique et il est résolu à faire taire les voix « haineuses » qui oseront parler[1].

Cette conception mondaine de l'amour a également fait son chemin dans les Églises où l'humanisme est répandu. Il n'est pas rare que l'on y oppose loi et amour, alors que l'apôtre les unit. Le fait d'avoir des convictions bibliques est parfois perçu comme étant incompatible avec la douceur qui doit caractériser les chrétiens. La mise sous discipline est vue comme l'intolérance suprême alors qu'elle est en réalité un geste d'amour (2 Co 2.5-8). Beaucoup de chrétiens ont de la difficulté à concilier la doctrine de l'enfer avec la notion d'un Dieu d'amour rempli de bienveillance.

Ces notions éparses au travers desquelles nous naviguons dans l'Église et dans le monde font en sorte que notre conception de l'amour est souvent confuse. Nous ne sommes pas certains si nous aimons nos frères et sœurs ou si nous les aimons de la bonne façon. Tentons de clarifier notre compréhension à la lumière de la Parole de Dieu.

L'amour de Dieu

Bien-aimés, aimons-nous les uns les autres ; car l'amour est de Dieu, et quiconque aime est né de Dieu et connaît Dieu. Celui qui n'aime pas n'a pas connu Dieu, car Dieu est amour. L'amour de Dieu a été manifesté envers nous en ce que Dieu a envoyé son Fils unique dans le monde, afin que nous vivions par lui. Et cet amour consiste, non point en ce que nous avons aimé Dieu, mais en ce qu'il nous

---

1. Le théologien Donald Carson a écrit un excellent livre qui expose ce phénomène moderne de la nouvelle intolérance dans les milieux académiques et dans la société en général : *The Intolerance of Tolerance*, Grand Rapids, Mich., Eerdmans, 2012, 196 p.

a aimés et a envoyé son Fils comme victime expiatoire pour nos péchés (1 Jn 4.7-10).

La confusion qui entoure la question de l'amour vient de ce que nous essayons de le définir indépendamment de Dieu. Nous partons d'une définition mondaine de l'amour puis nous imposons cette conception à l'amour de Dieu, et nous trouvons étrange que Dieu ne corresponde pas à notre idéal de l'amour. L'apôtre Jean corrige cette erreur en nous montrant que nous ne devons pas aller de l'amour à Dieu, mais de Dieu à l'amour. Autrement dit, c'est Dieu qui définit l'amour et non notre préconception de l'amour qui définit Dieu. Il ne nous dit pas que « Dieu procède de l'amour », mais bien que « l'amour est de Dieu ».

En déclarant « Dieu est amour », nous devons comprendre que c'est lui qui définit ce qu'est l'amour et non pas l'homme. Au verset 10, il nous interdit de voir l'homme comme point de départ de l'amour : « Et cet amour consiste, non point en ce que nous avons aimé Dieu, mais en ce qu'il nous a aimés... » E. F. Palmer et Lloyd Ogilvie écrivent ce qui suit dans leur commentaire sur ce passage :

> Le contexte de ce passage est évident : Jean n'invite pas ses lecteurs à renverser la phrase et à conclure que *l'amour est Dieu*. Jean n'enseigne pas que notre théorie de l'amour est divine, mais plutôt que Dieu est celui qui nous donne la signification de l'amour. Notre amour ou notre conception de l'amour ne définit pas Dieu ; c'est plutôt Dieu qui est la source de l'amour[2].

Non seulement l'apôtre Jean nous montre dans quel ordre nous devons raisonner (partir de Dieu pour comprendre l'amour), mais aux versets 9 et 10, il nous indique exactement où nous devons regarder pour comprendre l'amour divin : l'Évangile.

---

2. Earl F. Palmer and Lloyd J. Ogilvie, *1, 2 & 3 John / Revelation*, vol. 35, trad. libre, The Preacher's Commentary Series, Nashville, Tenn., Thomas Nelson, 1982, p. 64.

« L'amour de Dieu a été manifesté envers nous en ce que Dieu a envoyé son Fils unique dans le monde, afin que nous vivions par lui. Et cet amour consiste [...] en ce qu'il a envoyé son Fils comme victime expiatoire pour nos péchés. »

Dieu manifeste-t-il son amour en envoyant la pluie et le soleil et en pourvoyant aux besoins des hommes ? Assurément ! Et les hommes, bien que méchants, peuvent refléter cet amour lorsqu'eux-mêmes donnent de bonnes choses à leurs enfants (Mt 5.45 ; 7.11). Cependant, ce n'est pas dans les actes de providence que l'amour de Dieu est principalement manifesté, mais dans le don de son Fils pour le rachat de pécheurs rebelles et méchants.

L'Évangile est la preuve et la manifestation la plus concrète de l'amour de Dieu pour nous (Ro 5.8). Jean ne dit pas que Dieu manifeste son amour envers nous dans ce que nous ressentons *intérieurement* ou dans les circonstances que nous vivons *extérieurement*, mais « *en ce que Dieu a envoyé son Fils unique dans le monde, afin que nous vivions par lui* ».

Si nous définissons l'amour de Dieu par quoi que ce soit d'autre que l'Évangile, nous falsifions son amour. Si notre compréhension de l'amour ne repose pas sur la vérité de l'Évangile, nous ne connaissons pas ce qu'est l'amour et nous ne pouvons aimer. Si nous rejetons l'Évangile, nous n'aimons pas !

L'amour du chrétien

La définition que Jean nous donne de l'amour implique que seuls les chrétiens connaissent l'amour et qu'eux seuls aiment véritablement. Ceci est implicite au verset 7 : « quiconque aime est né de Dieu et connaît Dieu ». Cela signifie que seuls ceux qui connaissent l'amour de Dieu dans l'Évangile aiment, les autres n'aiment pas !

Depuis la chute, chaque cœur humain est orienté vers lui-même de telle sorte que même les actions les plus désintéressées et les plus pures procèdent d'un cœur incapable d'aimer véritablement et inéluctablement enclin à la haine. L'affection maternelle, l'amour conjugal et l'amitié ne sont jamais libres de la haine du cœur. Les personnes que nous aimons le plus sont aussi celles que nous détestons le plus. Toute la compassion et la bonté dont l'homme est capable n'arrivent jamais à le détacher de lui-même.

Les hommes constatent souvent à leur honte qu'ils sont méchants et égoïstes, qu'ils ont le cœur dur et sont infidèles. Ils sont néanmoins incapables de se changer eux-mêmes. Aucune thérapie ou philosophie de vie ne changera l'état de leur cœur, car le problème est spirituel. Tant que l'homme ne connaît pas l'amour de Dieu, il ne peut aimer, car son cœur est mort.

Seul le chrétien aime parce qu'il a été aimé de Dieu et a reçu de lui un cœur nouveau. Examinons maintenant trois éléments de l'enseignement de Jean à propos de l'amour : (1) nous aimons comme Dieu aime ; (2) l'amour est parfait en nous ; (3) nous devons aimer nos frères.

1. Nous aimons comme Dieu aime

Bien-aimés, si Dieu nous a ainsi aimés, nous devons aussi nous aimer les uns les autres. Personne n'a jamais vu Dieu ; si nous nous aimons les uns les autres, Dieu demeure en nous, et son amour est parfait en nous. Nous connaissons que nous demeurons en lui, et qu'il demeure en nous, en ce qu'il nous a donné de son Esprit. Et nous, nous avons vu et nous attestons que le Père a envoyé le Fils comme Sauveur du monde. Celui qui confessera que Jésus est le Fils de Dieu, Dieu demeure en lui, et lui en Dieu. Et nous, nous avons connu l'amour que Dieu a pour nous, et nous y avons cru. Dieu est amour ; et celui qui demeure dans l'amour demeure en Dieu, et Dieu demeure en lui (1 Jn 4.11-16).

L'amour du chrétien est premièrement à l'indicatif et non à l'impératif. Le chrétien aime, c'est un fait. Nous devons comprendre que si nous connaissons Christ, nous aimons, car Dieu nous a aimés le premier et il nous a donné son amour. Nous l'aimons donc en retour et nous aimons nos frères. Cet amour n'est pas notre œuvre, mais l'œuvre de Dieu.

Au verset 13, l'apôtre lie l'œuvre du Saint-Esprit en nous à la réalité de l'amour de Dieu dans notre vie. Sans la régénération et l'œuvre du Saint-Esprit, il est impossible d'aimer au sens biblique du terme. Avant d'être régénérés, nous étions fondamentalement centrés sur nous-mêmes, mais par l'action de l'Esprit notre cœur a été recentré sur Dieu de sorte que nous aimons de la même manière que Dieu aime. L'amour dans la vie des chrétiens procède directement de l'Évangile auquel nous avons été rendus participants par l'Esprit qui nous garde attachés à l'amour de Dieu. Charles Leiter écrit, concernant la régénération et l'amour :

> L'amour est la « loi » que Dieu « écrit sur le cœur » de chaque nouveau croyant ! Cette réalité est évidente lorsque nous considérons ce qui arrive lors de la régénération : « Mais voici l'alliance que je ferai avec la maison d'Israël, après ces jours-là, dit le Seigneur : Je mettrai mes lois dans leur esprit, je les écrirai dans leur cœur ; et je serai leur Dieu, et ils seront mon peuple » (Hé 8.10). Que signifie le fait que Dieu ait écrit ses lois sur nos cœurs ? Le nouveau chrétien [...] est habité par un amour pour Dieu et pour ses semblables ! *Chaque* chrétien aime Dieu et *chaque* chrétien aime les autres. *Et l'amour est l'essence même de la Loi*[3] !

La Bible ne connaît aucune conception de l'amour dans la vie du chrétien qui soit détachée de l'Évangile. L'amour est lié à la foi et l'Évangile comme la lumière est liée au soleil et n'est qu'artificielle sans lui. Sans l'Évangile, l'amour de l'homme n'est qu'un artifice et un pâle reflet de l'amour véritable. Demeurer

---

3. Charles Leiter, *The Law of Christ*, trad. libre, Hannibal, Missouri, Granted Ministries Press, 2012, p. 124. Les italiques dans ce paragraphe sont de lui. Bien que je ne partage pas exactement le point de vue de M. Leiter sur la loi et les alliances, je crois que cet ouvrage est très utile et soulève d'importantes questions.

dans la doctrine de l'Évangile c'est demeurer dans l'amour; pour s'assurer d'aimer, il faut confesser la vérité biblique.

Un chrétien n'est pas simplement quelqu'un qui peut aimer, c'est quelqu'un qui aime. Il aime parce qu'il a premièrement été aimé de Dieu et a été rempli de son amour. Cet amour ne peut pas ne pas se manifester: «Tel il est, tels nous sommes aussi dans ce monde» (v. 17). Nous aimons parce que nous sommes devenus semblables à Dieu qui est amour.

L'amour des chrétiens est ce qui rend Dieu visible dans le monde: «Personne n'a jamais vu Dieu; si nous nous aimons les uns les autres, Dieu demeure en nous, et son amour est parfait en nous» (v. 12). C'est par notre amour que les hommes sauront que nous sommes les disciples de Christ même s'ils méprisent cet amour: «Je vous donne un commandement nouveau: Aimez-vous les uns les autres; comme je vous ai aimés, vous aussi, aimez-vous les uns les autres. À ceci tous connaîtront que vous êtes mes disciples, si vous avez de l'amour les uns pour les autres» (Jn 13.34,35).

2. L'amour est parfait en nous

Jean a déjà affirmé au verset 12 que l'amour est parfait en nous et il réitère cette affirmation au verset 17. Poursuivons notre lecture:

> Tel il est, tels nous sommes aussi dans ce monde: c'est en cela que l'amour est parfait en nous, afin que nous ayons de l'assurance au jour du jugement. La crainte n'est pas dans l'amour, mais l'amour parfait bannit la crainte; car la crainte suppose un châtiment, et celui qui craint n'est pas parfait dans l'amour (1 Jn 4.17,18).

En lisant ces versets nous pourrions être découragés: «Je suis si loin d'être parfait dans l'amour!» En constatant à quel point nous manquons encore souvent d'amour envers nos frères et sœurs et envers notre prochain en général nous avons peine à croire ce que Jean nous dit et nous nous demandons si nous avons vraiment connu son amour. Plus nous y réfléchissons, plus nous perdons notre assurance et nous craignons qu'au jour du jugement le Seigneur nous dise : « Retirez-vous de moi, hommes pleins de haine ! »

Lorsque je constate que je médis comme les autres hommes le font et qu'il m'arrive de me réjouir du malheur des autres et même de souhaiter leur malheur, lorsque le Seigneur me montre le mépris de mon cœur pour les autres, ou l'indifférence envers leur souffrance je m'écrie : « Quelle différence y a-t-il entre mon cœur et celui des autres hommes ? Malheur à moi, homme sans amour ! »

C'est précisément ici que les Paroles de l'apôtre Jean « l'amour est parfait en nous » sont hautement encourageantes pour nous. Jean n'emploie pas le mot parfait comme un *adjectif*, mais comme un *verbe*. *Il ne dit pas que nous aimons parfaitement, mais que Dieu parfait son amour en nous.* Le verbe parfaire est conjugué à l'indicatif parfait passif. L'indicatif nous signale un état de fait et non un commandement à exécuter. Le parfait nous présente une œuvre qui a commencé en nous dans le passé et qui se poursuit au présent. Et la voix passive indique que c'est Dieu qui perfectionne l'amour en nous.

L'encouragement est que nous n'avons pas besoin d'aimer parfaitement pour que l'amour soit parfait en nous. Nous sommes parfaits dans l'amour dans la mesure où l'Esprit a régénéré notre cœur pour y créer l'amour de Dieu. Nous n'évaluons pas la réalité de l'amour de Dieu en nous à la quantité de mépris et de haine qui reste encore dans nos cœurs, mais à la présence nouvelle de l'amour de Dieu en nous, même s'il semble en quantité infime. Autrement dit, ce n'est pas premièrement la méchanceté rémanente de nos cœurs qui est déterminante, mais le fait que nous ayons reçu ou non l'amour de Dieu. Comme c'est le cas pour la sanctification qui est progressive et le péché qui demeure rémanent après la régénération, l'amour se perfectionne en nous quand bien même nos cœurs continuent à manquer d'amour. C'est ce que signifie être sauvé en espérance.

Voici ce que vous devez évaluer : non pas s'il vous arrive de manquer d'amour, nous en manquons tous, mais vous devez plutôt savoir si Dieu a mis en vous son amour. Cet amour n'est pas un simple altruisme ou une qualité humaine que même les perdus peuvent posséder. Il s'agit d'une affection qui découle directement de l'Évangile. Après avoir été convaincus de notre péché et avoir obtenu la miséricorde de Dieu, nous ne pouvons plus voir le monde de la même façon. Lorsqu'un homme comprend qu'il est un pécheur gracié, la miséricorde est créée en lui ; il a dès lors un cœur pour la misère (*misere* + *cardia* = miséricorde, un cœur pour la misère).

Bien sûr, le chrétien manque encore d'amour dans ses rapports avec les autres, mais il éprouve une compassion qu'il ne pourrait avoir si ce n'était de l'Évangile. Cet amour n'est pas là simplement en principe, mais en réalité et il est perfectionné en lui par Dieu qui le fait grandir de plus en plus. L'Évangile produit en nous une douceur qui constitue plus qu'un simple trait de caractère puisqu'il s'agit littéralement d'un fruit de l'Esprit (Ga 5.22).

Voyez-vous cet amour en vous ? Manifestez-vous de l'intérêt et un souci constant pour l'Église ? Le bien-être de vos frères et sœurs vous importe-t-il ? A-t-il commencé à agir au-delà de vos pensées et de vos sentiments en produisant des fruits par des sacrifices et des œuvres bonnes envers ceux que le Seigneur a tant aimés ? L'Écriture déclare que : « la foi est agissante par la charité » (Ga 5.6).

À mesure que nous voyons Dieu parfaire son amour en nous, notre assurance grandit et bannit la crainte. C'est pourquoi l'amour contribue à l'assurance du salut et nous enlève toute crainte concernant le jour du jugement. Bien sûr, si nous craignons encore, car notre amour est encore faible, nous ne devons pas nous décourager, mais en demeurant attachés à son amour nous verrons notre amour grandir. Ceci nous amène à notre dernier point : nous devons aimer nos frères.

3. Nous devons aimer nos frères

Jean ne termine pas sa présentation de l'amour du chrétien par *l'indicatif*, mais par *l'impératif*. Nous ne pouvons pas nous contenter de reconnaître que notre cœur a été changé par l'amour de Dieu. Nous devons travailler activement à notre amour afin d'aimer notre prochain et nos frères particulièrement :

> Pour nous, nous l'aimons, parce qu'il nous a aimés le premier. Si quelqu'un dit : J'aime Dieu, et qu'il haïsse son frère, c'est un menteur ; car celui qui n'aime pas son frère qu'il voit, comment peut-il aimer Dieu qu'il ne voit pas ? Et nous avons de lui ce commandement : que celui qui aime Dieu aime aussi son frère (1 Jn 4.19-21).

L'apôtre commence en nous rappelant la priorité de l'amour de Dieu, il nous a aimés avant que nous l'aimions et nous l'aimons parce qu'il nous a aimés ; son amour a changé notre cœur. Ensuite, il établit une relation directe entre l'amour pour Dieu et l'amour pour les enfants de Dieu. Il est impossible d'aimer l'un sans l'autre. C'est même à travers de notre prochain que nous aimons Dieu (Mt 25.40).

Ainsi, l'amour dans la vie du chrétien est aussi un commandement. Voici comment nous devons aimer nos frères : « Nous avons connu l'amour, en ce qu'il a donné sa vie pour nous ; nous aussi, nous devons donner notre vie pour les frères » (1 Jn 3.16). Vivez-vous votre vie en étant replié sur vous-même et en vous souciant uniquement de votre famille ? Vous ne pouvez plus vivre ainsi, mais vous devez donner votre vie pour les frères. Non pas pour quiconque entre dans la catégorie du prochain, mais pour les frères.

L'Écriture nous rappelle souvent que nous devons pardonner nos frères et reproduire envers eux la grâce que Dieu a eue envers nous (Mt 18.21-35 ; Col 3.13,14). J'aime particulièrement ce proverbe que l'apôtre Pierre nous rappelle : « Avant tout, ayez les uns pour les autres une ardente charité, car la charité couvre une multitude de péchés» (1 Pi 4.8). L'amour ne couvre pas seulement quelques petits péchés, mais une *multitude* de péchés. Puissions-nous revêtir tous nos rapports de cette charité qui ne se lasse pas de faire grâce !

Lorsque nous constatons que nous manquons d'amour envers nos frères, que nous leurs sommes indifférents ou hostiles ou que nous les négligeons, nous ne pouvons pas en rester là en nous disant : «Bah ! De toute façon, je sais bien qu'au fond de moi je les aime, puisque j'ai reçu l'amour de Dieu.»

Celui qui a reçu l'amour de Dieu ne peut pas être indifférent lorsqu'il constate qu'il manque d'amour. Il courbe plutôt la tête et dit : «Pardonne-moi Père, mon cœur est si froid et si dur. Donne-moi l'amour qui était en Jésus lorsqu'il a donné sa vie pour moi. Aide-moi à me sacrifier par amour, à ne pas penser à moi-même. Père, remplis-moi de ton amour !» C'est ainsi que nous devons aimer nos frères en demeurant dans l'amour de Dieu. C'est ainsi que l'amour de Dieu est parfait en nous.

Ce n'est pas le fait de manquer d'amour qui constitue le cœur du problème, nous en manquons tous. Que nous manquions d'amour sans que la grâce de l'Évangile nous amène à y changer quoi que ce soit est une preuve de notre perdition et une démonstration que nous n'avons jamais reçue la grâce de l'Évangile. L'amour de Dieu manifesté en Jésus est si puissant qu'il a fait de nos cœurs de pierre des cœurs de chair (Éz 11.19).

Nous n'aimons pas pour être aimés de Dieu et des hommes, mais nous aimons parce que Dieu nous a aimés. Il nous a tant aimés qu'il a pris sur lui notre péché. Dieu ne nous a pas simplement aimés, il nous aime ! Il nous aime maintenant et nous fait vivre dans son amour.

À méditer

Comme le Père m'a aimé, je vous ai aussi aimés. Demeurez dans mon amour. Si vous gardez mes commandements, vous demeurerez dans mon amour, de même que j'ai gardé les commandements de mon Père, et que je demeure dans son amour. Je vous ai dit ces choses, afin que ma joie soit en vous, et que votre joie soit parfaite. C'est ici mon commandement : Aimez-vous les uns les autres, comme je vous ai aimés. Il n'y a pas de plus grand amour que de donner sa vie pour ses amis. Vous êtes mes amis, si vous faites ce que je vous commande. Je ne vous appelle plus serviteurs, parce que le serviteur ne sait pas ce que fait son maître ; mais je vous ai appelés amis, parce que je vous ai fait connaître tout ce que j'ai appris de mon Père. Ce n'est pas vous qui m'avez choisi ; mais moi, je vous ai choisis, et je vous ai établis, afin que vous alliez, et que vous portiez du fruit, et que votre fruit demeure, afin que ce que vous demanderez au Père en mon nom, il vous le donne. Ce que je vous commande, c'est de vous aimer les uns les autres (Jn 15.9-17).

Chapitre 15

La vie ordinaire du chrétien

« Suis-je suffisamment consacré ? »

Romains 12.1,2

Il existe une course dans les milieux chrétiens : on court pour obtenir des bénédictions, des miracles et des délivrances ; on court pour recevoir et non pour donner. Cette conception de la vie chrétienne présente Dieu comme le donateur et l'homme comme le receveur. S'il est vrai que nous avons beaucoup à recevoir de Dieu dans la vie présente, il est faux d'envisager la vie chrétienne uniquement sous ce rapport puisque Dieu nous demande également de donner.

Dans ce chapitre, il sera question de ce que nous devons donner à Dieu. Dieu ne demande pas simplement une portion de notre temps ou de notre argent ; il demande que nous nous offrions nous-mêmes à lui en sacrifices vivants. L'offrande de notre vie à Dieu est ce que nous appelons la consécration. Suis-je suffisamment consacré ? Généralement, nous nous sentons coupables, et sans doute avec raison, devant cette question. Nous savons que notre cœur n'est pas suffisamment dévoué à Dieu. Trop souvent nous négligeons son intimité et sa présence, tandis que nous consacrons sans peine temps et énergie à nos propres intérêts. Nous évangélisons trop rarement et nous faisons bien peu pour les pauvres et les gens dans le besoin.

Je pourrais rédiger un chapitre entier en fustigeant notre tiédeur dans le but d'exacerber notre conscience pour nous amener à une plus grande consécration. Cependant, en abordant la consécration sous l'angle du côté obscur de la vie chrétienne, mon objectif n'est pas premièrement de m'attaquer au manque de consécration des chrétiens, mais à la conception même de la consécration. Avant de pouvoir répondre à la question : *Suis-je suffisamment consacré à Dieu ?* Je dois répondre à la question : *Qu'est-ce que la consécration à Dieu ?* Nous répondrons à cette question à partir de la description de la consécration voulue par Dieu décrite dans Romains 12.1,2 :

> Je vous exhorte donc, frères, par les compassions de Dieu, à offrir vos corps comme un sacrifice vivant, saint, agréable à Dieu, ce qui sera de votre part un culte raisonnable. Ne vous conformez pas au siècle présent, mais soyez transformés par le renouvellement de l'intelligence, afin que vous discerniez quelle est la volonté de Dieu, ce qui est bon, agréable et parfait.

Soulignons premièrement que la consécration à Dieu est le fruit de l'Évangile. Lorsque Paul écrit « par les compassions de Dieu », il fait référence à la grâce divine décrite dans les onze chapitres précédents. Cette grâce engendre la consécration que Paul décrit dans les chapitres subséquents. C'est donc « par les compassions de Dieu », c'est-à-dire par sa grâce que nous pouvons nous consacrer entièrement à lui, comme un sacrifice agréable. Commençons notre étude de la consécration à Dieu en décrivant premièrement ce qu'elle n'est pas.

La consécration n'est pas extraordinaire

La consécration à Dieu n'est pas quelque chose d'extraordinaire, atteignable seulement par quelques chrétiens plus zélés que la moyenne. La consécration nous est présentée comme la vie chrétienne normale et «raisonnable» pour tous les chrétiens. Si donc elle nous apparaît comme quelque chose d'impossible à atteindre, c'est uniquement parce que nous avons une fausse conception de la consécration.

Les chrétiens consacrés ne sont pas des êtres exceptionnels, mais plutôt des croyants ordinaires. L'intention de notre Père céleste est que tous ses enfants lui soient consacrés; telle est la vie chrétienne normale. Malheureusement, l'idée que la consécration est un état extraordinaire est trop répandue et elle est en partie responsable du manque de consécration à Dieu. *Si vous croyez qu'un sommet est impossible à atteindre, vous n'entreprendrez pas de le gravir.* C'est aussi ce qui arrive à beaucoup de croyants qui envisagent la consécration comme étant extraordinaire alors qu'elle est ordinaire.

Une telle conception de la vie chrétienne valorise la vie et l'œuvre de croyants extraordinaires et tend à mépriser la vie ordinaire du chrétien. La biographie d'un serviteur de Dieu doit être hagiographique pour susciter de l'intérêt autrement, elle est banale. Nous voulons entendre l'histoire de ceux qui ont accompli des exploits et qui se sont démarqués. Cette façon d'idéaliser certains prédicateurs, missionnaires ou autres serviteurs de Dieu, donne à penser que la consécration à Dieu ne doit produire rien de moins que ce genre de vie.

Lorsque nous entretenons un tel idéal de la consécration, nous finissons par nous sentir coupables de notre insignifiance. «Je ne suis qu'un petit chrétien timide et inutile qui n'a pas le cœur de se consacrer à Dieu», pensons-nous! Il nous arrive d'imaginer que si nous étions une personne différente nous glorifierions mieux le Seigneur. Nous essayons même parfois d'être cette autre personne que nous ne sommes pas, nous imaginant que pour être consacrés à Dieu nous devons devenir ce saint, ce missionnaire ou encore cet évangéliste dont le Seigneur a besoin pour l'avancement de son royaume. Telle n'est pas la consécration que Dieu exige de nous.

La consécration de la vie ordinaire

La consécration que Dieu veut, c'est la vie ordinaire de ses enfants! Comprenez bien que par « ordinaire », je ne plaide pas en faveur d'une spiritualité médiocre et d'un attachement moyen à Dieu, comme si c'était tout ce qu'il exigeait de nous. Je ne nie pas non plus que cet adage de William Carey soit vrai : « Attends de grandes choses de Dieu. Entreprends de grandes choses pour Dieu. » Je dis cependant qu'il est faux de penser que nous sommes consacrés à Dieu uniquement dans les « grandes choses » que l'on remarque et non pas dans les choses ordinaires et banales de la vie[1].

Dieu ne nous appelle pas tous au ministère pastoral. Il ne nous appelle pas tous à partir en mission. Il ne nous appelle pas tous à sortir pour prêcher dans la rue. Il ne nous appelle pas tous à prier deux heures par jour et à lire la Bible au complet deux fois chaque année. Il ne nous appelle pas tous à faire l'école à la maison avec nos enfants. Il ne nous appelle pas à prendre la misère de tous les hommes sur nos épaules ni à nous sentir responsables de tout ce qui est à faire pour son royaume ou simplement pour améliorer la vie sur terre. Cependant, Dieu nous appelle tous à lui être entièrement consacrés. Il nous appelle tous à élever nos enfants dans le Seigneur. Il nous appelle tous à exécuter notre travail et nos responsabilités du mieux que nous le pouvons et

---

1. Deux recommandations s'imposent à ce chapitre. En français, l'ouvrage de Donald Carson sur le ministère pastoral ordinaire : *Mémoires d'un pasteur ordinaire : la vie et les réflexions de Tom Carson*, Montréal, Éditions Cruciforme, 2013, 197 p. En anglais, l'ouvrage de Michael Horton sur la vie ordinaire du chrétien : *Ordinary: Sustainable Faith in a Radical, Restless World*, Grand Rapids, Mich., Zondervan, 2014, 224 p.

pour sa gloire. Dieu met lui-même à son service des personnes malades ou faibles qui n'ont pas la force de travailler, mais qui le servent néanmoins. Il met à part de jeunes enfants pour qu'ils découvrent le monde qu'il a créé et qu'ils apprennent à y vivre.

Offrir notre corps comme un sacrifice vivant

L'Écriture nous exhorte « à offrir *[nos]* corps comme un sacrifice vivant » (v. 1). L'offrande du chrétien à Dieu est toute sa vie. Remarquez que Paul ne dit pas simplement d'offrir nos cœurs, mais nos corps. Autrement dit, nous offrons notre cœur à Dieu par notre corps. Quelqu'un ne peut pas dire qu'il offre son cœur à Dieu s'il ne lui offre pas son corps. Par exemple, pour adorer Dieu avec son Église tel qu'il nous le demande, nous avons besoin de notre corps. Nous devons amener notre corps pour offrir notre cœur. Offrir notre cœur à Dieu ne veut rien dire jusqu'à ce que cela se concrétise par notre corps.

Paul qualifie le sacrifice de notre corps : il doit premièrement être *vivant*. Quelqu'un a dit que le problème au sujet des sacrifices vivants est qu'ils ne restent pas passivement offerts sur l'autel, mais en redescendent... En fait, l'expression « sacrifice vivant » signifie qu'il s'agit d'un *sacrifice perpétuel* par opposition à un *sacrifice ponctuel*. Il est vrai que « sacrifice vivant » suggère l'idée d'une offrande volontaire, qui risque donc de varier selon la volonté du chrétien. Cependant, l'idée principale d'un sacrifice vivant est celle d'une offrande continuelle. Charles Hodge explique le sens de cette expression dans son commentaire sur l'Épître aux Romains :

> Ainsi, le sacrifice que nous devons faire n'est pas un culte transitoire, comme l'offrande d'une victime qui était consommée en quelques instants sur l'autel, mais il s'agit d'un sacrifice vivant, c'est-à-dire un sacrifice perpétuel qui ne doit jamais cesser ou être oublié[2].

---

2. Charles Hodge, *A Commentary on Romans* [1835], trad. libre, Geneva Series of Commentaries, Carlisle, Penns., The Banner of Truth Trust, 1986, p. 384.

Ainsi, ce qui caractérise premièrement notre consécration à Dieu n'est pas l'exploit accompli par notre sacrifice, mais le fait que toute notre vie lui est constamment offerte. Il en est ainsi parce que nous ne nous appartenons plus à nous-mêmes, mais nous sommes à Celui qui nous a rachetés :

> Ne savez-vous pas que votre corps est le temple du Saint-Esprit qui est en vous, que vous avez reçu de Dieu, et que vous ne vous appartenez point à vous-mêmes ? Car vous avez été rachetés à un grand prix. Glorifiez donc Dieu dans votre corps et dans votre esprit, qui appartiennent à Dieu (1 Co 6.19,20).

Saint

Ce n'est pas uniquement notre foi qui appartient en exclusivité à Dieu, mais notre vie entière. C'est pourquoi Paul poursuit sa description de notre sacrifice par l'adjectif *saint*. Longtemps, les lexiques bibliques ont défini le mot «saint» en hébreu et en grec comme exprimant premièrement l'idée de séparation. Dans plusieurs traditions chrétiennes, la sainteté était synonyme de séparation, d'où la vie monastique et contemplative séparée de la vie profane et séculière. Même la tradition évangélique a conservé cette conception négative de la sainteté. Pour être saint, il faut se séparer du monde, se séparer de son lit pour prier le matin, se séparer des divertissements, se séparer des personnes mondaines et pécheresses, etc.

Ironiquement, le mot sainteté a exactement la connotation inverse : il ne s'agit pas d'être *séparé de*, mais d'être *consacré à*... La séparation de quoi que ce soit ne rend pas saint, seule la consécration à Dieu rend saint[3]. Les implications d'une telle définition de la sainteté sont énormes. Dieu ne nous demande pas d'arrêter

---

3. Ce fut la recherche de Claude Bernard Costecalde sur l'emploi terminologique du sacré dans des textes très anciens qui permit de réapproprier la connotation positive du concept de sainteté : *Aux origines du sacré biblique*, Paris, Éditions Letouzey et Ané, 1986, 156 p.

de vivre pour être saints, mais de vivre pour lui. Vous n'avez pas besoin de quitter votre emploi ni de vous détourner de vos intérêts pour être saints, vous devez simplement vivre pour la gloire de Dieu. Il ne faut pas se séparer des pécheurs pour être saints, mais plutôt les aimer pour la gloire de Dieu en leur montrant ses voies. Il ne faut pas arrêter de jouir de la vie, mais nous devons en jouir pour la gloire de Dieu en nous réjouissant de ses dons (Ps 127.2 ; 1 Ti 6.17).

Nous avons une conception trop négative de la sainteté. Nous croyons que s'abstenir de quelque chose que Dieu a créé nous rend saint. S'abstenir de boire du vin ne rend pas saint et en boire ne rend pas saint. Cependant, s'en abstenir pour la gloire de Dieu ou en boire pour la gloire de Dieu, voilà ce qui rend saint !

Paul écrit : «Soit donc que vous mangiez, soit que vous buviez, soit que vous fassiez quelque autre chose, faites tout pour la gloire de Dieu» (1 Co 10.31). Voilà ce que j'essaie d'inculquer quotidiennement à mes enfants : lorsque nous prenons notre petit déjeuner le matin, je leur explique que c'est pour la gloire de Dieu que nous mangeons. Chaque jour nous commençons notre journée par la prière et nous nous offrons à Dieu en sacrifice vivant. Nous ne vivons pas pour nous-mêmes, mais tout ce que nous faisons chaque jour nous le faisons pour la gloire de Dieu : le travail, le repos, la nourriture que nous mangerons, les paroles que nous disons, les services que nous rendons, les choses que nous apprenons, les loisirs que nous aimons ; tout pour la gloire de Dieu. La vie chrétienne dans cette perspective n'est pas pénible ni monotone, elle est passionnante et profondément satisfaisante. Seule la vie en sacrifice vivant produit une adoration vivante et enrichit la prière et l'étude de la Parole.

Dieu vous a fait des dons particuliers, il a réuni des circonstances uniques pour votre vie et vous a placé à un endroit qu'aucune autre personne n'occupe dans l'univers. Pour le servir, vous n'avez pas nécessairement besoin d'aller ailleurs ou de changer de vie ; il est possible que Dieu change tout dans votre vie, mais il n'y a aucune raison qui vous empêche de servir Dieu maintenant, là où vous êtes, avec ce que vous avez.

Agréable à Dieu

Finalement, l'apôtre ajoute que l'offrande de notre corps à Dieu, lorsqu'il s'agit d'un sacrifice vivant et saint, lui est agréable. N'est-ce pas extraordinaire de savoir que nous plaisons à Dieu ? N'est-ce pas profondément satisfaisant d'être agréable à Dieu ? Notre vie, lorsqu'elle est agréable à Dieu, est également agréable à nous-mêmes et à tous ceux qui sont à Dieu. La vie de mes frères et sœurs qui s'offrent en sacrifices vivants pour Dieu est l'une des plus grandes joies que le Seigneur me donne. Moi-même, je n'éprouve pas de plus grande satisfaction dans cette vie que de vivre en sacrifice vivant pour Dieu et j'espère être, par la grâce de Dieu, une bénédiction pour d'autres. Ce qui est agréable à Dieu pourrait-il être désagréable à son enfant ? Dieu nous fait don du plus grand bonheur en nous permettant de vivre pour sa gloire et de le glorifier réellement.

La consécration par l'intelligence renouvelée

Il est important de ne pas arrêter notre lecture au verset 1, mais de considérer ce que l'apôtre ajoute au verset suivant : « Ne vous conformez pas au siècle présent, mais soyez transformés par le renouvellement de l'intelligence, afin que vous discerniez quelle est la volonté de Dieu, ce qui est bon, agréable et parfait. »

Le danger, si on s'arrêtait ici, serait de verser dans « l'Osteenerisme ». Joel Osteen enseigne un faux évangile centré sur l'homme et non sur Dieu. En effet, il y a un certain risque de confondre « *tout faire pour la gloire de Dieu* » et « *faire tout ce dont j'ai envie... pour la gloire de Dieu* ».

Comme nous l'avons vu, il y a quelque chose de très libérateur dans la juste compréhension de la consécration à Dieu. La sainteté n'est pas un concept négatif, mais radicalement positif. Méfions-nous cependant de notre propre péché qui risque toujours de nous amener à changer la grâce de Dieu en licence pour donner libre cours à nos convoitises et nous amener à nous servir nous-mêmes plutôt que les autres (Ga 5.13).

C'est pourquoi, pour vivre en sacrifice vivant, il faut plus que se dire simplement : « Tout ce que je fais, je le fais pour la gloire de Dieu ! » Il faut aussi discerner quelle est la volonté de Dieu. La Bible nous dit tout ce que nous avons besoin de savoir pour faire la volonté de Dieu. L'apôtre ne parle pas ici de trouver une volonté mystérieuse de Dieu, mais de conformer notre vie à la volonté révélée de Dieu. Comme quelqu'un l'a déjà dit : « Nous avons tellement de quoi nous occuper avec ce que Dieu nous a révélé dans sa Parole, que nous n'avons ni le temps ni le besoin de rechercher une volonté que Dieu n'a pas révélée dans sa Parole. »

C'est bien ce que Paul entend ici par l'expression « volonté de Dieu » puisqu'il contraste ceux dont la vie est transformée grâce au renouvellement de l'intelligence et ceux qui se conforment « au siècle présent ». Dans le monde, il y a ceux qui vivent pour les *faux dieux* et ceux qui vivent pour le *vrai Dieu* selon sa Parole. Extérieurement, ils peuvent sembler vivre de la même manière : ils mangent la même nourriture, travaillent aux mêmes endroits, vivent en couple, élèvent des enfants et tentent généralement de faire du mieux qu'ils peuvent. Cependant, ceux qui vivent selon le siècle présent font tout cela pour eux-mêmes en cherchant leurs propres intérêts. En vivant pour eux-mêmes, ils n'écoutent que leurs pensées et ne connaissent pas la volonté de Dieu. C'est pour cette raison que même ceux qui font le « bien » parmi les hommes ne peuvent plaire à Dieu. La réalité est très différente pour les chrétiens :

> Car l'amour de Christ nous presse, parce que nous estimons que, si
> un seul est mort pour tous, tous donc sont morts ; et qu'il est mort
> pour tous, afin que ceux qui vivent ne vivent plus pour eux-mêmes,
> mais pour celui qui est mort et ressuscité pour eux (2 Co 5.14,15).

La différence entre le chrétien et le non chrétien n'est pas premièrement extérieure, mais elle réside dans le motif fondamental de leur existence respective. Celui qui ne connaît pas Dieu vit pour lui-même. Celui qui connaît Dieu vit pour Christ. Bien sûr, nous apprenons de plus en plus à vivre pour lui et nous voyons progressivement notre vie être transformée (littéralement métamorphosée) par le renouvellement de l'intelligence. Cependant, un changement fondamental a été opéré dans notre pensée : nous ne vivons plus pour nous-mêmes, mais pour celui qui est mort et ressuscité pour nous.

Vivre pour lui signifie vivre selon sa volonté et vivre selon sa volonté signifie vivre selon sa Parole : « Si vous demeurez dans ma parole, vous êtes vraiment mes disciples » (Jn 8.31). Jésus prie pour ses disciples en disant :

> Je leur ai donné ta parole ; et le monde les a haïs, parce qu'ils ne sont
> pas du monde, comme moi je ne suis pas du monde. Je ne te prie
> pas de les ôter du monde, mais de les préserver du mal. Ils ne sont
> pas du monde, comme moi je ne suis pas du monde. Sanctifie-les
> par ta vérité : ta parole est la vérité. Comme tu m'as envoyé dans le
> monde, je les ai aussi envoyés dans le monde (Jn 17.14-18).

Le Seigneur envoie chacun de nous comme missionnaire dans le monde. Notre travail est de rendre témoignage à sa Parole en la gardant et en la partageant. Pour être consacrés au Seigneur et lui être agréable, il ne nous demande pas d'accomplir des exploits ; il accomplit lui-même les exploits ! Il nous demande simplement de garder sa Parole. Certains trouveront que cela est banal et trop facile. Ceux-là ont encore beaucoup à apprendre de sa Parole, car ils n'ont pas encore pris conscience de sa profondeur ni à quel point ils n'auront pas assez de cette vie pour s'y conformer entièrement. Par sa Parole, nous apprendrons comment nous devons aimer notre prochain, élever nos enfants, aimer notre femme ou notre mari, honorer nos parents, être des serviteurs. Autrement dit, nous discernerons « quelle est la volonté de Dieu, ce qui est bon, agréable et parfait ». En nous consacrant ainsi, nous serons la lumière du monde (Mt 5.16) et c'est en nous voyant vivre de cette manière que les hommes nous demanderont raison de l'espérance qui est en nous (1 Pi 3.15).

Suis-je obligé d'évangéliser ?

En consacrant ainsi ma vie à Dieu, suis-je obligé d'évangéliser ? Notre problème par rapport à l'évangélisation est que nous l'imaginons trop souvent comme une activité plutôt qu'un mode de vie et nous l'abordons avec une mentalité de vendeur plutôt qu'avec l'amour du prochain. L'évangélisation peut être une activité ponctuelle : distribution de traités, prédication dans la rue, porte-à-porte, etc. Elle est cependant avant tout un mode de vie. Jésus dit : « Allez, faites de toutes les nations des disciples » (Mt 28.19). Cependant, dans le texte grec le verbe « aller » est au participe présent, il indique comment faire des disciples: en allant. Autrement dit, l'évangélisation fait partie de tout ce que nous faisons dans la vie, elle n'est pas une activité séparée. En allant, c'est-à-dire en continuant notre vie normalement, nous devons faire des disciples.

Partout, et dans tout ce que nous effectuons, nous sommes des missionnaires et des ambassadeurs pour Christ. Cela ne signifie pas que nous devions nécessairement expliquer le plan du salut à tout homme que nous rencontrons, mais nous devons espérer le salut de tout homme que nous rencontrons plus que toute autre chose. Si nous n'y pensons pas et sommes indifférents à leur sort éternel, il y a une faille dans notre consécration. Il n'est pas question ici d'être de bons évangélistes, nous pourrons toujours nous améliorer. Il est plutôt question de comprendre qu'avant tout nous sommes serviteurs de Christ et ambassadeurs de son royaume. Nous ne cherchons donc pas à être aimés des hommes et à leur plaire, mais nous désirons servir et plaire à Dieu.

Si nous ne cherchons pas à être aimés des hommes, nous cherchons cependant à les aimer. L'amour véritable pour les perdus se manifeste par le témoignage de Dieu que nous leur rendons en paroles et en actes. Pour ce faire, nous devons impérativement nous débarrasser de la mentalité de vendeur. Avez-vous déjà fait l'expérience d'un vendeur qui n'est intéressé que par sa vente? S'il s'aperçoit que vous n'êtes pas acheteur, il perd tout intérêt et ne vous donne plus un bon service. Lorsque vous achetez, il ne vous conseille pas en fonction de vos besoins, mais plutôt en vue de la commission qu'il pourrait obtenir en faisant une plus grosse vente. Pourquoi détestons-nous ce genre de vendeurs? Parce qu'ils ne pensent qu'à eux-mêmes!

Il est honteux de constater que nous agissons parfois ainsi avec les non-croyants. Nous ne nous intéressons pas vraiment à eux, à leur histoire et leur vie, nous voulons uniquement les convaincre. Lorsqu'ils ne sont pas intéressés, nous perdons tout intérêt pour eux et nous passons rapidement à un autre appel. Nous ne voulons pas perdre notre temps avec des gens qui ne sont pas intéressés par Dieu. Nous voulons qu'ils nous écoutent, mais nous ne voulons pas vraiment les écouter. Nous n'entretenons des relations significatives qu'avec les personnes qui partagent nos croyances et qui confirment notre point de vue et nous nous éloignons de tous ceux qui ne pensent pas comme nous. Vous savez pour quelles raisons Jésus était un évangéliste efficace que les pécheurs écoutaient? Parce qu'il les aimait vraiment!

Je trouve l'exhortation de Paul à Timothée, en ce qui a trait à l'évangélisation, particulièrement intéressante vis-à-vis de cette question de l'amour. Il lui écrit:

C'est pourquoi je t'exhorte à ranimer le don de Dieu que tu as reçu par l'imposition de mes mains. Car ce n'est pas un Esprit de timidité que Dieu nous a donné, mais un Esprit de force, d'amour et de sagesse. N'aie donc point honte du témoignage à rendre à notre Seigneur, ni de moi son prisonnier (2 Ti 1.6-8).

L'Esprit que Dieu nous a donné pour lui rendre témoignage dans le monde vient à notre secours. En effet, il vient au secours de notre faiblesse et de notre timidité, car il s'agit d'un Esprit de force et de sagesse. N'avez-vous jamais fait l'expérience du secours de l'Esprit lorsque vous ouvrez la bouche ? C'est l'une des expériences les plus extraordinaires ! L'Esprit nous remplit d'assurance et parle à travers nous. Or, l'Esprit vient également au secours de notre amour afin que nous aimions véritablement les perdus et que nous sachions leur démontrer l'amour de Dieu. Le docteur Martyn Lloyd-Jones écrit à ce propos :

L'esprit d'amour intervient à ce point précis : il constitue l'unique remède à cette préoccupation de soi-même. Nous n'y parviendrons jamais par nos propres forces [...] Le Saint-Esprit rend cette transformation possible car il n'est pas seulement un «esprit de force», mais aussi un «esprit d'amour» [...] Réfléchissons aussi aux autres, à leurs besoins, à leurs soucis. Timothée se disait: «Peut-être vais-je être mis à mort.» Paul lui répond : «Pense aux autres, à ceux qui périssent dans leurs péchés ; oublie-toi.» Il faut développer cet amour pour les frères et pour ceux qui vont à la perdition, pour la cause la plus noble du monde: l'Évangile de gloire. Le chrétien oubliera ce «moi» au-dedans de lui s'il se laisse consumer par cet esprit d'amour, et rien n'apparaîtra trop grand pour Christ qui s'est donné pour lui. Une seule et unique passion l'habitera: «Christ et lui seul[4] !»

La consécration à Dieu n'est pas un sommet impossible à atteindre. Il s'agit de la vie chrétienne normale que Dieu veut pour chacun de ses enfants. Elle ne consiste pas uniquement en

---

4. D. Martyn Lloyd-Jones, *La dépression spirituelle, op. cit.*, p. 87-88.

des actes de piété, mais elle inclut les choses les plus ordinaires de la vie quotidienne. Elle consiste simplement à vivre pour la gloire de Dieu seul dans tout ce que nous accomplissons. Ce changement de cœur conduit à une existence fondée sur la Parole de Dieu où l'amour est le fruit continuel. L'amour de Dieu nous étreint et se reproduit en nous par un amour pour les perdus. Cette vie plaît à Dieu et elle plaît à tous ceux qui plaisent à Dieu.

À méditer

Connaissant donc la crainte du Seigneur, nous cherchons à convaincre les hommes ; Dieu nous connaît, et j'espère que dans vos consciences vous nous connaissez aussi. Nous ne nous recommandons pas de nouveau nous-mêmes auprès de vous ; mais nous vous donnons l'occasion de vous glorifier à notre sujet, afin que vous puissiez répondre à ceux qui tirent gloire de ce qui est dans les apparences et non dans le cœur. En effet, si je suis hors de sens, c'est pour Dieu ; si je suis de bon sens, c'est pour vous. Car l'amour de Christ nous presse, parce que nous estimons que, si un seul est mort pour tous, tous donc sont morts ; et qu'il est mort pour tous, afin que ceux qui vivent ne vivent plus pour eux-mêmes, mais pour celui qui est mort et ressuscité pour eux. Ainsi, dès maintenant, nous ne connaissons personne selon la chair ; et si nous avons connu Christ selon la chair, maintenant nous ne le connaissons plus de cette manière. Si quelqu'un est en Christ, il est une nouvelle créature. Les choses anciennes sont passées ; voici, toutes choses sont devenues nouvelles. Et tout cela vient de Dieu, qui nous a réconciliés avec lui par Christ, et qui nous a donné le ministère de la réconciliation. Car Dieu était en Christ, réconciliant le monde avec lui-même, en n'imputant point aux hommes leurs offenses, et il a mis en nous la parole de la réconciliation. Nous faisons donc les fonctions d'ambassadeurs pour Christ, comme si Dieu exhortait par nous ; nous vous en supplions au nom de Christ : Soyez réconciliés avec Dieu ! (2 Co 5.11-20.)

Conclusion

L'espérance du chrétien

Souffrir pour encore un peu de temps

Romains 8.17-25

Lors de la guerre du Vietnam, plusieurs inconduites graves furent rapportées parmi les troupes américaines. Comment des hommes qui n'avaient jamais été des criminels auparavant purent-ils commettre des viols, des meurtres et toutes sortes d'exactions tout en portant l'uniforme américain représentant la liberté et la démocratie ? Un soldat, ayant fait preuve d'intégrité, expliqua l'inconduite de certains de ses compatriotes de la manière suivante : « La vie pendant la guerre devient démente et plus rien n'est sensé. Plusieurs se mettent alors à vivre comme si le lendemain n'existe plus et se laissent guider par l'impulsion du moment présent. Pour ma part, j'ai vécu le présent en attendant le lendemain de cette guerre. »

N'est-ce pas aussi ce qui arrive dans le monde ? Ceux qui n'ont pas d'espérance vivent uniquement pour la vie présente et prennent toutes leurs décisions en fonction de leur bonheur terrestre. N'est-ce pas pour cette raison que certains se suicident, car le bonheur leur semble impossible dans cette vie ? Quelqu'un a dit que l'on peut vivre quarante jours sans nourriture, huit jours sans eau, quatre minutes sans air, mais à peine quelques secondes sans espoir. L'espoir de jours meilleurs permet aux hommes d'avancer dans leurs difficultés. Or, un espoir limité à la vie présente est un espoir bien futile... et certains s'en rendent compte et perdent tout espoir.

N'est-ce pas aussi parce que les hommes n'ont d'espoir que dans cette vie qu'ils sont insouciants et ne pensent qu'à manger et boire, selon les propos de l'apôtre : « Si les morts ne ressuscitent pas, mangeons et buvons, car demain nous mourrons » (1 Co 15.32). L'auteur russe Dostoïevski dit essentiellement la même chose lorsqu'il écrit : « Pas d'immortalité de l'âme, donc pas de vertu, ce qui veut dire que tout est permis[1]. » S'il n'y a rien au-delà de la vie présente, vivons pour le moment présent et laissons-nous diriger par ce que nous pensons qui nous rendra heureux. Cette façon de voir la vie est la meilleure façon de s'assurer d'être malheureux. *La souffrance, qui est inévitable, n'a aucun sens dans une existence sans espérance, elle ne fait que tuer le bonheur.* Les hommes, parce qu'ils n'ont qu'une vie à vivre, cherchent l'existence la plus facile possible, mais lorsque les difficultés les poursuivent, leur existence devient insensée.

Il en va autrement du chrétien, il est différent des autres hommes, car il a une espérance. Cette espérance fait en sorte qu'il se voit comme un étranger et un voyageur sur la terre (1 Pi 2.11). Cette perspective lui permet de souffrir patiemment ici-bas puisque son attente n'est pas dans cette vie. « Maintenant » n'est pas sa meilleure vie[2]. Il ne vit pas pour l'instant présent en cherchant la vie la plus agréable possible, mais il vit en vue de l'éternité en cherchant

---

1. Fédor Mikhaïlovitch Dostoïevski, *Les frères Karamazov* [1880], trad. Henri Mongault, édition Kindle, 2005, emplacement 1813.

2. Contrairement au titre d'un livre populaire chez les chrétiens américains : *Your Best Life Now* [Votre meilleure vie est maintenant].

à être trouvé fidèle. Pour le chrétien, le meilleur est à venir et la souffrance est une partie inévitable de l'existence actuelle.

Concluons notre réflexion sur le côté obscur de la vie chrétienne en réfléchissant à la souffrance du croyant dans la perspective de l'espérance. La souffrance des enfants de Dieu est toujours présentée de pair avec leur espérance. John Stott écrit : « Ainsi, les souffrances et la gloire sont mariées et ne peuvent être divorcées. Elles sont soudées et ne peuvent être séparées l'une de l'autre[3]. » Certains faux docteurs enseignent une vie chrétienne sans souffrance. Mais la Bible affirme qu'il est impossible d'être uni à Christ dans la gloire sans lui être uni aussi dans la souffrance :

> Or, si nous sommes enfants, nous sommes aussi héritiers : héritiers de Dieu, et cohéritiers de Christ, si toutefois nous souffrons avec lui, afin d'être glorifiés avec lui. J'estime que les souffrances du temps présent ne sauraient être comparées à la gloire à venir qui sera révélée pour nous. Aussi la création attend-elle avec un ardent désir la révélation des fils de Dieu. Car la création a été soumise à la vanité, – non de son gré, mais à cause de celui qui l'y a soumise –, avec l'espérance qu'elle aussi sera affranchie de la servitude de la corruption, pour avoir part à la liberté de la gloire des enfants de Dieu. Or, nous savons que, jusqu'à ce jour, la création tout entière soupire et souffre les douleurs de l'enfantement. Et ce n'est pas elle seulement ; mais nous aussi, qui avons les prémices de l'Esprit, nous aussi nous soupirons en nous-mêmes, en attendant l'adoption, la rédemption de notre corps. Car c'est en espérance que nous sommes sauvés. Or, l'espérance qu'on voit n'est plus espérance : ce qu'on voit, peut-on l'espérer encore ? Mais si nous espérons ce que nous ne voyons pas, nous l'attendons avec persévérance (Ro 8.17-25).

---

3. John R.W. Stott, *The Message of Romans*, trad. libre, Downers Grove, Ill., Inter-Varsity Press, 1994, p. 237.

La souffrance du chrétien

Les deux points que nous examinerons dans ce chapitre de conclusion seront la souffrance du chrétien suivie de l'espérance du chrétien. Concernant la souffrance du chrétien, nous définirons premièrement sa cause : *l'union avec Christ*. Deuxièmement, nous tenterons de décrire *la nature de la souffrance avec Christ*.

L'union avec Christ

Généralement, lorsque nous envisageons l'union avec Christ, nous pensons à l'adoption, la justification, la transformation à son image et notre héritage avec lui dans la gloire. Tout cela est absolument vrai et glorieux, mais nous ne devons pas oublier l'union avec Christ dans ses souffrances. L'apôtre résume cette réalité en une phrase au verset 17 de notre péricope : « Or, si nous sommes enfants, nous sommes aussi héritiers : héritiers de Dieu, et cohéritiers de Christ, si toutefois nous souffrons avec lui, afin d'être glorifiés avec lui. »

La preuve que nous sommes héritiers de la gloire, c'est notre communion avec les souffrances de Christ dans son abaissement : « Afin de connaître Christ, et la puissance de sa résurrection, et la communion de ses souffrances, en devenant conforme à lui dans sa mort, pour parvenir, si je puis, à la résurrection d'entre les morts » (Ph 3.10,11). L'espérance de la résurrection dans la gloire est conditionnelle à la communion avec Christ dans ses souffrances.

Non seulement la souffrance du chrétien est-elle normale, mais l'absence de souffrances est très inquiétante, car elle révèle l'absence d'union avec Christ. La vie chrétienne toujours rose n'existe que dans la littérature chrétienne moderne où l'union avec Jésus est présentée uniquement de manière positive, mais elle n'existe pas dans la Bible. Ces pensées positives que nous voyons défiler sur Facebook du genre : « Au nom de Jésus, je

prends autorité sur tous mes soucis et je cesse d'être triste ! »
sont souvent plus près des spiritualités nouvel âge que de la foi
chrétienne.

L'Écriture ne nous dit pas que nous devons chasser les soucis
et les souffrances au nom de Jésus, mais qu'à cause du nom de
Jésus nous aurons plus de soucis et de souffrances. *La gloire est l'espérance du croyant et non sa condition actuelle.* C'est pourquoi Pierre
déclare : « C'est là ce qui fait votre joie [*la gloire à venir*], quoique
maintenant, puisqu'il le faut, vous soyez attristés pour un peu
de temps par diverses épreuves » (1 Pi 1.6). La souffrance n'est pas
simplement un désagrément qu'il faut tenter d'éviter, elle est une
nécessité qu'il faut embrasser : « c'est par beaucoup de tribulations
qu'il nous faut entrer dans le royaume de Dieu » (Ac 14.22).

La souffrance n'est pas nécessaire pour mériter le ciel, mais
elle est nécessairement la preuve que nous sommes héritiers du
ciel. Être uni avec Christ pour la gloire est inséparable de la souffrance qui nous unit à Christ dans son humiliation et sa mort.
Si nous refusons la souffrance, nous refusons la croix de Christ,
si nous refusons sa croix nous renonçons aussi à son trône. Que
signifie donc souffrir avec Christ ?

La nature de la souffrance avec Christ

Puisque tous les hommes souffrent, comment la souffrance
avec Christ est-elle différente de la souffrance à laquelle tous
les hommes sont exposés ? Il y a un élément de la souffrance
du chrétien qui est commun à tous les hommes. Comme tous
les hommes, les chrétiens peuvent avoir des maux de tête, ils
sont exposés aux mêmes maladies qui affligent tous les hommes.
Les chrétiens connaissent aussi des accidents, des bris, des vols,
des deuils, des pertes, des misères, des tragédies. Comme tous
les non-croyants, les chrétiens connaissent les vicissitudes de
la vie, les joies et les tristesses de l'âme, le découragement dans
leurs tâches et leurs responsabilités. Leur vie de famille aussi est

éprouvante, leurs enfants aussi désobéissent et leur mariage ne fonctionne pas toujours. Est-ce cela souffrir avec Christ?

Malgré l'apparence d'une souffrance commune à tous les hommes, il y a une réalité unique aux chrétiens lorsqu'ils vivent ces souffrances. En quoi avoir mal à la tête ou être éprouvé dans sa patience comme n'importe qui d'autre constitue-t-il une souffrance avec Christ? En ce que Jésus déclare: «Si quelqu'un veut venir après moi, qu'il renonce à lui-même, qu'il se charge chaque jour de sa croix, et qu'il me suive» (Lu 9.23).

Dieu est souverain sur notre vie et il compte utiliser la souffrance pour purifier notre foi et nous apprendre l'obéissance (Hé 5.7,8; 1 Pi 1.7). Le chrétien ne peut pas se laisser aller à son péché lorsqu'il souffre. Il ne peut pas divorcer lorsque son mariage est pénible ou cesser d'appliquer les commandements de Dieu à la vie de ses enfants lorsque ces derniers se révoltent. Il ne peut pas céder à la rage au volant lorsqu'il est pris dans un embouteillage ni satisfaire sa colère en criant des insultes à ceux qui l'embêtent. Il ne peut pas s'apitoyer sur son sort lorsqu'il souffre ni se laisser sombrer dans le désespoir. Il doit persévérer. Il doit aimer ses ennemis. Il doit constamment maîtriser sa langue et assujettir tout son corps à l'obéissance. Le chrétien n'est pas simplement éprouvé par des épreuves communes à tous les hommes. Cependant, dans ces épreuves il doit se faire violence en prenant sa croix, en renonçant à lui-même et en conditionnant son cœur à demeurer reconnaissant peu importe ce qui lui arrive.

Souffrir avec Christ consiste à devenir semblable à lui dans son obéissance; espérer sans cesse en Dieu et le louer pour sa bonté, même en mourant sur la croix. Depuis que j'ai compris cette dimension de la vie de disciple, je suis constamment en train de confesser à Dieu mon manque de reconnaissance et de foi envers lui. Je n'avais pas compris à quel point mon cœur était encore ingrat, dur, impatient et méchant jusqu'à ce que je commence à accepter de souffrir avec Christ en renonçant à moi-même.

Il y a cependant un deuxième élément de notre souffrance avec Christ qui n'est pas commun aux autres hommes. Il s'agit de la souffrance qui découle directement du fait que nous appartenons à Christ. Nous souffrons d'entendre le nom de notre Dieu être blasphémé et de voir ses commandements bafoués par les hommes. Nous souffrons de voir ceux que nous aimons refuser de fléchir les genoux devant le Seigneur. Nous souffrons d'être incompris et parfois méprisés et rejetés par les non-croyants. Nous souffrons des conséquences associées au fait d'être fidèles à Dieu dans un monde qui lui est infidèle. Nous souffrons de voir la faiblesse des chrétiens et nous souffrons de nos propres faiblesses. Nous souffrons d'inquiétudes dans notre conscience et d'inquiétudes spirituelles. Nous souffrons de vivre dans un monde en rébellion contre Celui que nous aimons et nous soupirons après son règne. Nous souffrons de voir l'Église du Roi des rois être persécutée et le royaume de Satan être privilégié.

Seuls les chrétiens et tous les chrétiens connaissent cette souffrance. Elle est une des marques de l'Esprit Saint en eux : « Et ce n'est pas elle seulement ; mais nous aussi, qui avons les prémices de l'Esprit, nous aussi nous soupirons en nous-mêmes, en attendant l'adoption, la rédemption de notre corps » (v. 23). Tous ceux qui ont l'Esprit connaissent cette tristesse. Or, ils ne sont pas de misérables malheureux, car le même Esprit les console également dans toutes leurs afflictions (2 Co 1.3-5 ; Jn 14.6).

Nous avons entamé cette réflexion du côté obscur de la vie chrétienne par le Psaume 13 qui demande jusqu'à quand durera cette souffrance :

> Jusques à quand, Éternel ! M'oublieras-tu sans cesse ? Jusques à quand me cacheras-tu ta face ? Jusques à quand aurai-je des soucis dans mon âme, et chaque jour des chagrins dans mon cœur ? Jusques à quand mon ennemi s'élèvera-t-il contre moi ? (Ps 13.2,3.)

Il en sera ainsi jusqu'à «la révélation des fils de Dieu» et la pleine manifestation de «la liberté de la gloire des enfants de Dieu».

L'espérance du chrétien

Notre espérance n'est pas de quitter ce monde, mais de voir le renouvèlement de ce monde dans la gloire de Dieu. La terre a été soumise aux conséquences du péché. La corruption est alors entrée dans la nature et détériore depuis la création de Dieu. Cependant, Dieu a soumis sa création à la malédiction avec l'intention de l'affranchir par la rédemption de Christ :

> Car la création a été soumise à la vanité, – non de son gré, mais à cause de celui qui l'y a soumise –, avec l'espérance qu'elle aussi sera affranchie de la servitude de la corruption, pour avoir part à la liberté de la gloire des enfants de Dieu. Or, nous savons que, jusqu'à ce jour, la création tout entière soupire et souffre les douleurs de l'enfantement (Ro 8.20-22).

Le sol ne sera pas éternellement maudit. Jésus n'a pas uniquement racheté des âmes, mais il a également racheté la création perdue par Adam (Col 1.20). Notre espoir pour la planète n'est pas l'écologisme, mais la rédemption. Un jour, la terre ne sera peuplée que par le peuple de Dieu. Nous ne rencontrerons plus aucune personne dans tout l'univers qui ne sera pas notre frère. Il n'y aura plus aucune trace de mal et plus aucune douleur. Par-dessus tout, Dieu lui-même habitera avec nous. Nous le verrons, nous l'entendrons et nous le servirons éternellement.

Ce n'est pas uniquement tout ce qui est autour de nous qui sera changé, mais nous-mêmes : «Quand Christ, votre vie, paraîtra, alors vous paraîtrez aussi avec lui dans la gloire» (Col 3.4). Cette promesse est si certaine qu'elle est affirmée avec beaucoup de clarté dans les Écritures :

Voici, je vous dis un mystère : nous ne mourrons pas tous, mais tous nous serons changés, en un instant, en un clin d'œil, à la dernière trompette. La trompette sonnera, et les morts ressusciteront incorruptibles, et nous, nous serons changés. Car il faut que ce corps corruptible revête l'incorruptibilité, et que ce corps mortel revête l'immortalité. Lorsque ce corps corruptible aura revêtu l'incorruptibilité, et que ce corps mortel aura revêtu l'immortalité, alors s'accomplira la parole qui est écrite : La mort a été engloutie dans la victoire (1 Co 15.51-54).

Bien-aimés, nous sommes maintenant enfants de Dieu, et ce que nous serons n'a pas encore été manifesté ; mais nous savons que, lorsque cela sera manifesté, nous serons semblables à lui, parce que nous le verrons tel qu'il est (1 Jn 3.2).

Terminons avec trois remarques à propos de notre espérance. Premièrement, *notre espérance ne peut pas se comparer avec nos souffrances présentes* tellement le poids de nos afflictions est léger en comparaison du poids de la gloire : «J'estime que les souffrances du temps présent ne sauraient être comparées à la gloire à venir qui sera révélée pour nous» (v. 18). Il semble que cet enseignement faisait partie des choses que Paul répétait souvent aux chrétiens : «Car nos légères afflictions du moment présent produisent pour nous, au-delà de toute mesure, un poids éternel de gloire» (2 Co 4.17,18).

Ce que Paul appelle de «légères afflictions du moment présent», il le décrit dans les versets qui précèdent comme suit : «pressés de toute manière, dans la détresse, persécutés, abattus, portant la mort de Jésus dans notre corps, sans cesse livrés à la mort». La seule façon de pouvoir considérer ces grandes souffrances comme *de légères afflictions*, c'est de les comparer à la gloire qu'elles précèdent. La terre nous paraît immense jusqu'à ce que nous la comparions à Jupiter, Jupiter nous paraît gigantesque jusqu'à ce que nous la comparions au soleil. Le soleil nous paraît infiniment grand jusqu'à ce que nous le comparions à des étoiles géantes. Ainsi en est-il de nos souffrances : elles sont considérables jusqu'à ce que nous les comparions à la gloire à venir, dès lors elles paraissent banales et insignifiantes.

Avez-vous déjà connu la profonde déception de recevoir peu alors que vous anticipiez beaucoup ? Vous êtes-vous déjà écrié : « J'ai fait tout ça pour si peu ? » C'est un peu comme arriver à l'attraction touristique « South of the Border » aux États-Unis, près de la frontière de la Caroline du Sud. Pendant 250 kilomètres, on nous annonce « South of the Border ». Chaque 5 kilomètres, d'immenses panneaux d'affichage nous l'annoncent comme la huitième merveille du monde. À force de rouler pendant des heures et de voir ces énormes panneaux, on finit par se dire : « Il faudrait vraiment que je m'arrête pour voir ça ! » Puis enfin arrivé, quelle déception de découvrir un genre de marché aux puces dans un décor mexicain de piètre qualité ! 250 kilomètres pour ça !

Arrivé dans la gloire le sentiment sera exactement l'inverse : « Toute cette gloire pour si peu d'efforts, si peu de souffrances ! » Nous aurons vraiment l'impression que notre héritage est incommensurablement disproportionné par rapport à tout ce que nous pouvons endurer maintenant. C'est au point où ceux qui auront perdu la vie à cause du royaume diront : « Je n'arrive pas à croire que j'ai gagné un si grand trésor en souffrant aussi peu. » Cela vous donne-t-il une petite idée de l'indicibilité de la gloire à venir ? Si nos plus grandes détresses sont banales en comparaison de cette gloire, c'est aussi que nos plus grandes joies sont bien futiles quand on les compare à la félicité éternelle.

Deuxièmement, *l'espérance nous permet de persévérer* : « Car c'est en espérance que nous sommes sauvés. Or, l'espérance qu'on voit n'est plus espérance : ce qu'on voit, peut-on l'espérer encore ? Mais si nous espérons ce que nous ne voyons pas, nous l'attendons avec persévérance » (v. 24,25). Comment Jésus a-t-il pu mourir avec confiance sous la colère de Dieu ? Jésus, « en vue de la joie qui lui était réservée, a souffert la croix, méprisé l'ignominie, et s'est assis à la droite du trône de Dieu » (Hé 12.2).

Notre espérance est notre seule raison de prendre notre croix chaque jour, pour renoncer à satisfaire les convoitises de notre chair et pour souffrir patiemment avec Christ. « Si c'est dans cette vie seulement que nous espérons en Christ, nous sommes les plus malheureux de tous les hommes » (1 Co 15.19). Bien-aimés, sachez que votre souffrance est temporaire. Gardez vos yeux sur la gloire à venir et surtout sur Celui qui est déjà assis dans la gloire, car c'est ce qui vous permet d'avancer. Notre espérance n'est pas que tout sera parfait maintenant, mais que tout sera parfait lorsque Christ viendra. Tant mieux si nous nous en sortons sans trop de misère dans cette vie. Mais ne cherchons pas premièrement une vie sans misère, cherchons premièrement le royaume et la justice de Dieu (Mt 6.33).

Troisièmement, *notre espérance ne trompe pas*. Paul dit bien que « nous espérons ce que nous ne voyons pas ». Or, notre espérance n'est pas un vain espoir fondé sur l'illusion tel que Karl Marx l'exprimait par sa formule célèbre : « La religion est l'opium du peuple. » Pour les non-croyants, l'espérance des chrétiens est une utopie de laquelle nous nous sommes convaincus, mais rien de tout cela n'existe. De la même façon que Dieu donna des fruits de la terre promise aux Israélites pendant qu'ils étaient dans le désert (No 13.26), Dieu nous a aussi donné du fruit de notre terre promise : les prémices de l'Esprit.

L'Esprit, bien qu'il ne soit pas visible, est une réalité effective que le chrétien expérimente maintenant dans sa vie. La réalité de la vie nouvelle ne s'explique que par la présence de l'Esprit en nous. Les prémices de l'Esprit sont directement rattachées à la réalité de notre espérance. Autrement dit, nous savons que le ciel existe et que nous y allons, car nous en avons déjà une portion dans notre cœur : « Or, l'espérance ne trompe point, parce que l'amour de Dieu est répandu dans nos cœurs par le Saint-Esprit qui nous a été donné » (Ro 5.5).

Une fausse espérance est semblable à une ancre qui n'a rien pour la retenir. Or, notre ancre à nous est bien solide : « Cette espérance, nous la possédons comme une ancre de l'âme, sûre et solide ; elle pénètre au-delà du voile, là où Jésus est entré pour nous comme précurseur, ayant été fait souverain sacrificateur pour toujours, selon l'ordre de Melchisédek » (Hé 6.19,20). Notre espérance est ancrée dans le Christ qui est assis dans la gloire. Nous sommes aussi sûrement gardés pour la gloire à venir qu'il est lui-même solidement assis sur son trône.

Si la vie chrétienne nous paraît parfois encore sombre, relevons la tête, car le ciel n'est pas sombre. Nous douterons encore, notre âme connaîtra bien d'autres détresses et la vie chrétienne ne deviendra pas plus simple et plus facile. Mais cette souffrance n'est que pour un peu de temps encore et elle nous unit à Christ pour nous rendre conformes à son image en vue de la gloire à venir. Gardons nos regards sur Jésus, car c'est lui qui dirige et perfectionne notre foi (Hé 12.2).

À méditer

Béni soit Dieu, le Père de notre Seigneur Jésus-Christ, qui, selon sa grande miséricorde, nous a régénérés, pour une espérance vivante, par la résurrection de Jésus-Christ d'entre les morts, pour un héritage qui ne se peut ni corrompre, ni souiller, ni flétrir, lequel vous est réservé dans les cieux, à vous qui, par la puissance de Dieu, êtes gardés par la foi pour le salut prêt à être révélé dans les derniers temps ! C'est là ce qui fait votre joie, quoique maintenant, puisqu'il le faut, vous soyez attristés pour un peu de temps par diverses épreuves, afin que l'épreuve de votre foi, plus précieuse que l'or périssable qui cependant est éprouvé par le feu, ait pour résultat la louange, la gloire et l'honneur, lorsque Jésus-Christ apparaîtra, lui que vous aimez sans l'avoir vu, en qui vous croyez sans le voir encore, vous réjouissant d'une joie ineffable et glorieuse, parce que vous obtiendrez le salut de vos âmes pour prix de votre foi (1 Pi 1.3-9).

SOLAS

La quintessence de la foi chrétienne

PASCAL DENAULT

L'auteur présente plus qu'une simple recherche historique. Il affirme à juste titre que l'Évangile prêché par les apôtres et les pères de l'Église et plus tard par les réformateurs est le même message qui doit être prêché aujourd'hui afin que des hommes et des femmes perdus et sans espoir puissent trouver la vie éternelle et l'espérance.

5,5 x 8,5 po | broché | 205 pages
978-2-924110-88-1

PUBLICATIONS
CHRÉTIENNES

Publications Chrétiennes est une maison d'édition évangélique qui publie et diffuse des livres pour aider l'Église dans sa mission parmi les francophones. Ses livres encouragent la croissance spirituelle en Jésus-Christ, en présentant la Parole de Dieu dans toute sa richesse, ainsi qu'en démontrant la pertinence du message de l'Évangile pour notre culture contemporaine.

Nos livres sont publiés sous six différentes marques éditoriales qui nous permettent d'accomplir notre mission :

ÉDITIONS IMPACT   **IMPACT HÉRITAGE**   **IMPACT ACADÉMIA**

éditions cruciforme   **La Rochelle**   **EUROPRESSE**

Nous tenons également un blogue qui offre des ressources gratuites dans le but d'encourager les chrétiens francophones du monde entier à approfondir leur relation avec Dieu et à rester centrés sur l'Évangile.

REVENIR À L'ÉVANGILE

reveniralevangile.com

Procurez-vous nos livres en ligne ou dans la plupart des librairies chrétiennes.

pubchret.org | xl6.com | maisonbible.net | amazon